Gburek · Fit für Fonds

Manfred Gburek

Fit für Fonds

Ein Branchenführer für
Anleger und Insider

GABLER

Die Deutsche Bibliothek – CIP-Einheitsaufnahme

Gburek, Manfred:
Fit für Fonds : ein Branchenführer für Anleger und Insider /
Manfred Gburek. – Wiesbaden : Gabler, 1996
ISBN 3-409-24177-9

1. Auflage November 1995
2. Auflage

Der Gabler Verlag ist ein Unternehmen der Bertelsmann Fachinformation.

© Betriebswirtschaftlicher Verlag Dr. Th. Gabler GmbH, Wiesbaden 1996
Lektorat: Silke Strauß

Das Werk einschließlich aller seiner Teile ist urheberrechtlich geschützt. Jede Verwertung außerhalb der engen Grenzen des Urheberrechtsgesetzes ist ohne Zustimmung des Verlages unzulässig und strafbar. Das gilt insbesondere für Vervielfältigungen, Übersetzungen, Mikroverfilmungen und die Einspeicherung und Verarbeitung in elektronischen Systemen.

Höchste inhaltliche und technische Qualität unserer Produkte ist unser Ziel. Bei der Produktion und Verbreitung unserer Bücher wollen wir die Umwelt schonen: Dieses Buch ist auf säurefreiem und chlorarm gebleichtem Papier gedruckt. Die Einschweißfolie besteht aus Polyäthylen und damit aus organischen Grundstoffen, die weder bei der Herstellung noch bei der Verbrennung Schadstoffe freisetzen.

Die Wiedergabe von Gebrauchsnamen, Handelsnamen, Warenbezeichnungen usw. in diesem Werk berechtigt auch ohne besondere Kennzeichnung nicht zu der Annahme, daß solche Namen im Sinne der Warenzeichen- und Markenschutz-Gesetzgebung als frei zu betrachten wären und daher von jedermann benutzt werden dürften.

Satz: ITS Text und Satz GmbH, Herford
Druck und Bindung: Lengericher Handelsdruckerei, Lengerich/Westfalen
Printed in Germany

ISBN 3-409-24177-9

Vorwort

Mit dem Thema Geld ist es ähnlich wie mit dem Thema Computer und Software: Die Angebote werden von Tag zu Tag unübersichtlicher, eine Produktgeneration folgt der anderen, verständliche Anleitungen oder Handbücher sind Mangelware, gute Berater erst recht. Tester suchen nach passenden Beurteilungskriterien oder flüchten sich ins Fachchinesisch. Und wie echte Computerfans gute Geräte samt Zubehör beim preiswerten Discounter oder Spezialisten und nicht im Warenhaus kaufen, ziehen immer mehr Geldanleger die leistungsfähige Billigbank oder Fondsboutique der unbeweglichen Großbank oder Sparkasse vor. Noch ist nicht alles vernünftig entwickelt; das ist nun einmal das typische Merkmal von Wachstumsbranchen. Allerdings mit einem wesentlichen Unterschied: Während in der faszinierenden Computerwelt Wunderkinder wie Microsoft-Gründer Bill Gates oder die Vordenker der Firma Lotus dafür gesorgt haben, daß Software für alle Anwender preiswert zur Verfügung steht, beschränken sich die Geldhäuser vor allem darauf, ständig neue komplizierte Finanzprodukte in den Markt zu schleusen – von Software für Anleger keine Spur. Bezeichnend: Ende August 1995 eroberte Microsoft mit Windows 95 den deutschen Markt, Ende September überflutete die Deutsche Bank über ihre Neugründung Bank 24 die Geldanleger mit einer Fülle von Finanzprodukten.

Unter den Finanzprodukten nehmen Investmentfonds, kurz Fonds genannt, eine herausragende Stellung ein. Warum, ist leicht zu erklären: Wer Fonds anbietet, kann über offene oder versteckte Gebühren, Ausgabeaufschläge, Provisionen, Kommissionen, Honorare, Spesen – und wie die Posten, bei denen Banker gern von Preisen sprechen, sonst noch heißen mögen – am Kunden recht gut verdienen. Wer dieses Buch mit der Erwartung in die Hand nimmt, hier würde nun endlich die ultimative betriebswirtschaftliche Auseinandersetzung mit solchen „Preisen" stattfinden, sollte es allerdings sofort zur Seite legen. Sie als Kundin oder Kunde sind daran sicherlich auch weniger interessiert. Statt dessen wollen Sie den richtigen Fonds zur rechten Zeit kaufen, den günstigsten Investmentplan auswählen, ihn möglicherweise mit einer preiswerten

Versicherung kombinieren, über Ihre Anlage individuelle Ziele erreichen, dabei gut beraten werden, möglichst keine Steuern zahlen, Gebühren sparen und weder auf überteuerte Bank- oder Versicherungsangebote noch auf Anlagebetrüger hereinfallen. Wenn Sie zu dieser Sorte von Lesern gehören, sollten Sie sich mit dem vorliegenden Buch näher beschäftigen.

Fonds stehen seit Anfang der neunziger Jahre im Rampenlicht. Das wird noch lange so bleiben. Denn sie eignen sich zum Vermögensaufbau wie zur Steuergestaltung, als Geldparkplatz wie für Bankgeschäfte mittels Telefon, Computer und anderen modernen Kommunikationsmitteln, Telefonbanking oder Electronic Banking genannt. Fonds taugen für Einmalanlagen, vermögenswirksame Leistungen, fondsgebundene Lebensversicherungen, Einzahl- oder Auszahlpläne. Dabei wird allerdings ein Teil der Investitionsleistungen des Fondskunden zum Ausgleich abwicklungsbedingter Kosten verwendet. Die Höhe dieser Positionen ist manchmal schwer nachvollziehbar. In jedem Fall sollten Sie versuchen, derartige Kosten zu minimieren. Deshalb ist dieses Buch anders aufgebaut als die gängigen Fondsratgeber: Im Vordergrund stehen nicht so sehr Produkt- und Funktionsbeschreibungen, sondern Themen wie Steuern und Luxemburg, Anlagepläne und private Finanzplanung, Umgang mit Fonds und richtige Beratung.

Fonds konkurrieren mit Spareinlagen, Bundesschatzbriefen, Anleihen, Aktien, Kapitallebensversicherungen, Immobilien und anderen Formen der Geldanlage. Die Vielzahl der Fonds ist beeindruckend; Tausende von ihnen werben um die Gunst der Anleger. Sie dienen den Reichen dazu, noch reicher zu werden, und den weniger Reichen, es mit Glück und Geschick zu einigem Reichtum zu bringen. Das ist schon mal ein gutes Omen, denn längst nicht bei allen Anlageformen sind die Startbedingungen für Multimillionäre und weit weniger finanzkräftige Interessenten derart ähnlich.

Die Materie ist allerdings durch die Vielfalt der Fonds und den Übereifer des Gesetzgebers, durch variantenreiche Finanzinstrumente und neue Vertriebsformen, durch die Unberechenbarkeit der internationalen Geldströme und die Schnelligkeit des Informationsflusses derart verwirrend geworden, daß sogar Multimillionäre mitsamt ihren Beraterstäben kaum mehr Durchblick haben als halbwegs aufgeschlossene Normalanleger. Im übrigen zeugen die seit 1994 fallenden Gebühren, der härtere Leistungswettbewerb der Anbieter, aber auch die immer kritischer werdende Berichterstattung in den Medien von der zunehmenden Mündigkeit der Anleger.

Sie haben die große Chance, durch Selbststudium in relativ kurzer Zeit fit für Fonds zu werden. Dabei wird Ihnen dieses Buch helfen. Ich habe es als Anleger für Anleger geschrieben und hoffe, daß die vielen praktischen Beispiele samt Randgeschichten – ebenso wie die Erläuterungen zur Fondsmaterie – für Sie von möglichst großem Nutzen sind.

Haan, im Oktober 1995   MANFRED GBUREK

Vorwort zur 2. Auflage

Es kommt nicht gerade häufig vor, daß ein Buch wie dieses, das ein gängiges Geldthema behandelt und in Konkurrenz zu relativ vielen anderen Büchern steht, schon nach so kurzer Zeit vergriffen ist. Also muß ich wohl den Nerv der Zeit getroffen haben, zumal fast alle wichtigen Medien mit vorwiegend positiven Besprechungen spontan zur Stelle waren. Derart ermuntert, habe ich die vorliegende 2. Auflage mit großer Freude aktualisiert und dabei auch gleich erweitert.

Daß bereits nach knapp einem Jahr Aktualisierungen erforderlich sind, ist bei der schnellebigen Fondsmaterie nicht weiter verwunderlich. Denken wir doch nur an folgendes:

- Spätestens nach Erscheinen des zum Teil angreifbaren Beitrags der Stiftung Warentest in ihrer Zeitschrift „Finanztest" über Kapitallebensversicherungen zu Beginn dieses Jahres ist die Diskussion über die richtige Altersvorsorge voll entbrannt. Die Investmentbranche, die das Thema Aktienfonds schon vor einigen Jahren trickreich auf ihre Fahnen geschrieben hat, legt nun mit dem Propagieren von Pensionsfonds – oder Pensionssondervermögen – kräftig nach. Hinter dieser Initiative steckt, ebenso wie hinter der jahrzehntealten Erfolgsstory der Kapitallebensversicherung, der Gedanke, daß die gesetzliche Rentenversicherung in der heutigen Form auf Dauer unbezahlbar wird.

- Das Jahressteuergesetz 1997 brachte zumindest in einem Punkt Klarheit: Immobilien, die großen Teilen der deutschen Bevölkerung als Altersvorsorge dienen, werden schärfer besteuert. Damit, so sollte man meinen, müßten die oben genannten Alternativen in den Vordergrund rücken. Doch wie das Rennen ausgeht, steht bei weitem noch nicht fest. Denn die Deutschen lassen sich nicht von Finanzminister Theo Waigel für dumm verkaufen, der mit seinem Latein am Ende ist. Lieber beleihen sie Haus und Hof, setzen die Kreditzinsen dafür von der Steuer ab und legen das freie Geld günstig an, zunehmend auch im Ausland. So sichern sie sich nebenbei gegen die Euro-Währung ab.

- Die folgenden Ereignisse, die auf Investmentfonds schon eingewirkt haben oder noch einwirken werden, seien der Vollständigkeit halber summarisch genannt: Die US-Börse hat 1996 ein neues Allzeithoch erreicht; das verdankt sie ebenso den Fonds, wie sie – und mit ihr andere Börsen – von Fonds nach unten gezogen werden kann. Direktbanken, Discountbroker, Zugang zum Internet, Datenmüll auf allen Kanälen: Die Anleger werden mit Innovationen und Informationen überfüttert, aus denen sie sich noch mühsamer als bisher die für sie am besten geeigneten aussuchen müssen. Während die Steuerfahndung überall Daten sammelt, mit denen sie sich jahrzehntelang beschäftigen wird und so das deutsche Bankgeheimnis endgültig zur Farce werden lassen könnte, entsteht beim Bundesaufsichtsamt für den Wertpapierhandel in Frankfurt am Main eine neue Datensammlung, mit der es allen Insidern an den Kragen gehen soll.

Ich hoffe nun, daß Sie mit Hilfe dieses Buches Erkenntnisse gewinnen, die Ihnen bei der Geldanlage weiter helfen, speziell bei Investmentfonds und ihren Ablegern, wie Sparplänen, fondsgebundenen Lebensversicherungen oder Vermögensverwaltungen. In diesem Sinne viel Erfolg!

Grünwald, im September 1996 MANFRED GBUREK

Inhalt

Werden Sie Ihr eigener Anlageberater!	11
Wie, wo und wann kaufe ich welchen Investmentfonds? ..	17
Neue Gesetze heben die heile Investmentwelt aus den Angeln	26
Senken Sie mit Fonds Ihre Steuern!	34
Einige unangenehme Wahrheiten	46
ARD und ZDF spielen Reality TV, Kohl mag Röller, Gottschalk spricht mit Waigel, Schreinemakers heult	55
„Theo, wir fahr'n nach Lux"	62
Vermögenswirksame Leistungen: Die Deutschen werden befriedet	70
Warum Fondspolicen eine explosive Mischung sind	76
So sparen Sie sich reich	82
Hechte im Karpfenteich der Banken	96
Allfinanz: Männer, Macht, Moneten	108
Beraten und verkauft	114
Vertrieb: Der Schwanz wackelt mit dem Hund	125
Von grauen und schwarzen Schafen	132
Fonds-Tuttifrutti und jede Menge Fallobst	139
Der gewisse Kniff bei Aktienfonds	149
Im Club der Milliardäre	160
Wenn Sie gut schlafen wollen, müssen Sie bei Renten- und Geldmarktfonds hellwach sein	166
Offene Immobilienfonds machen sinnlich, aber sind sie auch sinnvoll?	176

Wie Großanleger mit Spezialfonds Steuern sparen 182

Warum Sie viel besser sind als jeder Superberater 189

Unglaubliche Geschichten und jede Menge Tips 197

Hit oder Niete: Hinter den Kulissen
der Performancemesser 205

Warnungen im Dutzend 211

15 Tips für die optimale Fondsanlage 216

Literaturverzeichnis 223

Personenregister 226

Firmen,- Fonds- und Institutionen-Register 229

Stichwortverzeichnis 235

Werden Sie Ihr eigener Anlageberater!

Die klassische Investmentfondsidee ist im Gründungsprospekt des 1868 ins Leben gerufenen Foreign & Colonial Government Trust aus Großbritannien wie folgt umschrieben: „Den kleinen Sparern dieselben Vorteile zu verschaffen wie den Reichen, indem das Risiko durch die Streuung der Kapitalanlage auf eine Anzahl verschiedener Wertpapiere vermindert wird." Zumindest in einem Punkt klaffen zwischen der ursprünglichen Idee und der Wirklichkeit von heute wahre Welten: Das Gebot der Risikostreuung wird nicht konsequent umgesetzt.

Das mußten die Anleger vor allem in den Anfangsmonaten des Jahres 1995 mehrfach feststellen. Derweil leckten die Fondsmanager ihre Wunden, die ihnen das Auf und Ab an den Börsen zugefügt hatte. Zuerst fiel die Fondsbilanz des Jahrgangs 1994, von dem die meisten noch zwölf Monate vorher wahre Wunder erwartet hatten, katastrophal aus. Unter den in Deutschland angebotenen Fonds landeten auf den Plätzen eins bis fünf im Jahresvergleich ohne Ausnahme nur solche, die sich in einem Land oder in einer Region getummelt hatten. Auch die rote Laterne blieb allein Spezialitätenfonds vorbehalten, Risikostreuung Fehlanzeige.

Dann ging es Schlag auf Schlag. Solidaritätszuschlag und Pflegeversicherung holten den deutschen Steuerzahlern mehr Mark aus der Tasche, als sie ohnehin erwartet hatten. Der Tschetschenien-Krieg gab den schon lange angeschlagenen Osteuropa-Börsen den Rest, weil Befürchtungen aufkamen, Investitionen in den aufstrebenden Ländern des ehemaligen Ostblocks könnten gefährdet sein. Mexiko löste mit der eigenen Schuldenproblematik eine weltweite Vertrauenskrise aus, in deren Gefolge sogar Lira und Peseta auf nie gekannte Tiefststände gegenüber der Mark sanken. Der US-Dollar geriet in den Mexiko-Strudel und landete auf einem historischen Tief gegenüber Mark und Yen, weil die Vereinigten Staaten schleunigst ein viele Milliarden schweres Hilfspaket für ihren Nachbarn im Süden schnüren mußten. Das Erdbeben in Japans Großstadt Kobe zerstörte neben Häusern und Brücken auch einen Teil des japanischen Selbstbewußtseins – schließlich hatte man ja lange in dem Irrglauben gelebt, Erdbebenrisiken einigermaßen beherrschen zu können. Und als alle dachten, schlimmer könnte es wohl nicht mehr kommen, versank die traditionsreiche britische Bank Baring Brothers vorübergehend in einer wilden Terminspekulation. Der für den Flop verantwortlich gemachte Nick Leeson kam auf dem Frankfurter Flughafen in Polizeigewahrsam. Damals war Barings schon auf dem deutschen Investmentmarkt vertreten. Das war zwar nicht die Hauptaktivität, aber zusammen mit verwandten Bereichen ein gefundenes Fressen für den später übernehmenden niederländischen Finanzkonzern ING, der im ersten Halbjahr 1995 trotz Barings beim Gewinn 18 % zulegte.

Die Stimmungslage in einem Land drückt sich unter anderem durch die Auswahl von Nachrichten und Kommentaren der Medien aus. Danach zu urteilen, hatte die Barings-Affäre aus der Sicht der öffentlich-rechtlichen deutschen Sender nur am Rande stattgefunden: Sie widmeten ihr am Montag danach, dem Rosenmontag 1995, weniger Sendezeit als dem Metallerstreik. Dabei hätten sie wieder einmal Gelegenheit gehabt, die Fehlspekulation einer Bank als Anlaß zur Kritik am ganzen Finanzsystem zu nehmen. Denn bei Barings hatte, wie gut zehn Monate vorher im Fall des pleite gegangenen Baulöwen Jürgen Schneider oder Ende 1993 bei der Metallgesellschaft, die Kontrolle versagt.

Auch Bestsellerlisten sind bezeichnend für die Stimmung in einem Land. Die folgenden Bücher standen monatelang ganz oben: „Der Ehrliche ist der Dumme", „Nieten in Nadelstreifen" und „Das Kartell der Kassierer". Wer die Abteilung Wirtschaft einer Buchhandlung aufsucht, stolpert darüber hinaus zwangsläufig mindestens über einen der folgenden Titel: „Der Clan der Steuer-Haie", „Bankrott '95", „Die Abzocker", „Bonzen, Banken und Behörden" oder „Raubritter in Glaspalästen", abgesehen von Dauerbrennern wie „1000 ganz legale Steuertricks". Ohne Zweifel geben diese Werke, von denen nur das eine oder andere hält, was es verspricht, den Zeitgeist wieder. Ganz nach dem Motto: „Denen da oben hat es endlich mal einer gegeben" oder „Jetzt mache ich mein Steuerrecht selbst".

Es hätte nahe gelegen, das vor Ihnen liegende Buch dem Zeitgeist folgend „Pfeifen verbraten Prozente" oder „Fonds für Doofe" zu nennen. Solche Assoziationen entstehen nämlich allzu leicht bei der Lektüre dessen, was einige Fondsberichterstatter in Zeitungen, Zeitschriften und Spezialdiensten auswerten. Andere versuchen, mit Hilfe mehr oder weniger stimmiger Formeln die besten Fonds des abgelaufenen Jahres oder Monats, ja sogar der vorangegangenen Woche zu ermitteln. Sicher kann es nicht schaden, wenn Sie Ihr geübtes Auge die Fondshitlisten aufwärts und abwärts gleiten lassen. Entscheidend aber ist, welche Fonds in den kommenden Jahren zu den Favoriten gehören werden. Und dabei kommen Sie um drei Kernfragen nicht herum:

- Welches Ziel verfolge ich mit meiner Anlage?
- Welche Finanzprodukte bieten sich zum Erreichen des Ziels an?
- Welche Märkte – und damit Fonds – versprechen den höchsten Ertrag?

Von den über 28.000 (Stand Ende 1995) weltweit angebotenen Publikumsfonds (Fonds für jedermann) ist zur Zeit knapp ein Zehntel in Deutschland zum Vertrieb zugelassen. Erschrecken Sie nicht, es handelt sich überwiegend um Spezialitäten vom Typ „Steuergünstiger Kurzläuferfonds", „US-Dollar Cash", „Deutsche Nebenwerte" oder „Technologieaktien". Und schon sind Sie an einem entscheidenden Punkt angelangt. Denn welche Eskapaden der Dollar nach dem Krach vom Frühjahr 1995 in den kommenden Jahren noch machen könnte oder welche Technologien sich durchsetzen werden, das zu ergründen, ist Sache von Spezialisten. Die können sich allerdings gewaltig irren, wie allein schon die vielen Dollar-Fehlprognosen zum Jahresanfang 1994 gezeigt haben. Sie als Anleger dürfen es trotzdem mit Spezialitätenfonds versuchen, sind dann aber weitgehend auf Ihre Spürnase angewiesen. Was natürlich nicht ausschließt, daß Sie sich hin und wieder auch die Gedanken anderer durch den Kopf gehen lassen sollten.

Ganz anders, wenn Sie sich für einen Fonds entscheiden, der das ihm zur Verwaltung übergebene Geld weltweit streut. Hier haben Sie die Gewähr dafür, daß Ihr Erspartes wirklich nach dem eingangs erwähnten Prinzip von Foreign & Colonial angelegt wird.

Nur dürfte es Ihnen sehr schwer fallen, einen für Sie geeigneten Fonds dieser Gattung zu finden. Denn zum einen gibt es nicht allzu viele davon, was darauf zurückzuführen ist, daß sie sich nicht besonders gut verkaufen lassen. Zum anderen sind ihre Vergangenheitsergebnisse in den meisten Fällen alles andere als berauschend. Das wiederum liegt daran, daß weltweite Anlage auch weltweite Stützpunkte und Recherchen erfordert, die viel Geld kosten. Die betreffenden Investmentgesellschaften sind also entweder gezwungen, viel Anlegergeld hereinzubekommen, damit die Kosten auf ein möglichst hohes Volumen verteilt werden können. Oder sie geben die hohen Kosten, falls sie sie nicht selbst tragen und damit eigene finanzielle Probleme riskieren wollen, an ihre Anleger weiter; die werden das allerdings nicht lange mitmachen. Oder die Investmentgesellschaften verzichten auf Stützpunkte samt Recherchen – mit der Folge, daß für die Anleger katastrophale Ergebnisse herauskommen, wie von manchem deutschen Fonds vorexerziert. Die Minusmacher ziehen allerdings zunehmend die Konsequenzen, indem sie sich gegen ein entsprechendes Entgelt von lokalen Finanzfachleuten im nahen Europa oder in Fernost, in Amerika oder Australien helfen lassen.

Seit einigen Jahren sind Vermögensverwaltungen in Mode gekommen, die das an sich vernünftige Prinzip der Streuung von den internationalen Mischfonds übernehmen, indem sie ein ganzes Fondsmenu zusammenstellen. Die Idee ist uralt, kam während der sechziger Jahre durch den im Februar 1995 gestorbenen Bernie Cornfeld und seine Investmentgesellschaft Investors Overseas Services (IOS) mit dem Fund of Funds zu zweifelhaftem Ruhm, war dann zwei Jahrzehnte lang verpönt, stieg aber zuletzt ausgerechnet im Angebot deutscher Banken und Sparkassen wie Phoenix aus der Asche. Sollte sich die Idee in der Praxis derart durchsetzen, daß auf Dauer auch die Anleger von ihr profitieren, wäre nichts dagegen zu sagen. Doch das Jahr 1994 brachte für die Fondspicker, wie die auf Fonds spezialisierten Vermögensverwalter auch heißen, einen Rückschlag: fast nur Minuszeichen, in manchen prominenten Fällen sogar zweistellig.

Daraus könnten Sie allzu schnell den falschen Schluß ziehen: „Wenn schon die Fachleute nicht in der Lage sind, die richtigen Fonds zu finden, kann ich das erst recht nicht." Doch diese Schlußfolgerung ist falsch. Denn die Fachleute mögen sich noch soviel Mühe geben, letzen Endes sind sie doch nur verlängerte Werkzeuge der Marktstrategen. Und den Marktstrategen ist Ihr persönliches finanzielles Ziel samt der Frage, wie Sie es erreichen können, ziemlich schnuppe, weil sie den Markt nach Zielgruppen abgrasen. Ihr Ziel ist Ihr Geldbeutel. Daß Sie mit dem Ersparten und mit dem, was Sie noch sparen wollen, eigene Ziele verfolgen, wird bestenfalls als lästige Nebenbedingung hingenommen. Erst ab fünf Millionen Mark Vermögen gehören Sie zu den sogenannten High Networth Individuals, wie die Reichen im Banker-Jargon heißen. Dann erschließen sich Ihnen, natürlich gegen ordentliches Geld, die Dienste von Problemlösungsberatern, die aus Ihren Zielen die hoffentlich richtige Anlagestrategie ableiten. Interessanterweise arbeiten diese Berater in zunehmendem Maße auf Fondsbasis.

Deshalb: Werden Sie Ihr eigener Anlageberater und damit auch Fondsberater. Die Voraussetzungen dafür bringen Sie eher mit als alle anderen. Denn Sie kennen Ihre Finanzen samt steuerlicher Situation besser als jeder noch so gut ausgebildete Bankangestellte. Sie wissen im Zweifel auch, ob bei Ihren Eltern, bei Oma oder Opa, Onkel oder Tante noch finanzielle Reserven schlummern. Und vor allem: Sie wissen am besten, ob Ihr Erspartes dem Studium des Sohnes in zwei Jahren oder der eigenen Altersvorsorge in 20 Jahren, zur Ablösung einer Hypothek oder einfach nur der Maximierung des steuerfreien Gewinns dienen soll. Diese Ziele werden Sie kaum einem Anlageberater derart klar machen können, daß er sie zu seinen eigenen macht. Ist er – aus der Sicht seines Brötchengebers – gut, versucht er Ihnen möglichst viele Finanzprodukte seines Hauses zu verkaufen. Neben diesem Nachteil haben solche „guten" Berater noch einen weiteren, ganz entscheidenden: Ihr Streben nach Karriere läßt sie schon bald aus Ihrem Gesichtsfeld entschwinden, und Sie sind mit Ihren finanziellen Problemen wieder allein.

WICHTIG

Statt einem vom Entschwinden gefährdeten karrieresüchtigen Anlageberater Ihre Finanzen mühsam zu erörtern und dabei womöglich auch noch delikate Einzelheiten preiszugeben, sollten Sie lieber einen anderen Weg wählen: Lernen Sie durch intensive Lektüre von Zeitungen und Zeitschriften, Spezialdiensten und Büchern, durch Finanzmessen und -kongresse, Gespräche mit Beratern und unter Freunden lieber die faszinierende Finanzwelt kennen. Sie werden dann schon nach kurzer Zeit kaum noch Mühe haben, Ihren Zielen die richtigen Finanzprodukte zuzuordnen. Daß Fonds dabei eine große Rolle spielen, liegt auf der Hand. Denn ihr Potential ist, was die Gestaltungsmöglichkeiten wie auch das Volumen betrifft, erheblich.

Wie, wo und wann kaufe ich welchen Investmentfonds?

Der 13. fiel auf einen Donnerstag, doch der war für viele deutsche Anleger schwärzer als der schwärzeste Freitag: Am 13. Januar 1994 drangen Steuerfahnder in die Frankfurter Zentrale und die Düsseldorfer Hauptstelle der Dresdner Bank ein und filzten, was sie in die Finger bekommen konnten. Ihr Ziel: Schwarzgeld ausfindig machen, das nach Luxemburg abgeflossen war. Im Mittelpunkt des anschließenden Geldkrimis standen ausgerechnet Investmentfonds, eine Sparform, die jahrzehntelang den Ruf hatte, Anleger eher in Tiefschlaf als in Spannung zu versetzen. Doch diese Zeiten waren zu Beginn des Jahres 1994 längst vorbei. Und als ob sie das bestätigen wollten, machten Steuerfahnder knapp 13 Monate später, am 2. Februar 1995, mit einem anderen Institut tabula rasa: Sie fielen über HCM Hypo Capital Management her, eine Tochtergesellschaft der Bayerischen Hypotheken- und Wechsel-Bank (Hypo-Bank). Später ermittelten die Wirtschaftsprüfer, daß der HCM-Unternehmenswert dadurch um mehr als ein Drittel gesunken war. Dann ging es Schlag auf Schlag: Norddeutsche Landesbank, DG Bank, Merrill Lynch, Deutsche Bank, Commerzbank und wieder Dresdner Bank gerieten in die Fänge der Steuerfahndung.

Luxemburg hatte 1992 und 1993 viel Geld angezogen, weil Banken aus Deutschland und anderen Ländern dort mit Hilfe ihrer Investmentgesellschaften besonders fleißig bei der Gründung immer neuer Fonds waren. Damit hatte es diese angeblich so biedere Geldanlage für kleine Leute endgültig geschafft, ins Rampenlicht der Öffentlichkeit zu treten.

Die Dresdner Bank legte natürlich Rechtsmittel ein. Mit gleich zwei Verfassungsbeschwerden holte sie besonders starkes Geschütz hervor. Aber sie konnte damit nicht verhindern, daß die Steuerfahnder sich tagelang in ihren Räumen aufhielten. Obendrein hatten die Beamten der Fahndung auch noch vom 13. bis 20. Januar 1994 die ganze Post abgefangen, die von Luxemburg an die Dresdner Bank in Düsseldorf gerichtet war. Wegen seiner grundsätzlichen Bedeutung wird uns dieser Fall nebst HCM und einigen delikaten Steuerproblemen noch in einem späteren Kapitel beschäftigen.

Während die zweitgrößte Bank der Republik ganze Teams von Anwälten mit verfassungsrechtlichen Einzelheiten beschäftigte, bastelten die Fachleute der Dresdner-Tochter DIT Deutscher Investment-Trust fleißig an einem 15seitigen Papier zum Thema Zwischengewinnsteuer. Sein Ziel und Inhalt: Normalen Menschen klar zu machen, wie die seit Anfang 1994 wirksame Steuer (ein Abschlag bzw. eine Vorauszahlung) bei Investmentfonds funktioniert. Das hatten nämlich die Beamten im Bundesfinanzministerium nicht geschafft. Die neue Steuer erhielt von der Presse gleich den treffenden Namen Zwist.

Daß die ersten Monate der Jahre 1994 und 1995 für die Investmentbranche und ihre Kundschaft nicht nur im Zeichen von Steuerfahndung und Zwist standen, war auf die Denkarbeit der Fondsprofis zurückzuführen. Die sorgten zunächst dafür, daß ihre statistischen Abteilungen dank der Superbörse 1993 Traumergebnisse publizierten. Dann stellten sie der Öffentlichkeit eine Innovation nach der anderen vor. So schickte die zum Verbund der Volks- und Raiffeisenbanken gehörende Union-Investment-Gesellschaft am 1. Februar 1994 drei neue Fonds ins Rennen, davon einen zur Absicherung ihres neuen deutschen Aktienfonds, einen anderen zur Steueroptimierung – beide bezeichnenderweise über die Luxemburg-Tochter der Union. Am 7. Februar folgte DB Investment Management (DBIM), der Luxemburg-Ableger der Deutschen Bank, mit einem Fonds zur Absicherung amerikanischer Aktien. Doch wer geglaubt hatte, die Fondsvielfalt könnte nicht mehr überboten werden, sah sich getäuscht: Lawinenartig donnerten die Fonds in die Depots der Anleger. Die größte Lawine begann am 1. August 1994 mit dem Startschuß für deutsche Geldmarktfonds zu rollen. Sie wird, weil diese Fonds bei stagnierenden oder steigenden Zinsen unter bestimmten Bedingungen interessanter sind als Festgeld oder Spareinlagen, über das Jahr 2000 hinaus in Bewegung bleiben.

Ohne Zweifel, Investmentfonds sind Modeartikel geworden: Verspricht irgendwo auf der Welt ein Aktien- oder Immobilienmarkt, der Zins oder die Währung, eine Branche oder einfach ein neues Finanzinstrument auch nur im entferntesten zum Hit zu werden, schon gibt es dazu die passenden Fonds. Die bestimmen auch immer mehr die Schlagzeilen der Wirtschaftspresse, sogar wenn nicht nur von Geldkrimis zu berichten ist. Und jeder Anleger meint, etwas zu versäumen, falls er noch keinen Fonds hat. Heute sind diese, morgen jene Fonds gefragt. Das hängt dann wiederum von der Höhe der Zinsen und Währungen ab, vom Börsenverlauf in Deutschland und anderswo, von neuen Gesetzen (besonders im Hinblick auf die Steuern), vom Sicherheitsbedürfnis und hin und wieder auch von der Spekulationslust.

Investmentfonds heißen Sondervermögen, aber diesen Ausdruck benutzt kaum jemand. Eher schon hat sich die Bezeichnung Investmentfonds oder Fonds für den einzelnen Fondsanteil eingebürgert, etwas umständlich auch Investmentzertifikat genannt. Genaugenommen besteht natürlich jedes Sondervermögen, dessen Wert sich im übrigen täglich ändert, aus soundsovielen Anteilen, wobei deren Zahl ebenfalls täglich nach oben oder unten geht. Von dieser Regel gibt es wieder Ausnahmen, auf die ich – wenn

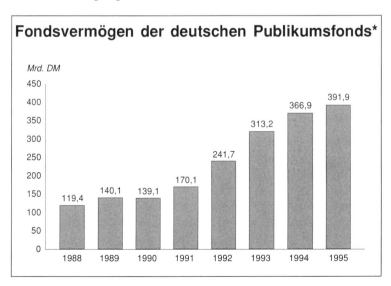

Fondsvermögen der deutschen Publikumsfonds*

* Inklusive Luxemburger Fonds deutscher Provenienz
Quelle: BVI-Statistik

sie von Bedeutung sind – in den einzelnen Kapiteln noch näher eingehe. Kurzum, Investmentfonds gehören ebenso zur Kategorie Wertpapiere wie Aktien oder Anleihen, Pfandbriefe oder Genußscheine.

Sicher sind Ihnen schon Begriffe begegnet wie Publikums- oder Spezialfonds, offener oder geschlossener Fonds, Wertpapier- oder Immobilienfonds, Inlands- oder Auslandsfonds, Aktien-, Renten-, Laufzeit- oder wie auch immer Fonds. Das alles klingt zwar furchtbar verwirrend, ist aber halb so schlimm. Denn normalerweise haben Sie es mit einem bestimmten Fondstyp zu tun: mit dem offenen Publikumsfonds, der Ihr Geld in Wertpapiere oder – etwas seltener – in Immobilien investiert. Offen heißt, daß das Fondsvermögen (siehe dessen Entwicklung im Zeitablauf für alle deutschen Publikumsfonds im Schaubild auf Seite 19) nicht begrenzt ist, also im Prinzip laufend neue Anteile ausgegeben werden können. Käufe und Verkäufe finden nicht an der Börse, sondern über Bank oder Sparkasse, einen selbständigen Finanzberater oder Vermögensverwalter, Broker oder Makler, eine Fondsboutique oder die Investmentgesellschaft selbst statt. Damit alles klappt, hält diese Gesellschaft, die in Deutschland den Status eines Kreditinstituts hat, im Fonds genug Liquidität vor. So bekommen Kunden, die ihre Anteile veräußern, sofort das gewünschte Bargeld. Im Schaubild auf Seite 21 ist der Zusammenhang noch einmal grafisch dargestellt.

Jeder Fonds steht unter der Obhut einer Investmentgesellschaft; die heißt in Deutschland auch Kapitalanlagegesellschaft oder einfach nur KAG. An ihrer Spitze steht die Geschäftsführung. Der eigentliche Fondsmanager, der den Fonds betreut, ist heute meistens nicht mehr Geschäftsführer, sondern Anlagespezialist. Er arbeitet entweder unter der Geschäftsführung oder im Anlageausschuß. Eine Depotbank, in vielen Fällen kapitalmäßig mit der Investmentgesellschaft verflochten, sorgt schließlich für die formal korrekte Abwicklung aller Geschäfte.

Auch das klingt komplizierter, als es in Wirklichkeit ist. Anleger haben mit den geschilderten Abläufen und Strukturen unmittelbar nichts zu tun, sollten jedoch ungefähr wissen, wie alles funktioniert. Zum Beispiel, um rechtzeitig zu erkennen, warum ihr Fonds

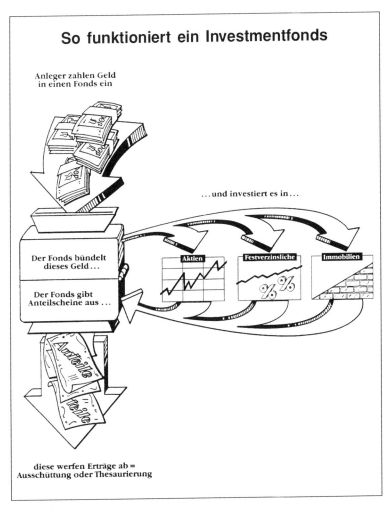

nicht besonders gut abschneidet. Das könnte am Management liegen. Oder an irgendwelchen mehr oder weniger erkennbaren Gebühren. Denn Fonds sind gigantische Provisionsmaschinen, an denen die Investmentgesellschaften wie auch deren Mutterbanken viel Geld verdienen. Wieviel genau, ist bestenfalls zu erahnen: Wer Fondsanteile kauft, weiß zwar, wie hoch sein Ausgabeaufschlag (eine Art Kaufprovision) ist; und er ahnt zumindest, daß der größte

Teil davon entweder bei seiner Bankzweigstelle oder bei einem Anlageberater hängenbleibt. Aber wieviel Provision verlorengeht, wenn der Fondsmanager beispielsweise Wertpapiere umschichtet, erfährt zumindest in Deutschland kein Außenstehender.

Nun könnten es sich die Leute von den Fonds und den hinter ihnen stehenden Geldinstituten einfach machen und möglichst viel von dem ihnen anvertrauten Geld häufig umschichten. Sie würden dann eine Menge Provision kassieren. Doch Gott sei Dank gibt es zwei Faktoren, die das verhindern: Publizität und Wettbewerb. Publizität entsteht durch die – zum Teil vom Gesetzgeber erzwungene – Veröffentlichung von Daten wie Fondsergebnis (auch Performance genannt) oder Verwaltungsaufwand. Fondsergebnisse verstehen sich nach Abzug der Umschichtungsprovisionen. In einigen Zeitungen und Zeitschriften wird darüber hinaus sogar die Nettoperformance unter Berücksichtigung der höchsten Ausgabeaufschläge genannt. Das führt allerdings zu einer gewissen Verwirrung, weil es seit Frühjahr 1994 Billigbanken wie Direkt Anlage Bank, Consors und andere gibt. Solche Institute stellen ihren Kunden nur einen Teil der Ausgabeaufschläge in Rechnung. Noch verwirrender wird die Sache vor allem seit Anfang 1995 durch das zunehmende Aufkommen von Fonds, die ihre Gebühren über die Jahre verteilen, statt einmalige Ausgabeaufschläge zu nehmen.

Aber nicht allein Gebühren verhindern den Anlegererfolg, sondern auch unfähige Fondsmanager oder Geschäftsführer. Theoretisch denkbar ist sogar, daß ein guter Manager üppige Umschichtungsprovisionen verursacht und nebenbei auch noch eine Superperformance zustande bringt, ein schlechter dagegen nichts von beidem hinbekommt. Wie gravierend die Unterschiede aus Anlegersicht sein können, belegt die Statistik der Managementleistung heimischer Fonds, die das Kundengeld in deutschen Aktien anlegten, während der fünf wechselvollen Börsenjahre von Anfang 1989 bis Ende 1993: Da konnte der Spitzenreiter DIT-Fonds für Vermögensbildung 102,7 Prozent Gesamtgewinn erzielen, das Schlußlicht Noris dagegen brachte es gerade mal auf ein Plus von 27 Prozent. Noch wechselvoller waren an der deutschen Börse die fünf Jahre von Anfang 1990 (Höhepunkt des Vereinigungsbooms) bis Ende 1994 (Katzenjammer nach Zinsschock und schneller als erwartet anspringender Konjunktur). Da ging dann nicht mehr das vergleichsweise gute Börsenjahr 1989 in die Performance ein; statt dessen vermieste der schwache Jahrgang 1994 die Fünfjahresergebnisse.

Auf dem internationalen Parkett wollte 1994 gar nichts mehr laufen. Die Stars des Jahres 1993, fast ausnahmslos Fonds aus sogenannten Emerging Markets (Schwellenländern), landeten abgeschlagen weit hinten. So belegte die 1993er Nummer eins von den auf dem deutschen Markt zugelassenen Fonds, der Singapur- und Malaysia-Fonds von Mercury, 1994 Platz 497. Die Nummer zwei, der Malaysia-Fonds von Fidelity, schaffte gerade mal Platz 476. Und auch sein auf die ASEAN-Länder spezialisierter Bruder bewegte sich mit Platz 480 nicht weit von der roten Laterne.

Nun meint der eine oder andere Leser vielleicht schon, die passenden Antworten auf die Frage in der Überschrift zu diesem Kapitel gefunden zu haben:

1. Wie kaufe ich einen Fonds? Indem ich vorher Zeitungen und Zeitschriften lese.
2. Wo kaufe ich ihn? Bei einer Bank, Sparkasse oder Investmentgesellschaft.
3. Wann? Wenn mein Anlageberater mich darauf aufmerksam macht.
4. Welchen Fonds kaufe ich? Jenen, den mir mein Anlageberater empfiehlt.

Doch die Antworten klingen zu schön, um wahr zu sein, und dieses Buch wäre bereits hier zu Ende, wenn sie genügen würden. Deshalb folgen nun zu allen vier Antworten wichtige Ergänzungen:

1. In Zeitungen, Zeitschriften, Spezialdiensten und Statistiken stehen mal diese, mal jene Fonds ganz oben. Die heutigen Sieger eines Quartals, Jahres, Jahrfünfts oder Jahrzehnts können schon morgen zu den Verlierern gehören. Welche Periode über die Leistung eines Fondsmanagers am meisten aussagt, darüber werden sich die Fachleute wohl noch jahrelang streiten. Und welche Risiken er bei seiner Tätigkeit eingegangen ist, ergibt sich nur aus komplizierten Studien.

2. Die Zweigstellen von Banken und Sparkassen sind zwar immer noch zu weit mehr als der Hälfte am Fondsabsatz in Deutsch-

land beteiligt, aber ihr Anteil sinkt von Jahr zu Jahr. Das hat mehrere Ursachen: Zweigstellen werden mangels Rentabilität geschlossen; der adäquate Ersatz durch Telefonbanking im Massengeschäft und durch Kopfstellen im Geschäft für anspruchsvolle Kunden braucht bis zur allgemeinen Akzeptanz noch viel Zeit. Freie Anlageberater mitsamt Maklerpools oder Verkaufsstellen nutzen die Gunst der Stunde. Auch der Versicherungsaußendienst mischt kräftig mit, wenngleich die meisten Vertreter von Fonds keine Ahnung haben. Kreditkarten-Organisationen dringen immer mehr ins Fondsgeschäft ein. Und einige ausländische Investmentgesellschaften sind bereits beim Fondsverkauf per Telefon wie auch mit gut geschulten Maklern erfolgreich.

3. Anlageberater haben nur in ganz seltenen Fällen die Gabe, das Gras an den Finanzmärkten wachsen zu hören. Also müssen sie sich überwiegend auf die Forschungsarbeit (Research, wie Fachleute sagen) ihrer Institute oder anderer Organisationen verlassen. Nur hat es damit dasselbe auf sich wie mit der Spekulation an der Börse: Die einen sagen hü, die anderen hott. Das heißt, den allwissenden Anlageberater mit der goldenen Nase für den richtigen Zeitpunkt zum Ein- und Aussteigen gibt es nicht.

4. Eng mit der Frage nach dem rechtzeitigen Ein- und Ausstieg ist die Suche nach dem richtigen Fonds verbunden. Es gibt, wie schon erwähnt, allzu wenige Fonds, die vergleichbar einer klassischen Vermögensverwaltung mit breiter internationaler Streuung der Anlagen erfolgreich geführt werden und jederzeit zum Kauf geeignet sind. Dagegen herrscht kein Mangel an guten Rentenfonds (auf Anleihen spezialisiert) und Geldmarktfonds, die Papiere und andere Anlagen mit extrem kurzen Laufzeiten enthalten. Beide dienen überwiegend der Erzielung eines zusätzlichen Einkommens. Zumindest im Hinblick auf dieses Ziel gestaltet sich die Suche also ziemlich einfach. Dagegen bedarf es bei Fonds, die mit ihrer Wertentwicklung etwa den Aktienmärkten in Deutschland oder im übrigen Europa, in Amerika oder im Fernen Osten nach oben wie nach unten folgen, relativ häufiger Umschichtungen. Falls Sie übrigens einen Anlageberater nach dem besten Fonds innerhalb einer Kategorie fragen,

erhalten Sie fast nie die richtige Antwort. Denn er rät Ihnen so gut wie immer zu einem hauseigenen Fonds.

Nachdem Sie nun auf die in der Überschrift gestellte Hauptfrage vier kurze und vier lange Antworten erhalten haben, sollten Sie nicht gleich verzweifeln, weil alles so kompliziert ist. Es gibt halt kein Patentrezept für den richtigen Fondskauf, sondern nur die Chance, die Materie Schritt für Schritt kennenzulernen, um so aus der faszinierenden Welt der Fonds den größten Nutzen zu ziehen. Danach werden Sie feststellen, daß die Investmentgesellschaften durchaus noch viel herumexperimentieren. Und, daß Sie mit Ihrem durch dieses Buch erworbenen Wissen den meisten Anlageberatern überlegen sind.

Neue Gesetze heben die heile Investmentwelt aus den Angeln

Das Gebäude, in dem lange Zeit das ganze Bundesaufsichtsamt für das Kreditwesen am Reichpietschufer in Berlin untergebracht war, sah bei flüchtigem Blick wie ein Museum aus. Die Behörde, kurz BAK oder BAKred genannt, flößte Besuchern schon immer Respekt ein: Erst war eine Stufe zu nehmen, dann kamen nach einem Absatz drei und schließlich nach einem weiteren 14 Stufen, bevor endlich zur linken Hand der Empfang auftauchte. Im linken Trakt befand sich auch das Büro von Heinz-Dietrich Stolzenburg, der als Regierungsdirektor über viele Jahre für die Beaufsichtigung eines großen Teils der deutschen Fonds zuständig war. Wie lange die Geschäftsführer der Investmentgesellschaften mit dem von preußischen Tugenden durchdrungenen Beamten im Clinch lagen, läßt sich heute nicht mehr genau feststellen. Jedenfalls entwickelte sich zwischen den beiden Parteien im Lauf der Jahre eine Art Haßliebe. Dabei ging es Stolzenburg nie allein um die Auslegung zweifelhafter Bestimmungen des Investmentrechts, sondern darüber hinaus immer auch um Grundsätzliches. „Der Investmentfonds sollte nach wie vor geschützt werden", so lautete sein Credo. Damit meinte er die ursprüngliche Fondsidee: Die Chancen wahrnehmen, aber nie vergessen, die Risiken zu verteilen.

Jahrzehntelang konnte sich der seit 1964 für das BAK tätige Stolzenburg gegen die obersten Leute aus der Fondsbranche durchsetzen. Stichelten sie, dann stichelte er doppelt und dreifach zurück. Wenn er sie zu sich bestellte, mußten sie wohl oder übel in sein mit Möbeln aus den fünfziger und sechziger Jahren bestücktes Büro eintreten, auf der dunkelgrünen Couch rechts vom Eingang unter einer Grafik des FAZ-Index Platz nehmen und zwischen einem Bild mit Hafenszene rechts und mit Alpenlandschaft links auf Berge von Akten blicken. Darin bewahrte Stolzenburg penibel seine Argumentationshilfen auf. Wehe, wenn einer zu sehr aufmuckte. Dann bekam er schnell die Grenzen aufgezeigt und verließ anschließend wie ein begossener Pudel das Zimmer mit der dunkelgrünen Couch.

Seit dem 1. März 1990 ist vieles anders. Stück um Stück hatte die Fondslobby vom Gesetzgeber Freiräume erkämpft. Die erhielt sie an jenem Tag mittels Gesetz schwarz auf weiß. Auslöser war die bahnbrechende EG-Richtlinie vom 20. Dezember 1985; sie wurde 1990 in deutsches Recht umgesetzt. Seitdem gab es eine wahre Sturzflut von Fonds. Die kamen weitgehend über Luxemburg auf den deutschen Markt. Die Initiatoren aber stammten entweder aus Deutschland oder aus anderen Ländern. Die Sturzflut ergoß sich nicht mehr über Stolzenburg, sondern über die Referatsleiter, die für Auslandsfonds zuständig waren. Der Beamte mit den preußischen Tugenden trat schließlich Ende April 1994 in den Ruhestand. Einer seiner Nachfolger, Volker Krug, wird es schwer haben, im selben Ausmaß für Anlegerschutz zu sorgen.

Derweil bereitete ein anderer Beamter, Franz-Christoph Zeitler aus dem Bundesfinanzministerium (BMF) in Bonn, seinen letzten großen Karrieresprung vor: auf den Chefsessel der Landeszentralbank in Bayern und damit auch in den Zentralbankrat der Deutschen Bundesbank. Deren Präsident Hans Tietmeyer überreichte dem Neuling in diesem mächtigen Gremium die Ernennungsurkunde dann sinnigerweise am 1995er Aschermittwoch.

Das BMF liegt unweit einer Autobahnauffahrt an der Graurheindorfer Straße. Das Gebäude, in dem es untergebracht ist, läßt sich nicht einmal als grau bezeichnen; es hat überhaupt keine richtige Farbe. Die hier tätigen Beamten sind dagegen alles andere als farblos. Und faul schon mal gar nicht: Sie brüteten allein 1992 und 1993 neben der täglichen Routine nicht weniger als fünf Gesetze aus, die für die Geldanlage in Investmentfonds erhebliche Konsequenzen haben:

- Steueränderungsgesetz,
- Zinsabschlaggesetz,
- Standortsicherungsgesetz,
- Mißbrauchsbekämpfungs- und Steuerbereinigungsgesetz,
- Zweites Finanzmarktförderungsgesetz.

Alle fünf Gesetze haben zu einer Flut von Änderungen weiterer Gesetze geführt. Am meisten betroffen ist das Einkommensteuergesetz, das von 1988 bis 1993 nicht weniger als 29mal reformiert werden mußte. Aber auch andere Gesetze sind nicht mehr wiederzuerkennen, etwa das Körperschaftsteuergesetz und die Abgabenordnung, das Börsen-, Depot- und Aktiengesetz und – für Investmentfonds besonders wichtig – das Gesetz über Kapitalanlagegesellschaften (KAG-Gesetz oder kurz KAGG genannt) und das Auslandinvestmentgesetz. Damit nicht genug, viele neue Vorschriften sind Bestandteile übergreifender Bonner Aktivitäten mit so geheimnisvollen Namen wie Föderales Konsolidierungsprogramm, Solidarpakt, Spar-, Konsolidierungs- und Wachstumsprogramm oder Jahressteuergesetz 1996.

Mit einem Gesetz schoß Bonn allerdings den Vogel ab: mit dem Jahressteuergesetz 1997. Ihm ging das geheimnisvolle Bündnis für Arbeit voraus, also der Versuch, aus dem teuren Standort Deutschland mit festgefügten sozialen Komponenten und hoher Arbeitslosigkeit eine dynamische Volkswirtschaft zu zaubern. Der Versuch muß – zumindest auf Sicht der kommenden Jahre – nicht nur wegen der starren sozialen Fronten scheitern, sondern auch wegen der Macher, allen voran Theo Waigel. Über ihn schrieb treffend „Die Woche" am 24. Mai 1996: „Gegen einen roten Finanzminister mit dieser tiefroten Leistungsbilanz hätte Franz Josef Strauß dereinst Fackelzüge quer durch die Republik veranstaltet. Doch diese Republik erregt heute nicht Theo Waigels überfälliger Abgang in Bonn, sondern viel mehr Otto Rehhagels Vertreibung aus München." Immerhin setzt das Jahressteuergesetz 1997 für Anleger mehrere Zeichen, zum Beispiel gegen Immobilien und Subventionen, für Aktien und Unternehmen.

Nach vielen Jahren des Zögerns hatte Bonn sich zu einer stärkeren Aktienförderung durchgerungen, allerdings erst, nachdem wegen der einseitigen Begünstigung von Rentenfonds riesige Beträge zunächst in den falschen Kanälen und dann im Ausland gelandet waren. So hatte es jahrelang gar keine Probleme gegeben, Geld zinsbringend in Rentenfonds anzulegen und die Zinsen legal am Finanzamt vorbeizuschleusen. Der Trick bestand einfach darin, Rentenfondsanteile kurz vor der Ausschüttung (bei thesaurierenden, also nicht ausschüttenden Fonds: kurz vor Ende des Geschäftsjahres) steuerunschädlich zu verkaufen und die aufgelaufenen Stückzinsen – das sind die auf den Tag genau berechneten Zinsen – legal steuerfrei zu kassieren.

Dieses muntere Treiben ist zwar seit Anfang 1994 beendet; es hatte aber kurz davor, im Dezember 1993, zwangsläufig noch einen vorübergehenden Höhepunkt: die Flucht aus Rentenfonds, ebenso aus Laufzeitfonds (Variante der Rentenfonds) und damit aus einer über viele Jahre heilen Steuerwelt. Daß das frei werdende Geld dann nicht nahtlos den Aktienfonds zufloß, versteht sich von selbst. Dafür waren drei Gründe ausschlaggebend:

- Wer gewohnt ist, in Fonds mit relativ geringen Schwankungen anzulegen (also in Rentenfonds, aber auch in offenen Immobilienfonds), wird nicht von heute auf morgen zum Fan von Aktienfonds mit ihrem recht starken Auf und Ab.
- 1993 war ein besonders gutes Aktienjahr, 1994 ein schwieriges. Die meisten Anleger hatten danach nicht mehr den Mut zum Einstieg.
- Auch bis heute hat die Mehrheit der Leute, die sich nur nebenbei mit Aktien beschäftigen, die Segnungen des Standortsicherungsgesetzes nicht richtig verstanden.

Die Anlegermentalität ließ die Fondsmanager kaum noch ruhig schlafen. Deshalb sannen sie auf Abhilfe und konstruierten die schon kurz erwähnten Absicherungsfonds. Daneben versuchten sie, die Steuern ihrer Anleger dadurch zu mindern, daß sie wieder mehr Fonds für niedrigverzinsliche Anleihen aus der Taufe hoben; bei denen besteht ein vergleichsweise hoher Anteil des Gesamtertrags aus steuerfreien Kursgewinnen. Doch ein richtiger Ersatz für ihr 1992 und über weite Strecken des Jahres 1993 schwungvolles Luxemburger Geschäft mit Rentenfonds war das alles nicht. Dafür gab es nur eine Ursache: die seit Anfang 1993 geltende Zinsabschlagsteuer, oft vereinfacht ZASt oder Zinssteuer genannt. Sie ging auf das Urteil des Bundesverfassungsgerichts vom 27. Juni 1991 zurück, wonach der Gesetzgeber bis Anfang 1993 für eine Form der Zinsbesteuerung zu sorgen hatte, die das „Vergessen" von Kapitalerträgen bei der Einkommensteuererklärung verhindern sollte. Schließlich gebar der Gesetzgeber, von allen möglichen Ausnahmen abgesehen, 30 Prozent ZASt: Wer Anspruch auf 1.000 Mark Zinsen hatte, bekam nur 700 Mark ausgezahlt. Den Rest von 300 Mark mußte der betreffende Steuerzahler im Rahmen der Einkommensteuererklärung verrechnen. Es sei denn, er hatte rechtzeitig einen Freistellungsauftrag eingereicht, der uns später noch beschäftigen wird. In diesem Fall konnte unser Steuerzahler 1.000 Mark sofort kassieren.

Anleger fanden diese Steuer-Revolution noch viel verwirrender als Fondsmanager. Bis Ende 1992 hatten die meisten von ihnen das, was sie eigentlich dem Finanzamt schuldig waren, grundsätzlich unter den Tisch fallen lassen: Zinsen blieben unversteuert, weil es keine wirksame Kontrolle zu ihrer Erfassung gab. Aber auch, weil kaum jemand einsah, warum er Erträge aus bereits versteuertem Geld noch einmal versteuern sollte. Durch die ZASt-Einführung änderte sich an dieser Mentalität natürlich nicht viel. Denn wer bis dahin sein Geld nebst Zinsen am Finanzamt vorbeigeschleust hatte, behielt diese Gewohnheit bei. Wäre er plötzlich steuerehrlich geworden, hätte er sich selbst die Steuerfahndung auf den Hals gehetzt. Dank der alten Gewohnheit aber lenkte er sein Geld einfach von einem deutschen Konto oder Depot nach Luxemburg. Das war es wahrscheinlich, was die Steuerfahnder in den Fällen Dresdner Bank, HCM und andere – abgesehen von dem Zwang, den Hinweisen von Denunzianten nachzugehen – so aktiviert hatte.

Und so nahm das Schicksal der Gesetze von Waigel, Zeitler & Co. seinen Lauf. Schon im März 1994 wetterte der Bund der Steuerzahler: „Von Ruhe an der Steuerfront kann überhaupt keine Rede sein." Anfang 1995 wärmte der Bundesverband deutscher Banken unter seinem allein schon aus Altersgründen nicht eben kämpferischen Präsidenten Karl-Heinz Wessel das Thema Abgeltungsteuer wieder auf. Die Bankenlobby hatte diese Steuer, die in Österreich üblich ist und Kapitalerträge einem einheitlichen Steuersatz unterwirft, früher zugunsten des Zinsabschlags geopfert, um nicht die ganz dicke Kröte mit dem Namen Kontrollmitteilungen schlucken zu müssen. Dann wäre, so die gängige These, das Bankgeheimnis in Gefahr gewesen.

Doch das alles gleicht einer Posse. Das deutsche Bankgeheimnis überhaupt in die Debatte zu werfen, ist lächerlich. Es kann sich nämlich schon mit dem Freistellungsauftrag, den Sie Ihrer Bank oder Sparkasse einreichen, um den Steuerabzug auf Kapitalerträge zu vermeiden, in nichts auflösen. „Dieser Auftrag steht den zuständigen Finanzbehörden zu Prüfungszwecken zur Verfügung", heißt es da schwarz auf weiß. Sie erben oder vererben Vermögen: Schon landet eine Kontrollmitteilung beim zuständigen Finanzamt. Oder sollten Sie etwa der Illusion erliegen, Bankangestellte seien gegenüber Finanzämtern zum Schweigen verpflichtet: Rien ne va plus, laut Abgabenordnung – so heißt das Grundgesetz der Finanzbeamten – gilt diese Pflicht ausdrücklich für bestimmte Berufsgruppen wie Ärzte oder Hebammen, nicht dagegen für die Angestellten von Banken und Sparkassen.

Im Februar 1995 steuerte die Diskussion um den Zinsabschlag dem Höhepunkt entgegen. Schätzungen zufolge sollen bereits damals wegen der ZASt 300 Milliarden Mark Kapital aus Deutschland abgeflossen sein. Falls diese Zahl auch nur im entfernten stimmt, geriete die ZASt zum Steuerflop der neunziger Jahre. Denn ihre Verfassungswidrigkeit stünde dann unzweifelhaft fest. Die Konsequenz könnte nur lauten: Generalamnestie für alle Zinssteuersünder. Italien hat mit ähnlichen Amnestien schon gute Erfahrungen gemacht. Die Deutschen sollten in diesem Punkt von den Italienern lernen.

Das auch noch aus einem anderen Grund: Es gibt Wichtigeres als die kleinkarierte ZASt-Diskussion, nämlich die weitere Harmonisierung des Investmentrechts im vereinten Europa. Erst sie wird Fondsanlegern die grenzenlose Freiheit bescheren, die sie brauchen, um mit den Sparern in anderen Ländern gleichzuziehen. Auf der Tagesordnung in Brüssel, wo das EU-Recht gemacht wird, steht der Fund of Funds (Dachfonds) ganz obenan. Das ist ein Fonds, der sich, wie schon erwähnt, an anderen Fonds beteiligt. Nicht wenigen Anlegern der älteren Generation wird bei diesem Begriff wegen des immer noch nicht vergessenen Zusammenhangs mit der 1970 zusammengebrochenen Firma IOS ein kalter Schauer über den Rücken laufen. Doch was seinerzeit ohne Gesetze und ohne effektive Aufsichtsbehörden funktionierte und schließlich zu erheblichen Verlusten der Anleger führte, soll jetzt gesamteuropäisches Recht werden. Aufzuhalten sind Dachfonds sowieso nicht mehr. In Luxemburg, Belgien und England gibt es sie schon.

Darüber hinaus arbeiten die Brüsseler Bürokraten an einer europäischen Geldmarktfonds-Harmonisierung. Nicht zu vergessen auch die geplante Einführung von Cashfonds, die das von ihnen verwaltete Geld voll in Depoteinlagen investieren dürfen. Und wer glaubt, damit sei das Ende der Fahnenstange erreicht, irrt sich gewaltig. So glaubt Steffen Matthias, Geschäftsführer der Europäischen Investmentvereinigung, wie viele von seinen deutschen Verbündeten noch an eine andere Neuerung, den sogenannten Feeder Fund. Das Prinzip, nach dem diese Fondsart funktioniert, ist an einem Beispiel einfach erklärt: Die deutsche Investmentgesellschaft A legt in England den Unit Trust B auf; Unit Trust heißt nichts anderes als offener Investmentfonds. B investiert sein ganzes Vermögen in den Fonds C der deutschen Firma B.

Sie fragen sich wahrscheinlich, was dieser Unsinn soll. Nun, der Unsinn macht Sinn, wenn man bedenkt, daß sich die beiden Länder trotz gemeinsamen Investmentrechts neben unterschiedlichen Sprachen, Mentalitäten, Eß- und Trinkgewohnheiten auch durch andere Merkmale unterscheiden. Nehmen wir als Beispiel die Währung: Heute brauchen Sie nur noch ein Fünftel dessen für das britische Pfund hinzublättern, was vor nicht einmal drei Jahrzehnten fällig war – sicher ein Ergebnis der deutschen im Vergleich zur britischen Mentalität. Die Entwicklung kann selbstredend auch mal in die umgekehrte Richtung gehen; dann sähe ein Anleger von der Insel mit seinen Mark-Anlagen im Unit Trust natürlich alt aus. Das Währungsrisiko ist also in beiden Richtungen vorhanden. Der britische Anleger kann dies allerdings mittels Hedging verhindern; so nennen Fachleute Absicherungsgeschäfte. Das heißt, ohne großen Aufwand sind aus einem Fonds grenzüberschreitend zwei Fonds geworden.

Auch jenseits der Fondsszene entstanden und entstehen Gesetze, die durch bereits heute abzusehende Änderungen einen gewissen Einfluß auf Ihre Geldanlage haben werden. Erwähnenswert ist vor allem das Geldwäschegesetz vom Oktober 1993, dessen Federführung beim Bundesinnenministerium lag. Es richtet sich primär gegen den Umgang mit Drogengeld und sorgt zusätzlich für die Erfassung anderer Bargeschäfte von 20.000 Mark an aufwärts. Demzufolge sind Finanzinstitute nach einer sehr weit gefaßten Definition, aber auch andere Gewerbetreibende (etwa die Besitzer von Tante-Emma-Läden, die Betreiber von Spielbanken oder die privaten Vermögensverwalter) zur Identifikation ihrer Bargeldkundschaft verpflichtet. So weit, so gut, doch die Sache hatte von vornherein einen faden Beigeschmack: Sollen Bankangestellte ihre Kunden etwa auf Verdacht an die Staatsanwaltschaft verpfeifen? Dürfen die Verpfiffenen anschließend davon ausgehen, daß der zuständige Staatsanwalt die heißen Daten nicht an ihr Finanzamt weitergibt?

In ganz neue Dimensionen stößt der Gesetzgeber schließlich mit dem in zwei Schüben am 1. August 1994 und am 1. Januar 1995 in Kraft getretenen Wertpapierhandelsgesetz vor. Es hebelt, auf einen Nenner gebracht, das deutsche Bankgeheimnis aus, denn es bestimmt in § 16: „Das Bundesaufsichtsamt (für den Wertpapierhandel) kann von Personen, deren Identität nach Absatz 2 Satz 2 mitgeteilt worden ist, Auskünfte über diese Geschäfte verlangen." Gemeint sind Insidergeschäfte. Zwar lassen sich mit Fonds schwerlich Insidergeschäfte wie mit Aktien machen; aber für Bank- und Sparkassenkunden werden Fonds und Aktien normalerweise im selben Depot verbucht. Was hindert also später einen dienstbeflissenen Beamten, das gleiche Depot unter die Lupe zu nehmen? Kein Wunder, daß es da eine Kapitalflucht ohne Ende gibt, zuletzt vor allem in das Nicht-EU-Land Schweiz, nachdem Österreich seit dem Sommer 1996 die vor allem bei Deutschen beliebten anonymen Konten und Depots abgeschafft hat.

Senken Sie mit Fonds Ihre Steuern!

Seit Anfang 1995 ist das deutsche Steuerrecht gleich um zwei Absurditäten reicher:

1. Der Solidaritätszuschlag (verniedlichende Bezeichnung für eine Steuererhöhung mit dem Holzhammer) in Höhe von 7,5 Prozent gilt auch für die im Geruch der Verfassungswidrigkeit stehende ZASt, die sich damit von 30 auf 32,25 Prozent erhöht.

2. Durch die Einführung des gespaltenen Vermögensteuersatzes erfahren Fonds vom Gesetzgeber eine Spezialbehandlung: 0,5 Prozent auch auf Renten-, Geldmarkt- und offene Immobilienfonds, obwohl auf Anleihen (Renten), Geldmarktpapiere und Immobilien als sogenanntes nicht produktives Vermögen 1 Prozent Vermögensteuer zu zahlen ist.

Daß die deutsche Fondslobby es geschafft hat, den Gesetzgeber vom Sinn der Beibehaltung des halben Steuersatzes auf alle von ihr vertretenen und vergleichbaren Fondsanlagen zu überzeugen, ist ein Meisterstück.

Das hatte schon zur Jahreswende 1994/95 Folgen: Vermögende Anleger tauschten ihr Festgeld kurz vor Ende 1994 in Geldmarktfonds, nur um es nach einer Schamfrist von einigen Wochen wieder in Festgeld zurückzutauschen. So sparten sie 0,5 Prozent Vermögensteuer, nachdem sie mit ihrer Bank oder Sparkasse vorher natürlich vereinbart hatten, das ganze Tauschgeschäft ohne zusätzliche Gebühren über die Bühne gehen zu lassen. Die Finanzämter waren allerdings nicht so gnädig, diesen Trick in jedem Fall anzuerkennen. Oft hielten sie den Steuerzahlern Gestaltungsmißbrauch nach § 42 Abgabenordnung vor. Im Endeffekt hieß das: Streit, im besten Fall Glaubhaftmachen des Gegenteils, im wahrscheinlichsten Fall Kompromiß.

Mutet das alles noch wie Florettfechten an, so erinnert der Streit zwischen Koalition und Opposition um die Zukunft der Vermögensteuer an den Kampf zweier Germanen, die mit der Keule aufeinander losdreschen. Findige Leser haben natürlich sofort erkannt, daß es wieder einmal um das Jahressteuergesetz 1997 geht.

Auf einen Nenner gebracht: CDU/CSU und FDP sind im großen und ganzen für die Abschaffung der Vermögensteuer, SPD und Grüne dagegen. Bei gleichbleibenden politischen Verhältnissen – die Koalition hat die Mehrheit im Bundestag, die Opposition beherrscht den Bundesrat – müssen wir uns bis zur Bundestagswahl im Jahr 1998 auf Kompromisse einstellen. Damit Sie dennoch den Durchblick bewahren, folgen hier auf der Grundlage des bestehenden Rechts einige Hinweise, bei deren Befolgung Sie mit großer Wahrscheinlichkeit auf der sicheren Seite sein dürften.

Gehen wir einmal davon aus, daß der Spitzensteuersatz für Sie noch kein Thema ist, Sie aber Gefahr laufen, der Vermögensteuer zu unterliegen. In diesem Fall sollten Sie zumindest die drei folgenden Ratschläge beherzigen:

1. Vermögen aufstellen
   Vielleicht ahnen Sie gar nicht, wie reich Sie schon sind. Was Vermögen ist und was nicht, steht nirgendwo klar geschrieben. Eindeutig gehört das dazu, was Ihr Finanzamt entweder weiß oder irgendwann erfahren wird: Grundvermögen in Deutschland sowieso, darüber hinaus Guthaben, Wertpapiere, Beteiligungen, steuerpflichtige Ansprüche auf Lebensversicherungen und so weiter. Wer jährlich einige 100.000 Mark zu versteuern hat, sich vom Rest eine teure Kunst- oder Münzsammlung samt Ferienhaus auf den Kanaren zulegt und glaubt, so an der Vermögensteuer vorbeizukommen, sollte vorher lieber eine Plausibilitätsrechnung aufstellen. Denn das Finanzamt stellt sie mit absoluter Sicherheit irgendwann auf.

2. Freibeträge nutzen
   Seit Anfang 1995 hat bei Zusammenveranlagung jedes Familienmitglied einen Freibetrag von 120.000 Mark. Das gilt auch für Kinder, vom Säugling bis zum Studenten, sofern sie in die Zusammenveranlagung einbezogen sind. Auf Betriebsvermögen gibt es obendrein einen Freibetrag von einer halben Million Mark je Familienmitglied, auf Kapitalvermögen 10.000, auf den Zeitwert von Lebensversicherungen ebenfalls 10.000 und auf Sparguthaben, Festgeld oder ähnliche Anlagen 1.000 Mark.

3. Steuern gestalten
Das hat nichts mit Gestaltungsmißbrauch zu tun, sondern ist legaler Selbstschutz. Zum Beispiel, indem Sie einen Teil Ihres Vermögens in Immobilien anlegen. Der wird dann nur anhand der um Zuschläge erhöhten Einheitswerte besteuert, die auch nach der vom Bundesverfassungsgericht erzwungenen Erhöhung immer noch niedriger sind als die Marktwerte. Sie können die Höhe Ihres Vermögens aber auch mit Hilfe von Krediten gestalten, denn die mindern die Besteuerungsgrundlage. Und schließlich, wenn Sie partout nicht mehr um die Vermögensteuer herumkommen, ist aus den schon genannten Gründen die Umschichtung in Aktienfonds zu empfehlen.

Die Materie ist im Detail natürlich noch viel komplizierter, und am Ende hilft nur Expertenrat. „Fragen Sie Ihren Steuerberater", heißt für solche Fälle die gängige Floskel. Doch damit ist niemandem geholfen, auch nicht dem Einkommen des Steuerberaters, denn er wird im Zweifel der falsche sein. Das liegt an der Spezialisierug dieses Metiers: Ähnlich wie Ärzte, die sich auf die Operation von Kniescheiben spezialisiert haben, oder Rechtsanwälte, die nur noch hohe Abfindungen für geschaßte Manager herausschlagen, gibt es bestimmte Steuerberater (heute meistens Wirtschaftsprüfer) für die linke und andere für die rechte Seite der Bilanz, für betriebliche Rückstellungen und private Vermögensumschichtungen, für einfache Einkommensteuererklärungen und komplizierte Verlagerungen in Steueroasen. Den richtigen Steuerberater ausfindig zu machen, gleicht der Suche nach der Stecknadel im Heuhaufen.

Wenn es Ihnen um Einzelheiten der Fondsbesteuerung geht, sollten Sie sich im Zweifel erst gar nicht auf die Suche machen. Und zwar weniger wegen des Zeitaufwands, sondern weil sich wegen des komplizierten und ständig reformierten Investmentrechts noch niemand richtig auf die Materie spezialisieren konnte – außer den Fachleuten natürlich, die ihr Spezialwissen lieber in einer Bank, in einer Versicherung oder in einem Verband einsetzen, als es einzelnen Anlegern zur Verfügung zu stellen. Sie sollten sich also mit dem Gedanken anfreunden, Ihr Know-how zur Fondsbesteuerung peu à peu aufzubauen: mit diesem Buch, mit anderen Büchern und mit Broschüren des Investmentverbands BVI (siehe Literaturverzeichnis), durch Veröffentlichungen von Banken, Sparkassen und Investmentgesellschaften, mit Hilfe von Zeitungen, Zeitschriften und Spezialdiensten. Der Vorteil dieser Methode besteht darin, daß Sie von Ihren persönlichen Anlagezielen ausgehen und die Lösung der damit zusammenhängenden Steuerprobleme konkret von den Zielen ableiten, statt einen teuren Steuerberater dafür zu bezahlen, daß er sich erst einmal in die ihm unbekannte Materie vertieft.

Doch nun, nach den Ausflügen zur Vermögensteuer und zum Grundsätzlichen, zurück in die Niederungen der Besteuerung von Fondserträgen. Die wollen Sie verständlicherweise verhindern. Deshalb haben Sie schon Anfang 1993 einen Freistellungsauftrag ausgefüllt. Oder zwei oder drei – womit die Konfusion beginnt. Denn wie auch immer Sie Ihren Freibetrag verteilt haben, heute stimmt er so oder so nicht, weil bei den Einkünften aus Kapitalvermögen nichts beständiger ist als der Wechsel. Also gehen Sie die Sache neu an. Und damit Ihnen keine groben Schnitzer unterlaufen, hier gleich einige Tips:

 WICHTIG

Formfehler vermeiden. Neben Namen, Vornamen, Kontonummern und ähnlichen Formalitäten dürfen auch Kleinigkeiten wie Datum und Unterschrift im Freistellungsauftrag nicht fehlen. Zusammen veranlagte Eheleute müssen sogar dann beide unterschreiben, wenn nur ein Ehepartner Kontoinhaber ist. Für minderjährige Kinder unterschreiben die Eltern oder andere gesetzliche Vertreter; Konten dieser Kinder bedürfen gesonderter Freistellungsaufträge.

Stichtag beachten. Für Konten und Depots, die seit dem 29. November 1993 eröffnet wurden, müssen Kunden erklären, ob sie selbst die wirtschaftlich Berechtigten sind. Handeln Kontoinhaber für Rechnung einer dritten Person, sind Kapitalerträge nicht vom Zinsabschlag befreit, so daß sich ein Freistellungsauftrag erübrigt.

> **Fristen einhalten.** Freistellungsaufträge gelten entweder unbefristet oder befristet. Im ersten Fall kontrollieren Sie am besten, wann sich an Ihren persönlichen Finanzen oder an denen Ihres Ehepartners etwas ändert. Dementsprechend sollten Sie Ihre Freistellungsaufträge neu ausfüllen. Im zweiten Fall machen Sie am besten einen Vermerk in Ihrem Kalender.

Wer in Deutschland zum Vertrieb zugelassene Fonds besitzt, hat ebenso wie andere Anleger Anspruch auf ein dickes Geschenk: Steuerfreiheit für Kapitalerträge unterhalb des Freibetrags von 6.100 Mark jährlich für Ledige bzw. 12.200 Mark für Verheiratete. Dazu ein einfaches Beispiel: Wer als Verheirateter 150.000 Mark zu 8 Prozent angelegt hat (etwa in einem Sparbrief oder in einer Bundesanleihe), kassiert darauf 12.000 Mark Zinsen pro Jahr. Da diese Summe unterhalb des Freibetrags von 12.200 Mark liegt, bleibt sie ganz steuerfrei. Voraussetzung ist dabei, daß der Betreffende dort, wo er die Zinsen kassiert, einen Freistellungsauftrag in entsprechender Höhe eingereicht hat.

Denkbar ist aber auch, daß unser Anleger sein Geld zu 4 Prozent in Aktien oder Aktienfonds statt zu 8 Prozent in Sparbriefen oder Bundesanleihen investiert hat. 4 Prozent, das ist eine unter realistischen Bedingungen übliche Dividendenrendite. Und schon kann statt der 150.000 Mark die doppelte Summe steuerunschädlich angelegt werden, also 300.000 Mark. Denn 4 Prozent auf diesen Betrag sind wiederum nur 12.000 Mark. Warum aber soll sich jemand mit 4 Prozent zufrieden geben, wenn er anderweitig 8 Prozent bekommen kann? Ganz einfach: Lukrative Aktien oder gut gemanagte Aktienfonds werfen – zumindest auf Dauer gesehen, mit einigem Glück freilich auch kurzfristig – zusätzlich zur Dividende einen noch viel interessanteren Ertrag ab, den Kursgewinn. Der liegt aufgrund bisheriger Erfahrungen im Durchschnitt nicht nur höher als die Differenz von 4 Prozent in unserem Beispiel, sondern bleibt obendrein auch noch steuerfrei. Voraussetzung: Zwischen Kauf und Verkauf der Aktien oder Fondsanteile muß mehr als ein halbes Jahr Zeit verstrichen sein.

Das halbe Jahr Haltedauer heißt Spekulationsfrist und gilt im übrigen auch für andere Wertpapiere, beispielsweise Bundesanleihen oder Rentenfonds. Dazu gleich eine Einschränkung: Kursgewinne sind nach einem halben Jahr nur dann steuerfrei, wenn die entsprechenden Papiere zum Privat- und nicht zum Betriebsvermögen gehören. Unternehmer und Freiberufler mit Wertpapieren im Betriebsvermögen haben ganz andere Spielregeln zu beachten. Innerhalb der Halbjahresfrist besteht Steuerfreiheit für den Fall, daß der gesamte Nettokursgewinn eines Kalenderjahres aus allen Papieren (Bruttokursgewinn abzüglich Gebühren und abzüglich Kursverluste aus Spekulationsgeschäften) bei Ledigen 1.000 und bei Verheirateten 2.000 Mark im Jahr nicht übersteigt. Wobei der Gesetzgeber immer von einem Spekulationsgeschäft ausgeht, wenn zwischen Kauf und Verkauf nicht mehr als ein halbes Jahr verstrichen ist, unabhängig davon, ob Spekulationsabsicht vorliegt oder nicht.

Nun sind Kursgewinne nichts, womit man so genau rechnen kann wie mit Zinsen: Mal fallen sie höher, mal niedriger aus, und manchmal gibt es Kursverluste. Allerdings haben zumindest die vergangenen sieben Jahrzehnte gezeigt, daß bei einer Anlagedauer von 15 Jahren und länger unter dem Strich statistisch immer Kursgewinne herauskommen; und zwar auch dann, wenn jemand sich verspekuliert und zu Höchstkursen gekauft hat. Das muß zwar nicht immer so bleiben, ist aber als Indiz wichtig.

Erträge aus Investmentfonds werden durch Inkrafttreten des Mißbrauchsbekämpfungs- und Steuerbereinigungsgesetzes, also seit Anfang 1994, steuerlich fast adäquat zu anderen Wertpapieren behandelt. Das heißt: Nur Zinsen, Dividenden und vergleichbare Erträge aus Fonds sind zu versteuern, nicht dagegen Kursgewinne, die ein Fonds erzielt hat. Fast (aber nicht ganz) adäquat deshalb, weil den Anlegern auch solche Kursgewinne steuerfrei zugute kommen, die ihr Fonds innerhalb der Halbjahresfrist erzielt hat. Sie haben richtig gelesen: Ein Fondsmanager darf innerhalb der Spekulationsfrist nach Herzenslust mit Wertpapieren und allen möglichen anderen Finanzinstrumenten jonglieren, ohne daß das Finanzamt an den dabei entstehenden Kursgewinnen interessiert ist – womit sich Fonds einmal mehr als Mittel zur Steuersenkung erweisen.

Wer nun glaubt, die Grundlagen der Besteuerung von Investmentfonds endlich zu kennen, den muß ich leider enttäuschen. Denn es gibt noch weitere Spitzfindigkeiten. Beginnen wir mit einer relativ einfachen: Die bisherigen Ausführungen gelten nur für die in Deutschland zugelassenen Fonds. Dabei handelte es sich noch zu Beginn der neunziger Jahre um wenige hundert. Schon 1994 passierten sie spielend die Marke von 1.500, wobei sich einige wieder vom deutschen Markt verabschiedeten. 1995 war mit mehr als 2000 Fonds eine gewisse Sättigungsgrenze erreicht. Irgendwann aber dürften die gesetzlichen Dämme brechen, und alle europäischen Anleger werden mit Tausenden von Fonds konfrontiert sein. Der derzeitige Stand in Deutschland: Die heimischen und die zum sogenannten öffentlichen Vertrieb zugelassenen ausländischen Fonds werden steuerlich so behandelt wie gerade geschildert. Die anderen Auslandsfonds gliedern sich in zwei Gruppen mit schärferer bzw. mit ganz scharfer Besteuerung (Einzelheiten dazu später). Durch das Dritte Finanzmarktförderungsgesetz ist ein Teil der bisherigen Bestimmungen überholt.

Die entscheidende Verkomplizierung brachten die bereits erwähnten Gesetze. Danach gibt es seit Anfang 1993 ZASt und seit Anfang 1994 Zwist. Für letztere gilt die sogenannte Topflösung: Ertragsbestandteile, von denen ein Anleger nichts hat, weil er sie beim Kauf mitbezahlen mußte (Stückzinsen, aufgelaufene Fondserträge), wandern bildlich gesprochen als Minusposten zusammen mit den vereinnahmten Erträgen (Plusposten) in einen Topf. Minus- und Plusposten werden verrechnet; die Differenz bildet die Grundlage für die Besteuerung. Wiegt der Topfinhalt nach Abzug der Minusposten in einem Jahr schwerer als etwa 6.100 Mark bei einem Ledigen, gehört der überschießende Betrag in die Anlage KSO zur Einkommensteuererklärung. Liegt er unter 6.100 Mark (oder 12.200 Mark bei Verheirateten), braucht die Anlage KSO erst gar nicht ausgefüllt zu werden. Einzelheiten können Sie den nachstehenden Aufstellungen entnehmen.

Das System des Stückzinstopfes

Bei **Kauf** von Investmentfonds fließt der gezahlte Zwischengewinn in den Stückzinstopf.

Bei **Verkauf** erhaltener Zwischengewinn sowie ZAStpflichtiger Anteil der Ausschüttungen wird gegen den Stückzinstopf verrechnet.

Stückzinstopf

Gezahlte Stückzinsen/ Zwischengewinne   ZAStpflichtige Erträge

Verrechnung

Überhang ZAStpflichtiger Erträge einschließlich ZAStpflichtiger Anteil aus thesaurierten Einnahmen durch im Inland verwahrte Fonds.

Freistellungsauftrag

Ggf. verbleibender Überhang ZAStpflichtiger Ertrag

Zinsabschlag

Der Stückzinstopf wird für jeden Kunden, der Umsätze in festverzinslichen Wertpapieren oder Investmentfonds tätigt, geführt und bei jeder „Bewegung" in diesen Anlagearten (Kauf, Verkauf, Ausschüttung oder Zinszahlung) aktiviert. Immer bezogen auf das jeweilige Kalenderjahr und die depotführende Stelle.

Quelle: DWS

Das System des Stückzinstopfes: Beispiel 1

Ein Kunde verkauft Stück 1.000 Anteile des Fonds Inter-Renta. Der Zwischengewinn am Verkaufstag beträgt DM 1,– pro Anteil (insgesamt fällt ein Zwischengewinn in Höhe von DM 1.000,– an).

Annahme: Im Stückzinstopf befinden sich bereits bezahlte Stückzinsen / Zwischengewinne i.H.v. DM 1.500,–

Stückzinstopf

Gezahlte Stückzinsen/ Zwischengewinne DM 1.500,–	ZAStpflichtige Erträge DM 1.000,–

↓

Nach **Verrechnung** verbleiben
anrechenbare Erträge i.H.v. DM 500,–

Da die anrechenbaren Erträge die steuerpflichtigen Erträge übersteigen, können DM 1.000,– ohne Berücksichtigung des Freistellungsauftrages und ohne Zinsabschlag ausgezahlt werden. Die restlichen DM 500,– verfallen für Zinsabschlagszwecke, sofern im gleichen Kalenderjahr keine weiteren ZAStpflichtigen Erträge anfallen.

Hinweis: In der Einkommensteuererklärung ist der Saldo von DM 500,– aus gezahlten Stückzinsen/Zwischengewinnen in Höhe von DM 1.500 und vereinnahmten Zwischengewinnen in Höhe von DM 1.000 als negative Einnahme abzugsfähig.

Quelle: DWS

Das System des Stückzinstopfes: Beispiel 2

Ein Kunde verkauft Stück 1.000 Anteile des Fonds Inter-Renta. Der Zwischengewinn am Verkaufstag beträgt DM 1,– pro Anteil (insgesamt fällt ein Zwischengewinn in Höhe von DM 1.000,– an).

Annahme: Im Stückzinstopf befinden sich bereits gezahlte Stückzinsen / Zwischengewinne i.H.v. DM 700,–. Der Freistellungsauftrag weist einen Freibetrag i.H.v. DM 200,– aus.

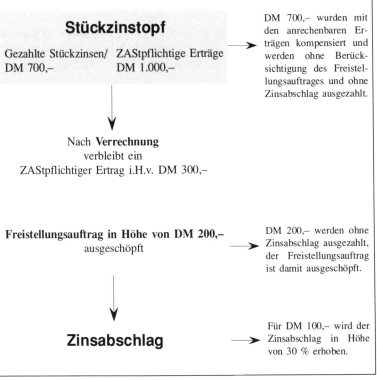

Quelle: DWS

Dort sind auch die thesaurierenden (nicht ausschüttenden) Fonds berücksichtigt. Bei ihnen gibt es eine Besonderheit: Handelt es sich um deutsche thesaurierende Fonds, erfolgt der Zinsabschlag pro forma zum Ende des Geschäftsjahres. Dagegen wird der Zinsabschlag thesaurierender Auslandsfonds in bestimmten Fällen (wenn die Abwicklung über eine deutsche Bank oder Sparkasse erfolgt) bei Rückgabe der Fondsanteile erhoben. Findet die Abwicklung dagegen über ein ausländisches Institut statt, kommen weder ZASt noch Zwist zum Zug. Der Steuerzahler soll dann (falls er die Grenzen von 6.100 bzw. 12.200 Mark überschreitet) alles im Rahmen der Einkommensteuererklärung preisgeben.

Die äußerst komplizierten Vorschriften führten natürlich zu Konsequenzen, die der deutsche Gesetzgeber wahrscheinlich nicht bedacht hatte. So zogen viele kleine Leute, die ein Konto in Luxemburg mehr als Volkssport und weniger als Mittel der Steuerumgehung angesehen hatten, um die Jahreswende 1993/94 – nicht zuletzt auch wegen der relativ hohen Luxemburger Gebühren – wieder aus dem Großherzogtum ab. Reumütig kehrten sie in die vertrauten Gefilde ihrer örtlichen deutschen Bank oder Sparkasse zurück. Andere – darunter viele Vermögende – blieben mit einem Großteil ihres Geldes ein für allemal in Luxemburg (oder anderswo im Ausland, vor allem in der Schweiz und in Österreich) und kassieren ihre Erträge seitdem mit geringeren Steuerabzügen als zu Hause.

Wiederum andere ließen sich bei der langanhaltenden öffentlichen Diskussion über die sogenannte Selbstanzeige verrückt machen und zeigten sich am Ende, vom schlechten Gewissen und der Furcht vor Entdeckung geplagt, tatsächlich auch an. Das bewahrte sie vor einer Strafe, aber nicht vor der Steuernachzahlung samt jährlichen Hinterziehungszinsen von 6 Prozent. Dabei hätten sie in vielen Fällen die Möglichkeit gehabt, die angelegten Beträge samt Zinsen nach § 153 Abgabenordnung nachzumelden. Motto: „Die habe ich in meinem beruflichen Stress total vergessen und bitte Sie, meinen Steuerbescheid zu meinen Ungunsten entsprechend zu berichtigen." Sogar die Hinterziehungszinsen hätten sich so sparen lassen. Findige Leser werden die Tücke des Objekts sofort erkannt haben: Ein Wirtschaftsprüfer mit Doktorarbeit zu diesem Thema und Promotion summa cum laude hat natürlich nicht den Hauch einer Chance, mit so einem Dreh bei seinem Finanzamt durchzukommen. Und auch nicht der Arzt oder Architekt, der sich seit Jahren von einem Steuerberater betreuen läßt. Aber die normalen Sterblichen schon, zumal dann, wenn sie wirklich vom beruflichen Stress geplagt sind und ihre Steuererklärungen oft in aller Eile zusammenschustern. Finanzbeamte, die mit solchen Fällen konfrontiert werden, sind nämlich auch nur Menschen. Wer ihnen etwas plausibel „glaubhaft macht" (so lautet die Zauberformel), hat gewiß gute Chancen.

Welch große Bedeutung die bisherigen Ausführungen zum Thema Steuern haben, können Sie daran ermessen, daß es aus ganz verschiedenen Gründen immer wieder von neuem hochkocht. Seine tragikomische Variante findet Ausdruck im Tag des Steuerzahlers. Das war 1995 der 12. Juni. Bis dahin hatte der deutsche Durchschnitts-Steuerzahler nur für Steuern und Abgaben gearbeitet. Eher tragisch mutete Anfang August 1995 der Betrag an, den das Bundesfinanzministerium zur Effizienz der Betriebsprüfungen im Jahr 1994 bekanntgab: 15,6 Milliarden Mark, 11,6 Prozent mehr als 1993 und typisch für den deutschen Steuerdschungel. Ganz und gar nicht zum Lachen war schließlich das Interview, das Commerzbank-Erpresser Reinhard Schmakowski aus dem Knast gab, abgedruckt im „Spiegel" vom 2. Oktober 1995. Er hatte einfach Kundendaten der Luxemburger Commerzbank-Tochter Cisal mitgehen lassen.

Einige unangenehme Wahrheiten

Die folgende Geschichte ist bis auf den Namen Klein-Moritz, wie wir den Kunden in Abgrenzung zu seiner großen Deutschen Bank nennen wollen, leider wahr. Klein-Moritz also kaufte am 7. März 1994 Anteile des Fonds Rendite Spezial der Investmentgesellschaft DWS, einer Tochter der Deutschen Bank. Die Abrechnung war zwar nicht ganz verständlich, weil hinter „Börse" gleich „außerbörslich" und hinter „Verwahrung" das Fremdwort „Girosammeldepot" stand, aber das regte den Kunden noch nicht weiter auf. Gut acht Monate später kam allerdings mit dem Datum 14. November 1994 die „Ertragsgutschrift bei Freistellungsauftrag", und der gewiß nicht dumme Klein-Moritz geriet allmählich in Rage. Denn was ihm da zugemutet wurde, las sich schlimmer als jede Strom- oder Gasrechnung. Die „Aussch. p. St. 1993/94" konnte er soeben noch als Ausschüttung für irgendwas identifizieren. Doch das kunterbunte Allerlei danach verschlug ihm die Sprache: „KEST-pfl. Ant. p. Stck DM 4,40" Schluß, aus, keine Erklärung. „verr. gez. Stückzinsen DM 418,00" ??? „KEST-pfl. Anteil somit DM 462,00" ??? Danach der einzige gerade Satz: „Kapitalerträge sind einkommensteuerpflichtig." Der führte allerdings sofort zu weiteren Fragezeichen, weil unmittelbar danach in Großbuchstaben die Bemerkung folgte: „WIEDERANLAGERABATT BIS 20. 1. 95". Auf der Rückseite schließlich fanden sich einige belehrende Hinweise, die mit dem Inhalt der Vorderseite nichts zu tun hatten.

Eine Großbank, zumal die größte der Republik, sollte den Durchschnittskunden Klein-Moritz schon ein wenig ernster nehmen. Schließlich hat er ihr einmal eine kleine fünfstellige Summe zur Verwahrung anvertraut. Statt dessen speist sie ihn mit einer Mischung aus nicht nachvollziehbaren Fakten, Belehrungen und sogar mit einer Werbung (Wiederanlagerabatt) ab. Solcher Service, auch bei anderen Instituten gang und gäbe, verdient bestenfalls die Note „mangelhaft". Dabei ließe sich aus ihm so viel machen, vorausgesetzt, in den Banken würden sich die richtigen Leute durchsetzen. Doch weit gefehlt, die Vorstände sind mehr mit sich selbst als mit ihren Kunden beschäftigt, und die protestieren oft nicht einmal. Klein-Moritz ist der klassische konfektionierte Kunde: Fonds kaufen, Ausgabeaufschlag zahlen, Maul halten; und das vor dem Hintergrund von mehr als 4,6 Billionen Mark (1995) Geldvermögen der deutschen Sparer (siehe nachstehendes Schaubild). Es gibt weiteren Aufschluß darüber, warum Investmentfonds in Deutschland noch nicht so populär sind, wie sie es verdient haben: Spareinlagen, Anlagen bei Versicherungen und Rentenwerte (Anleihen) dienen der Wirtschaft und dem Staat als Finanzierungsquelle. Solange die ordentlich sprudelt, wie das Schaubild eindrucksvoll zeigt, erübrigt sich jeder qualifizierte Kundendienst. Daß sie nicht so schnell versiegen wird, dafür spricht die Durchschnittsrendite, die der Geldvermögensberg abwirft: fünf Prozent nominal vor Steuern. Damit sind die Deutschen offenbar hochzufrieden, noch jedenfalls.

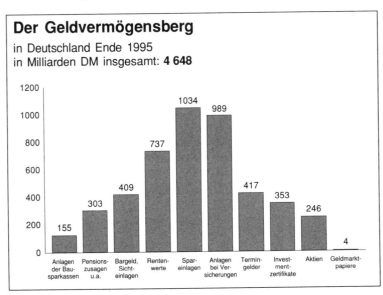

Quelle: Deutsche Bundesbank

Der Münchner Unternehmensberater Rolf Seebauer war einer der ersten, die den Vorständen von Banken, Sparkassen, Versicherungen, Investment- und Vertriebsgesellschaften diesbezüglich schon in den achtziger Jahren die Leviten gelesen hatten. Doch an der Umsetzung in die Praxis hapert es heute noch: Mittlerweile haben zwar alle erkannt, daß reiche Kunden anders gepflegt werden müssen als weniger reiche. Aber denen das Gefühl zu vermitteln, sie würden ernst genommen, ist durchweg noch nicht gelungen – siehe den Kampf von Klein-Moritz mit den serviceverachtenden Anmerkungen zu seiner Ertragsgutschrift. Die Leute von den Banken und Sparkassen spielen sich gern als Unternehmer in Sachen Geld auf. Doch unternehmerisch handeln haben sie nicht gelernt; also bleiben sie Unterlasser. Zwar ist allen bewußt, daß beim jetzigen Strukturwandel in ihrem Gewerbe Visionen zwingend notwendig sind. Aber wie bringt man einem Kassierer bei, die Vision vom aktiven, freundlichen und stets vorhandenen Service in die Praxis umzusetzen?

Sinnigerweise schielen die Banker auf die Versicherer und die wiederum auf die Banker, wenn es darum geht, im Wettbewerb untereinander zu bestehen. Dabei haben beide Branchen dasselbe Problem: Sie müssen von der Steinzeit in die Neuzeit springen; voneinander lernen können sie nur bedingt. Dagegen wähnen sich die Chefs großer Vertriebsgesellschaften wie DVAG, OVB, AWD oder Bonnfinanz offenbar schon jenseits der Neuzeit. Ihr Erfolgsrezept heißt: Leistung um jeden Preis. Leistung bedeutet bei ihnen Umsatz, der fälschlicherweise mit Kundenzufriedenheit gleichgesetzt wird. Doch damit „züchten sie lauter Verrückte", wie der Vertriebsberater Axel J. Bertling aus Stephanskirchen gern formuliert. Er muß es wissen, denn eine Unzahl von Verkäufern aus den genannten Strukturvertrieben (im Gegensatz zu anderen Vertrieben nach einer festen Struktur, also straff, geführt) ist durch seine Schule gegangen.

Und die Investmentgesellschaften? Sie sind auf den Vertrieb angewiesen, sonst könnten sie nicht existieren. Vertrieb heißt für deutsche Investmentgesellschaften überwiegend Banken und Sparkassen, zunehmend aber auch Versicherungen, Fondspicker (Vermögensverwalter), Makler, Boutiquen und vor allem Strukturvertriebe. Dagegen experimentieren ausländische Investmentgesellschaften noch viel herum. Doch letzten Ende stehen sie vor demselben Dilemma wie ihre deutschen Konkurrenten: Ein Fonds kann noch so gut sein; wird er von auf hohe Provisionen schielenden Anlageberatern mit den falschen Argumenten zur Unzeit verkauft, ist der Ruf schnell ruiniert. Nun läge die Idee nahe, solchen

Anlageberatern in Schulungen wenigstens so viel Fachwissen beizubringen, daß sie beispielsweise exotische Fonds nicht gerade dann empfehlen, wenn die einige 100 Prozent Gewinn hinter sich haben, sondern dann, wenn ein hoher Gewinn erwartet werden kann. Doch damit wären die Verkäufer – die meisten Anlageberater sind nichts anderes als das – schon überfordert und vor allem gar nicht einverstanden. Denn zum einen hassen sie das Eintrichtern von Fachwissen wie die Pest; lieber lassen sie sich in der Verkaufspsychologie trimmen. Und zum anderen funktioniert der Verkauf fast nie antizyklisch, sondern immer nach eigenen Gesetzen, wie sie Gustave Le Bon in seinem Buch „Psychologie der Massen" treffend beschrieben hat: Jedes Individuum kann noch so intelligent sein; sobald es von anderen angesteckt wird, wirft es seine ganze Intelligenz über Bord und folgt dem Herdentrieb.

Die Fondsstrategen verhalten sich bei ihren Kreationen ähnlich: Kaum bringt jemand einen Fonds mit Rückzahlungsgarantie auf den Markt, da ziehen die anderen schon nach. Kaum haben alle großen Investmentgesellschaften Fonds für Emerging Markets, also für im Aufbruch befindliche Länder, in ihre Angebotsliste aufgenommen, wollen die Nachzügler auch mitmischen. Was dabei herauskommen kann, zeigte eindrucksvoll der im Februar 1994 aufgelegte Berenberg-Universal-Emerging-Markets-Fonds: Bereits ein Jahr später waren die Erstzeichner über ein Drittel ihres Einsatzes los. Dabei hatte die Hamburger Berenberg Bank zur Auflegung mit dem für den Anlageausschuß gewonnenen Investmenthaus Martin Currie aus Edinburgh unter anderem wie folgt geworben: „Das Unternehmen besteht seit 1881." Und die Bank selbst war sich nicht zu schade, über ihrem Schriftzug den Zusatz einzufügen: „Privatbankiers gegründet 1590". Diese Unsitte ist weit verbreitet. Der Hinweis auf eine Jahrhunderte alte Tradition ergibt allerdings nur dann einen Sinn, wenn das Know-how in Sachen Geld tatsächlich über zig Generationen weitergegeben und immer wieder aufs neue vertieft wird. Ob das bei den heute auf dem deutschen Markt tätigen Privatbankiers der Fall ist, läßt sich mit Fug und Recht bezweifeln; denn sonst hätten sie ja nicht den Löwenanteil des Geschäfts den Großbanken überlassen müssen.

Noch schneller funktionierte die Geldvernichtung innerhalb Jahresfrist seinerzeit bei den Fonds, die der deutsche Investmentverband BVI unter der Rubrik „Aktienfonds, spezielle Instrumente" führt: 70,9 Prozent Miese für den MMWI-OSWA-Fonds, 72,4 Prozent für den CC-Universal-OS-Fonds und 77,7 Prozent Minusrekord für den K + W Universal-Fonds OS. Der vierte Fonds in dieser Rubrik, der DIT-Fonds für Wandel- und Optionsanleihen, ragte mit 40,3 Prozent Miesen geradezu noch heraus. Doch wie auch immer, hüten Sie sich vor den hier erwähnten und anderen Spezialitäten. Wenn Sie schon vom Spieltrieb befallen werden und nichts gegen ihn ausrichten können, verspielen Sie Ihr Geld mit Optionsscheinen – die stehen in den genannten Fällen für die Abkürzung OS – lieber ohne den Fondsumweg direkt. Dann können Sie den Grad Ihres Leidens wenigstens selbst bestimmen.

Michael Ott, zum Sarkasmus neigender Herausgeber des Spezialdienstes „Aktientrend" aus Bad Honnef, spricht in diesem Zusammenhang von einer „spekulativen Blase der Investmentfonds", die er mit den Übertreibungen des ausgehenden 19. Jahrhunderts in England und der Jahre 1928 bis 1930 in den USA vergleicht, „alle mit den schönsten Phantasienamen belegt". Da ist was dran, wie der Volksmund zu sagen pflegt. Zum Beweis reicht allein schon ein Blick auf die Liste der in Deutschland zum Vertrieb zugelassenen Auslandsfonds, die Mitte 1996 über 50 eng bedruckte Seiten umfaßte, nachdem noch vor einem Jahrzehnt eine einzige Seite gereicht hatte. Die Phantasie der Namensgeber kennt da wirklich keine Grenzen. So schlagen dem Betrachter schon auf der ersten Seite Wortschöpfungen wie Asia Growth Convert Class SFR entgegen oder Ungetüme wie B-Fund Schweizerischer Wertschriftenfonds für festverzinsliche Anlagen in kontinentaleuropäischen Währungen. Die bunte Mischung auf den Seiten danach enthält so geheimnisvolle Namen wie Apo Aesculap, was allerdings weder mit außerparlamentarischer Opposition noch mit der Tuttlinger Medizintechnikfirma Aesculap zu tun hat. Oder Baring Japan Growth Trust aus dem ehemaligen Reich des Nick Leeson. Auf den folgenden Seiten geht es noch geheimnisvoller weiter mit Namen wie CRM Special Sicav Czech Fund und Ökovision, DB Tiger Fund und Postbank Dynamik Global, Leo-Fonds und US Protektion Juni '97 – allesamt Spezialitäten, mit denen sogar ganz ausgebuffte Anlageberater ihre liebe Mühe und Not haben.

Der hohe Grad der Spezialisierung zeitigt neben dem Beratungsnotstand auch noch andere Folgen: Die Volatilität (Schwankungsstärke) an den Börsen nimmt zu. So beobachtete der Münchner Vermögensverwalter Jens Ehrhardt schon im November 1994 ausgerechnet an der größten Börse der Welt (und nicht etwa in einem exotischen Land): „Ein größerer Investmentfonds hatte so starke Rückgaben von Fondsanteilen, daß er zu Verkäufen über die Börse gezwungen war. Der Dow Jones (das US-Börsenbarometer) fiel um 50 Punkte." Und Ehrhardts Zürcher Konkurrent Felix Zulauf machte beim traditionellen Roundtablegespräch der US-Finanzzeitung „Barron's" im Januar 1995 die folgende Rechnung auf: „Bis zum Beginn der neunziger Jahre hatten amerikanische Fonds und Vermögensverwalter 3 bis 4 Milliarden Dollar in ausländischen Aktien angelegt. Dann schossen ihre Anlagen auf 120 Milliarden Dollar in die Höhe." Was soviel heißt wie: Wehe, wenn sich die Amerikaner wieder zurückziehen.

Das ließe sich als gewöhnlicher Vorgang abhaken, wenn die Anlagestrategen nicht immer wieder vorgäben, besondere Schlaumeier zu sein. Dabei benutzen sie gern Begriffe von A wie Asset Allocation bis Z wie Zweidimensionale Performancemessung, nicht zu vergessen Benchmark und Betafaktor, Quantitative Analyse und Portfolio Selection. Die Profis sind reichlich mit moderner Elektronik ausgestattet und stets in der Lage, fast jede Entwicklung zu simulieren. Jedoch in die Zukunft blicken können auch sie nicht. Fondsmanager im speziellen leben von ihrer Erfahrung. Nur, was heißt das schon? Je erfahrener und damit älter sie sind, desto mehr Schwierigkeiten haben sie, die Elektronik zu beherrschen, ganz zu schweigen von der abnehmenden physischen und psychischen Belastbarkeit. Bei den Yuppies der achtziger Jahre war es genau umgekehrt – bis 1987 der große Börsenkrach kam. Heute nennt man die belastbaren jungen Finanzjongleure zwar nicht mehr Yuppies, aber an der Grundtatsache hat sich nichts geändert: Bekommen sie zuviel Geld zur Verwaltung anvertraut, sorgt ihre mangelnde Erfahrung in Verbindung mit laschen Kontrollen schnell für ein Desaster. Es kommt im Fondsmanagement also auf die richtige Mischung von alten Hasen, jungen Workaholics und peniblen Kontrolleuren an. Diese Mischung ist von außen nur schlecht erkennbar und an den Ergebnissen der Fonds recht unzureichend ablesbar. Dennoch sollten Sie sich die Mühe machen, bei Anlageberatern oder auch bei Investmentgesellschaften selbst nachzufragen, wie dieses oder jenes Ergebnis zustande gekommen ist und welche Anlagepolitik man in Zukunft zu praktizieren gedenkt. Erst so bekommen Sie ein Gefühl dafür, ob die erwähnte Mischung stimmt und Sie der betreffenden Gesellschaft Ihr sauer verdientes Geld anvertrauen sollten.

Wie Ihre Anlageentscheidung letztendlich immer spekulativ ist, so bedeutet auch Fondsmanagement stets Spekulation (abgeleitet aus dem lateinischen Wort speculari, was soviel heißt wie vorausschauen): Mit einem breit gestreuten Aktienfonds oder mit einer Mischung aus verschiedenen Aktienfonds spekulieren Sie darauf, daß sich Aktien wie in den vergangenen Jahrzehnten auch weiter als Langfristanlage bewähren und daß das Management Ihres Aktienfonds nach den im vorangegangenen Absatz geschilderten Prinzipien verfährt. Mit offenen Immobilienfonds spekulieren Sie auf die Durchsetzbarkeit steigender Büro-, Einzelhandels- und sonstiger Gewerbemieten. Mit Geldmarktfonds spekulieren Sie auf steigende, mit Rentenfonds auf fallende Zinsen, mit beiden darauf, daß vor der Rendite nach Abzug von Steuern und Inflationsrate noch ein Pluszeichen steht.

Im übrigen muß an dieser Stelle noch ein Mißverständnis ausgeräumt werden: Nicht die eine oder andere Form der Geldanlage ist per se spekulativ, sondern derjenige, der mit ihr umgeht. Die von vielen Seiten als spekulativ apostrophierten Aktien oder Aktienfonds können also durchaus eine erzkonservative Anlage sein, wenn die Kurse sich im Keller befinden und die Bewertungskennziffern jeder Beschreibung spotten. Dagegen können Anleihen oder Rentenfonds bei niedrigem Zinsniveau und zunehmenden Inflationsbefürchtungen – ein Szenario, das sich 1996 abzeichnete – nur als spekulativ bezeichnet werden. Diese Aussage erhält durch ein relativ neues Urteil des Amtsgerichts Frankfurt am Main (Aktenzeichen 31 C 3752/94-44) noch eine besondere Würze. Danach hatte ein Kunde Ende 1993 auf der Suche nach überdurchschnittlicher Rendite von seiner Bank einen Rentenfonds empfohlen bekommen. Damals konnte natürlich niemand vorhersagen, welche Ausmaße das im Februar 1994 beginnende Erdbeben am Rentenmarkt annehmen sollte; sogar alle führenden deutschen Banken wurden von ihm durchgerüttelt. Kurzum, innerhalb Jahresfrist standen beim besagten Kunden zehn Prozent Verlust zu Buche. Daraufhin stuften die Richter seine Anlage als „typisches Risikogeschäft" ein und sagten dem dafür verantwortlichen Bankberater nach, er habe gegen die Verpflichtung zu umfassender, wahrheitsgemäßer und sorgfältiger Beratung verstoßen.

Derlei Richterschelte wird uns in den kommenden Jahren immer häufiger begegnen. Sie wird zu anlegerfreundlichen Urteilen führen und der etablierten Finanzwelt so richtig vorführen, was sie hätte wissen müssen und wie wichtig die Beraterhaftung ist. So weit, so gut. Aber in einer Welt voller Anlagerisiken läßt sich im nachhinein immer ein „typisches Risikogeschäft" konstruieren. Nachher ist man halt schlauer als vorher. Die an den Kapitalmärkten vorhandenen Risiken passen allerdings nicht in das juristische Denkschema. Also sind die Richter gezwungen, sich im Zweifel an Formalitäten festzuhalten – und schon haben wir den Salat: Banken und Berater sichern sich formell ab. Was sie dieserhalb allein in den ersten Monaten 1995 auf ihre Kunden niederprasseln ließen, ist nicht mehr auszuhalten: endlos scheinende Ausführungen zum Zweiten Finanzmarktförderungsgesetz, neue Allgemeine Geschäftsbedingungen, Sonderbedingungen für Wertpapiergeschäfte und Haftungsausschlüsse en masse. Die Folgen sind abzusehen: Durch die mehrfache Absicherug verkümmert die qualifizierte Bankberatung vollends; und Kunden sind noch mehr als bisher gezwungen, sich im Dickicht der Finanzwelt selbst zurechtzufinden.

Doch das hat auch eine gute Seite: Die selbständige Entscheidung erfordert ein gründliches Durchdenken der eigenen Geldanlageprobleme und -bedürfnisse. Dabei dürfte im Regelfall ein viel vernünftigerer Anlagemix herauskommen, als wenn ein x-beliebiger Berater seinen Computer mit Daten füttert und am Ende doch nur die eigene Produktpalette verkaufen will. Sogar Klein-Moritz kann, wenn er will, von der neuen Geldwelt profitieren: Er nervt seinen Deutsche-Bank-Berater, solange der dafür noch kein Extrahonorar nimmt, derart mit Fragen nach KEST (Kapitalertragsteuer), Stückzinsen (auf den Tag genau berechnete Zinsen) und ihrer Bedeutung für die Einkommensteuer, bis er alle Antworten erhalten hat und nebenbei auch noch zum Steuerexperten geworden ist.

Zum Schluß dieses Kapitels möchte ich das Thema noch kurz von einer anderen Seite beleuchten. Versetzen Sie sich einmal in die Lage einer Bank. Sie vergibt beispielsweise Kredite nicht in erster Linie deshalb, um möglichst hohe, aber unsichere Zinsen zu erhalten, sondern um eine sichere Einnahmequelle zu haben. Dafür läßt sie sich Sicherheiten geben und verzichtet auf die letzten Gewinnprozente. Beim Fondsgeschäft macht sie es ähnlich: Sie kassiert den Ausgabeaufschlag; sie verdient an Umschichtungsprovisionen ihrer Investmentgesellschaft und an Depotgebühren. Die Investmentgesellschaft wiederum, egal ob von einer Bank abhängig oder selbständig, zahlt ihren Fondsmanagern und Geschäftsführern Gehälter, gibt viel Geld für Computer und Software aus, läßt bunte Prospekte drucken und bezahlt den „Bundesanzeiger" für den Abdruck ihrer Portefeuilles, läßt sich gegen Gebühren von der Bankenaufsicht prüfen und zahlt Mitgliedsbeiträge an den BVI. Falls dann noch etwas übrig bleibt, bekommen es ihre Anleger.

ARD und ZDF spielen Reality TV, Kohl mag Röller, Gottschalk spricht mit Waigel, Schreinemakers heult

Paul Gartz ist pleite, wohnt aber trotzdem in einem schicken Haus und fährt Porsche. Sein Anlageberater ist ein schräger Vogel und fährt Ferrari. Als Privatdetektiv Joseph Matula den beiden zu nahe kommt, wird er – wie schon seit zehn Jahren alle paar Folgen in der ZDF-Krimiserie „Ein Fall für zwei" – wieder einmal verprügelt. Der Werbemann von Gartz kokst; er bekommt seinen Stoff von einem Pizzataxi. Der Pleitier hat auf Empfehlung seines Anlageberaters irgendwelche dubiosen Geldgeschäfte in Luxemburg gemacht. Welche, bleibt bis zum Schluß des Serienfilms, in dessen Mittelpunkt eigentlich ein Mord steht, völlig offen. Ganz und gar nicht offen bleiben dagegen die Klischees, die an jenem Abend des 4. November 1994 über den Bildschirm flimmern: Schickeria, teure Autos, Drogen und krumme Geldgeschäfte in Luxemburg. So wie an fast allen Freitagabenden und darüber hinaus, wenn Papa, der sein Geld natürlich sauber verdient, sich nach getaner Wochenarbeit vor der Glotze zusammen mit Mama über die unsauberen Machenschaften anderer aufregen kann.

Was dem Publikum vom Fernsehen und seinen unfähigen Drehbuchschreibern zugemutet wird, sobald das Thema Geld im Spiel ist, wirkt – abgesehen von Sternstunden wie beim „Großen Bellheim" – fast immer lächerlich. Waren es jedoch früher überwiegend geheime Nummernkonten in der Schweiz, die den deutschen Michel über das große Geld und dessen ungerechte Verteilung in Rage bringen sollten, so verpassen die Serienproduzenten ihrem ständig verprügelten Sympathieträger Matula heute lieber eine Story, in der die bösen Reichen einschließlich Pleitiers krumme Dinger in Luxemburg drehen. Wenn schon der in die Jahre gekommene Derrick nicht mehr von seinem Münchner Ambiente lassen und das Traumschiff mangels Hafen nicht im Großherzogtum landen kann, wäre doch zu überlegen, ob vielleicht der Kölner Lindenstraße der richtige Knick in Richtung Schwarzgeld verpaßt oder dem Duisburger Polizeiproleten Schimanski zu einer Reaktivierung verholfen werden könnte. Immerhin liegt Luxemburg nur höchstens drei Autostunden von den rheinischen Großstädten entfernt.

Ein Konto in Luxemburg zu haben, auf dem mehr oder weniger hohe Schwarzgeldbeträge hin und her geschoben werden, ist für viele Deutsche zum Volkssport geworden. Sechs von zehn Einwohnern der Bundesrepublik halten ihr Steuersystem für total ungerecht. Und nachdem sogar hochrangige Politiker Steuersünden als Kavaliersdelikt zu betrachten scheinen, ist das Unrechtsbewußtsein beim Volkssport total verschwunden. „Schwarzes Geld ist eine Folge überhöhter Steuern und Abgaben", resümiert zutreffend der Düsseldorfer Gesellschaftskritiker und Unternehmensmakler Carl Zimmerer.

Banken und Sparkassen helfen fleißig mit, das Geld in die richtige Richtung zu bewegen. Dabei konnte die Schweiz zuletzt gegenüber Luxemburg wieder Boden gutmachen. Schließlich gehört sie ja nicht der Europäischen Union (EU) an, was sich irgendwann als Pluspunkt erweisen könnte. Rollkommandos von Steuerfahndern werden sich in der rabiaten Form wohl noch häufig wiederholen, denn Kapital ist bekanntlich scheu wie ein Reh: Flieht es auf Nimmerwiedersehen aus dem Land, weil das bisherige Vorgehen der staatlichen Organe überzogen war, besteht aus der Sicht des Staates die Gefahr, daß es für die Finanzierung seiner Defizite verloren ist. Bis zu den ersten Übergriffen der Steuerfahnder und der Weitergabe sensibler Daten an die Staatsanwaltschaft konnten alle ganz gut mit dem Schwarzgeld leben. Denn es floß von deutschen Konten in Luxemburger Fonds deutscher Provenienz und von dort wieder zurück in Theo Waigels Bundesanleihen. Alle durften im großen und ganzen zufrieden sein, weil das Recycling – bis auf den aus fiskalischer Sicht bedauernswerten Ausfall der Zinssteuer – perfekt funktionierte.

Doch der Staat war 1994 und 1995, als die Übergriffe stattfanden, gerade dabei, sein Steuersystem umzustellen: von der Besteuerung des Arbeitseinkommens auf das Anzapfen des Besitzeinkommens und des Eigentums. Die Berater von steinreichen Erben wie Friedrich Karl Flick oder die Steuerabteilungen von Konzernen wie BASF oder BMW, die Finanzexperten von Claudia Schiffer und

Boris Becker, Margarethe Schreinemakers und Franz Beckenbauer hatten den Braten natürlich längst gerochen und entsprechend disponiert: Die Staatsbürgerschaft von Steueroasen wie Österreich oder Belgien, Finanzholdings in aller Welt – kein Problem, schon ging der deutsche Fiskus fast oder ganz leer aus. Also blieb ihm nichts anderes übrig, als sich an der Masse der Bevölkerung schadlos zu halten (ähnlich wie bei der Lohnsteuer oder bei der Mehrwertsteuer) und pro forma auf deutsche Fußballer oder Showstars zu schimpfen. Die hatten in vielen Fällen allerdings lediglich durch einen Wohnsitz in Belgien unter Beibehaltung des Arbeitsplatzes in Deutschland legal § 50 a des deutschen Einkommensteuergesetzes genutzt und waren so mit nur 15 (später 25) Prozent deutscher Einkommensteuer davongekommen.

Bei der Steuervermeidung helfen komplizierte Doppelbesteuerungsabkommen. Der Trick ist uralt: Unternehmen verlagern die Teile oder Sparten in Niedrigsteuerländer, mit denen sie besonders hohe Gewinne erzielen. Die werden dann dort nur einmal besteuert (was ja der Sinn jedes Doppelbesteuerungsabkommens ist), und der deutsche Fiskus guckt in die Röhre. Das Modell ist ohne weiteres auf Privatpersonen übertragbar. So kommen die Österreich-Freunde Flick und Beckenbauer mit nur 25 Prozent österreichischer Abgeltungsteuer davon; diese hatte bis Juni 1996 sogar nur 22 Prozent betragen. Etwas teurer machen's die Niederlande mit einer Holding in der BV-Rechtsform, vergleichbar der deutschen GmbH: 30 Prozent Körperschaftsteuer, sonst nichts. Dafür bietet diese Lösung viel Flexibilität. Die Niederlande gehören zu den Gründungsmitgliedern der EU, die damals noch EWG hieß. Österreich ist seit Anfang 1995 EU-Mitglied. Trotzdem dürfte Solidarität mit Theo Waigel vom Auch-Gründungsmitglied Deutschland den Finanzministern dieser beiden Länder so fremd sein wie ihren Kollegen in Luxemburg, Belgien, in der Schweiz, in Liechtenstein oder in anderen europäischen Steueroasen. Ganz zu schweigen von den Bermudas oder Bahamas, wohin es unter anderem schon viele US-Investmentgesellschaften gezogen hat.

Darüber hinaus kommen nach langer Pause wieder Steueroasen-Seminare in Mode. Doch da heißt es aufpassen, denn viele Scharlatane mischen mit. Wer es auf die Lösung kniffliger Steuerprobleme generell abgesehen hat, sei auf die Düsseldorfer Zeitschrift

„Der Betrieb" aufmerksam gemacht, die unter ihrem langjährigen Chefredakteur Günther Ackermann schon viele qualifizierte Steuerseminare veranstaltet hat. Im Frühjahr 1995 stieg das Kölner Magazin „impulse" zusammen mit dem Bühler Unternehmensberater Walter Feil und einer Reihe von Steuerfachleuten, die zum Teil als Koryphäen auf ihrem Gebiet gelten, neu ins Oasenseminar-Geschäft ein. Der 1994 und Anfang 1995 mit viel frischem Wind amtierende Chefredakteur Roland Tichy würzte den Einstieg gleich mit einem anschaulichen Begleitkommentar. Kostproben: „Die Großparteien bedienen sich mit 360 Millionen Mark aus dem Staatshaushalt. Ich hätte große Lust, zum Steuerstreik aufzurufen." Oder: „Als Politessen statt als Polizisten laufen sie zu Hunderten durch die Straßen, um abzukassieren, statt den Bürger zu schützen." Dann folgte der Hinweis auf den staatlichen Finanzbedarf, garniert mit einem Zitat des Kölner Steuerrechtlers Klaus Tipke: „So argumentiert auch der Bankräuber." Tichy mußte, weil er sich ähnlich sogar zu hausinternen Themen öffentlich äußerte, „impulse" vorzeitig verlassen.

Daß in der aufgeheizten Atmosphäre der Ohnmacht, des Neids und des verletzten Gerechtigkeitsempfindens die Auseinandersetzung der von den Steuerfahndern gefilzten Banken mit dem Staat und dem Medium Fernsehen den Nerv der ganzen Nation treffen mußte, war von vornherein klar. Nur wußten die wenigsten, wie tief der Nerv schon vorher angegriffen war. Gehen wir zurück ins Jahr 1993. Damals, einen Tag nach der Hauptversammlung der Dresdner Bank, fand in Frankfurt am Main die Feier zur Amtsübergabe in der Vorstandsspitze von Wolfgang Röller an Jürgen Sarrazin statt. Oberster Festredner war kein Geringerer als Helmut Kohl. Seine Laudatio für Röller gipfelte in einem euphorischen Satz: „Ich möchte mich bei Ihnen sehr persönlich und herzlich für manchen guten Rat und für die offene kameradschaftlich-freundschaftliche Art Ihres Umgangs bedanken." Noch deutlicher kann eine Sympathiebezeugung nicht zum Ausdruck kommen. Dagegen wirkte die Rede des Bundeskanzlers aus Anlaß des 125jährigen Jubiläums der Deutschen Bank knapp zwei Jahre später eher kühl-distanziert. Und Deutsche-Bank-Chef Hilmar Kopper konnte sich nicht die folgenden spitzen Bemerkungen verkneifen: „Geld ist findig, zumal flüssiges. Es entkommt, wird eingeholt, entkommt wieder, in immer neuer Gestalt."

Röller-Nachfolger Sarrazin muß beim Dresdner- Festakt wohl hellseherische Gaben gehabt haben, als er sagte: „Wir alle wissen, daß das Schicksal uns fordern wird." Und so kam es denn auch: Im April 1994 schmetterte das Bundesverfassungsgericht die erste Verfassungsbeschwerde der Bank (gegen das Vorgehen von Steuerfahndung und Staatsanwaltschaft) unter anderem mit der Begründung ab, daß die Organisation der Dresdner und die ihrer Luxemburger Tochter „systematisch in groß angelegtem Stil zu Hilfeleistungen bei der Hinterziehung von Einkommen- und Vermögensteuer mißbraucht wurde". Die zweite Beschwerde (gegen die Beschlagnahme von Post) kam damals erst einmal auf Eis.

Dann ging es Schlag auf Schlag. Die Sendung „Panorama", ausgestrahlt von der mit dem Bundeskanzler oft im Streit lebenden ARD, witterte am 10. November 1994 „die Umrisse eines der größten Bankenskandale in der Geschichte der Bundesrepublik" und führte die Dresdner Bank mit Hilfe von gespielten Szenen in einer Art Reality TV filmreif vor. Prompt erstattete das angeschlagene Geldhaus Strafanzeige gegen „unbekannte Bedienstete der Strafverfolgungsbehörden wegen Bruchs des Amts- und Steuergeheimnisses". Die Dresdner-Vorstände Heinz-Jörg Platzek und Gerhard Eberstadt stellten sich sogar in einer eilends einberufenen Pressekonferenz den mehr oder weniger kritischen Fragen der Journalisten und läuteten den Gegenangriff ein. Doch das war eine Überreaktion, die unter anderem dazu führte, daß anschließend noch mehr Leute „Panorama" sahen.

Ganz anders der Ablauf des HCM-Krimis vom Februar 1995. Hier brachte das ZDF-Magazin „Frontal" den Stein seltsamerweise schon zu einem Zeitpunkt ins Rollen, bevor es überhaupt auf Sendung ging: Noch vor der Ausstrahlung des aus ZDF-Kreisen initiierten Beitrags taten über 100 Steuerfahnder artig ihre Pflicht, und der federführende Staatsanwalt Dieter Emrich plauderte über die Vorgänge in aller Öffentlichkeit munter drauflos. Der joviale HCM-Aufsichtsratsvorsitzende und Hypo-Bank-Vorstand Martin Kölsch sprach von „Ermittlungen nach der Rasenmähermethode". Dann endlich, am 7. Februar, strahlte das ZDF „Frontal" aus mit einer endlos scheinenden Geschichte über HCM, von der das Beste der Stoßseufzer des Moderators Bodo H. Hauser war: „Mehr Fragen als Antworten." Daß es um Fondsanlagen in Luxemburg ging, erfuhr der Zuschauer nur nebenbei. Außer dieser Parallele zum Fall Dresdner Bank gab es allerdings noch eine weitere, besonders unschöne: Beide Male wäre die Aufregung viel geringer gewesen, wenn nicht Denunzianten aus der Schule geplaudert hätten.

Diese unsympathischen Zeitgenossen sind nach einem Urteil des Bundesfinanzhofs (BFH) vom 8. Februar 1994 (Aktenzeichen VII R 88/92) durch das Steuergeheimnis geschützt. Aus dem Urteil: „Die Finanzbehörden erhalten häufig nur durch Hinweise von Privatpersonen Kenntnisse über steuerlich relevante Sachverhalte anderer Personen. Falls die Informationspersonen Gefahr liefen, daß ihre Namen, die Tatsache der Information durch sie und der Inhalt ihrer Mitteilung grundsätzlich weitergegeben würden, ließe die Bereitschaft zur Informationserteilung höchstwahrscheinlich nach." Bleibt noch nachzutragen, daß Denunzianten in Großbritannien von den Finanzbehörden Prämien kassieren – eine schreckliche Vision für Deutschland, aber nicht mehr ganz auszuschließen. Das um so mehr, als die mit Sicherheit kommenden Kontrollmitteilungen erst in etwa einem Jahrzehnt voll funktionieren werden. Allein schon dadurch bedingt werden uns Themen wie Schwarzgeld, Kapitalflucht, Steueroasen und im besonderen Fonds aus Luxemburg noch lange begleiten.

Die Luxemburger Ableger deutscher Banken tun heute zwar vornehm, wenn sie für Anlagen im Großherzogtum werben, wie die Deutsche Girozentrale International mit dem Slogan „Es gibt Dinge, die sich nicht harmonisieren lassen" oder – eine Nuance deutlicher – die Vereinsbank International mit dem simplen Frage-Antwort-Spiel „Ideen zur Vermögensanlage? Luxemburg bietet mehr." Aber noch vor wenigen Jahren wetteiferten die Institute um die Gunst der Anleger, als gelte es, alle der zahlreich vorhandenen Täler des kleinen Landes mit deutschem Fluchtgeld zuzuschütten. Hier einige der früheren Anzeigentexte:

- „Reisen bildet, z. B. Kapital." (Deutsche Bank)
- „Ein Konto in Luxemburg liegt näher, als Sie vielleicht annehmen." (Berliner Bank)
- „Es gibt Grenzen, die sind ein Vermögen wert." (Hypo-Bank)
- „Denn kein Vermögen gleicht dem anderen." (Westdeutsche Landesbank, kurz WestLB genannt)
- „Luxemburg, 7-9 Boulevard Royal – Der Zweitwohnsitz für Ihr Geld." (Bayerische Landesbank)

Ohne Zweifel verdienen die zum Teil subtil-geistreichen, zum Teil direkt-dreisten Werbesprüche später einmal die Erwähnung in einem Buch über deutsche Finanzgeschichte. Wie ersichtlich, warben auch Landesbanken fleißig mit, darunter die WestLB, deren cleverer Chef Friedel Neuber es mit dem Ministerpräsidenten Nordrhein-Westfalens, Johannes Rau, besonders gut konnte. Und ausgerechnet eine Arbeitsgruppe von dessen Finanzminister Heinz Schleußer forderte 1994 die Aufhebung des ohnehin schon ramponierten deutschen Bankgeheimnisses. Die Werbung der Bayerischen Landesbank war nicht weniger pikant. Denn zum einen muß sie dem Bayern Theo Waigel, der später vergeblich um mehr Einfluß auf die Politik des Freistaats bemüht war, aber im Kampf um das Amt des bayerischen Ministerpräsidenten gegen Edmund Stoiber den kürzeren zog, wie ein Griff in die Bundeskasse vorgekommen sein. Zum anderen reihte sich Bayerns damaliger Finanzminister Georg von Waldenfels neben dem Bundesverband deutscher Banken in die Riege der schärfsten Kritiker des nordrhein-westfälischen Kollegen Schleußer ein. Die ganze Nation war allerdings erst so richtig bewegt, als die ehemalige Skiläuferin Irene Epple und ihr späterer Mann Theo Waigel in Thomas Gottschalks RTL-Sendung ihre Liaison offen preisgaben und im Konkurrenzkanal Sat 1 Steuersparerin Schreinemakers mit Waigels langjähriger Ehefrau Karin um die Wette heulte.

„Theo, wir fahr'n nach Lux"

Ekkehard Storck, oberster Statthalter der Deutschen Bank in Luxemburg, umschrieb die Ursachen für die Anziehungskraft des EU-Musterlandes einmal feinsinnig so: „Kontrolle und Stringenz kollidieren keineswegs mit liberalen oder pragmatischen Prinzipien." Was soviel heißt wie: Leben und leben lassen. Von den wichtigen Akteuren kennt jeder jeden, Korruption ist verpönt. Über 30 Prozent der 400.000 Einwohner sind Ausländer; hinzu kommen 45.000 Pendler. Die Bürger des Großherzogtums lernen erst luxemburgisch, dann deutsch, französisch und schließlich – meistens erst auf dem Gymnasium – englisch zu sprechen und zu schreiben. Praktisch herrscht seit vielen Jahren Vollbeschäftigung; die zuletzt bekanntgegebenen Arbeitslosenquoten zwischen 2,5 und 3 Prozent erscheinen eher nach oben übertrieben. Aus den 220 Banken werden bis zum Jahr 2000 wohl gut und gern 250 werden. Die Zahl der Fonds dürfte zwar nicht mehr so stark steigen wie zu Beginn der neunziger Jahre, aber der Sprung von zuletzt 3.000 auf 5.000 (alle einzeln und nicht nur nach Fondsgruppen gezählt) ist zu schaffen. Je nach der Entwicklung von Börsen, Zinsen, internationalen Kapitalströmen und sonstigen Umfeldbedingungen kann sich der Wert des gesamten nach Luxemburger Recht verwalteten Fondsvolumens durchaus von zuletzt rund 500 Milliarden auf 1 Billion Mark verdoppeln. Schon heute ist Luxemburg nach Frankreich und vor Deutschland Europas Fondszentrum Nummer zwei, wenn man die Luxemburger Fonds deutscher Provenienz dem kleinen Land zuschlägt. Es kämpft weltweit mit Japan hinter den USA und Frankreich um die dritte Position.

Um die Marktführerschaft unter den Banken wetteifern Institute aus Deutschland und Luxemburg. So rangierte nach der Bilanzsumme zuletzt die Banque Générale du Luxembourg vor dem Luxemburg-Ableger der Deutschen Bank und der Banque Internationale à Luxembourg (BIL). Nach Eigenmitteln gerechnet, führten die Luxemburg-Töchter von Deutscher Bank, Commerzbank und Dresdner Bank. Bei den Kundengeldern lag die BIL vorn und distanzierte die Banque Générale und die Staatssparkasse des Großherzogtums. Diese Reihenfolge galt auch für die Zahl der

Beschäftigten. Von den Töchtern der deutschen Geldhäuser beschäftigten DG Bank, Dresdner Bank und Deutsche Bank die meisten Mitarbeiter, allerdings weit weniger als die Luxemburger Banken.

Was heute wie selbstverständlich erscheint, war ein hartes Stück Arbeit, gepaart mit viel Glück. Anfang der siebziger Jahre drohte das Großherzogtum, auf den Kapitalmarkt bezogen, in Bedeutungslosigkeit zu versinken. Ende 1972 gab es dann zum erstenmal so etwas wie eine Vorschrift über Fonds, nachdem sechs Jahre vorher die Rechtsform der Investmentgesellschaft mit unveränderlichem Kapital entstanden war, kurz SICAF genannt (Société d'Investissement à Capital Fixe). Der Durchbruch kam 1988 mit einer Fülle von gesetzlichen Regelungen, von denen sich später zwei als besonders wichtig erweisen sollten: die Möglichkeit, Investmentgesellschaften mit veränderlichem Kapital zu gründen (Société d'Investissement à Capital Variable oder einfach nur SICAV genannt) und die Anpassung des Rechts an die für alle Länder der EG (heute EU) verbindliche Investmentrichtlinie.

Die Richtlinie des Rats der Europäischen Gemeinschaften vom 20. Dezember 1985 mit dem Zusatz 85/611/EWG, wie sie offiziell heißt, wurde zum eigentlichen Schlüssel für den späteren Siegeszug der Luxemburger Fonds. Denn das Großherzogtum war ganz vorn dabei, als es darum ging, sie in eigenes Recht umzusetzen. Artikel 1 der Richtlinie gibt einen Eindruck vom weit gefaßten Begriff nach europäischem Recht. Hier ist zunächst von Organismen für die Gemeinsame Anlage in Wertpapieren die Rede, kurz OGAW genannt. Der englische Ausdruck heißt Undertakings for Collective Investment in Transferable Securities (UCITS), der französische Organismes de Placement Collectif en Valeurs Mobilières (OPCVM). Diese Organismen können nach einzelstaatlichem Recht die Vertragsform (von einer Verwaltungsgesellschaft verwaltete Investmentfonds), die Form des Trust (Unit Trust) oder die Satzungsform (Investmentgesellschaft) haben.

Deutschland schaffte den Schritt zur Umsetzung von europäischem in deutsches Recht ziemlich spät (Anfang März 1990) mit dem Ersten Finanzmarktförderungsgesetz, und das auch nur halbherzig. Da hatte Luxemburg mit liberalen Einzelvorschriften schon wie ein Magnet gewirkt, so daß die Fonds dort seit 1988 wie Pilze aus dem Boden schossen. Eine der Folgen war, daß die fünf führenden deutschen Investmentgesellschaften (DWS, Deka, DIT, Union und Adig) 1994 mehr Geld über ihre Luxemburger Töchter verwalteten als über ihre deutschen Publikumsfonds.

Dabei spielte der deutsche Finanzminister, zuerst in Gestalt von Gerhard Stoltenberg, später und viel auffälliger in Gestalt von Theo Waigel, eine besonders aktive Patenrolle. Dem unglücklichen Stoltenberg machte der Effekt der vorzeitigen Ankündigung einer allgemeinen Quellensteuer schwer zu schaffen. So kam bereits Ende 1987 die erste deutsche Kapitalfluchtwelle nach Luxemburg in Bewegung, die dem von der besonders flinken Deutsche-Bank- und DWS-Tochter IIM (später DBIM) lancierten Fonds Eurorenta innerhalb Jahresfrist sage und schreibe 8 Milliarden Mark in die Kasse spülte. Doch die erste Welle war ein Klacks gegen die zweite, ausgelöst durch die 1991er Aufforderung des Bundesverfassungsgerichts an den deutschen Gesetzgeber, für eine gerechte Besteuerung der Kapitalerträge zu sorgen.

Diese Fluchtwelle hatte etwas von Panik an sich. Schon auf den Parkplätzen vor den Luxemburger Banken gab es viel Gedränge. Mißtrauisch beäugten sich die Ankömmlinge gegenseitig – es hätte ja sein können, daß jemand vom heimischen Finanzamt unter ihnen war und die Autonummern aufschrieb. Leihwagen zur Tarnung waren gefragt. Hüte und Sonnenbrillen sorgten für die passende Verkleidung. Ein ganz Vorsichtiger, heißt es in Sparkassenkreisen, sei mit einem Gipsarm dahergekommen. Am Luxemburger Banktresen ließ er sich einen Hammer geben, zerschlug den Gips und knalle dem verdutzten Schalterpersonal neben vielen weißen Brocken auch jede Menge Bargeld und effektive Wertpapiere hin. Deren Einlösung kostete ihn zwar happige Gebühren, dafür aber fühlte er sich vor dem deutschen Fiskus sicher. Im Herbst 1992, auf dem Höhepunkt der zweiten Fluchtwelle, konnten wir in der Redaktion der Zeitschrift „Wertpapier" ähnlich wie die Kollegen von anderen Blättern das Thema Luxemburg vorwärts und rückwärts beten. Doch die Leser waren immer noch begierig darauf, und so reihte sich eine Luxemburg-Story an die andere. Um dem Thema zusätzlichen Pep zu verleihen, war für uns schließlich nichts mehr tabu, und wir titelten „Theo, wir fahr'n nach Lux". Die Mixtur aus der Anspielung auf den deutschen Finanzminister, dem von einem alten Lied abgeleiteten Song der griechischstämmigen Vicky Leandros und der Verballhornung der polnischen Industriestadt Lodz zum Kürzel für das Großherzogtum entsprach offenbar dem Zeitgeist. Danach übernahmen die Zeitschriften „Capital" und „Börse Online" die internationale Mischung in ihre Überschriften.

Das kleine Land ist nach wie vor für große Aufgaben gewappnet. Die Transaktionen deutscher Kapitalflüchtlinge, die den Service der dortigen Banken nutzen, werden später einmal als Episode in seine Geschichte eingehen. In puncto Fonds hat es mehr bewirkt als alle anderen Länder, weil die entsprechende Infrastruktur vorhanden war, als es auf sie ankam. So unterliegen Luxemburger Fonds seit langem der Aufsicht des Institut Monétaire Luxembourgeois, kurz IML genannt. Es fungiert auch als Währungsinstitut und dient dem Anlegerschutz. Die Association Luxembourgeoise des Fonds d'Investissement, kurz ALFI genannt, ist in ihrer Schlagkraft vergleichbar dem BVI Bundesverband Deutscher Investment-Gesellschaften. Eine Besonderheit ist die Internationalität nicht nur bei der Sprachenvielfalt, sondern auch was die Herkunft der Fonds betrifft: Je rund 30 Prozent stammen aus Deutschland und aus der Schweiz. An dritter Stelle folgt Belgien mit etwa 15 Prozent, dann kommen Frankreich, die USA, Großbritannien und Japan. Von Silviode Capitani, dem Präsidenten der Eidgenössischen Bankenkommission, stammt das Bonmot, das Schweizer Fondsgeschäft werde in Luxemburg betrieben. Tatsächlich verwalteten die Banken der Eidgenossen zuletzt 65 Prozent ihrer Anlagefonds – so nennen sie Investmentfonds – über das Großherzogtum.

Eine Luxemburger Spezialität ist neben dem Bankgeheimnis, das dem der Schweiz ähnelt, der Umbrellafonds (oder Umbrella Fund). Umbrella heißt Schirm, ist in diesem Fall aber wohl besser mit dem Wort Dach übersetzt: Unter dem Dach von CS Portfolio der Schweizerischen Kreditanstalt waren 1995 beispielsweise zwölf Einzelfonds in vier verschiedenen Währungen vereinigt, unter dem Dach von Gartmore Indosuez, einer britisch-französischen Gruppe, 21 Einzelfonds in noch mehr Währungen und unter dem Dach von Fidelity aus den USA, der größten Investmentgesellschaft der

Welt, nicht weniger als 35 Einzelfonds. Die Konkurrenz aus Deutschland ist überwiegend auf Fonds ohne Dach abonniert, fährt dabei aber nicht unbedingt schlechter. Bezogen auf das verwaltete Vermögen beherrschen Umbrellafonds die Luxemburger Szene zu mehr als der Hälfte. Ihr Erfolg erklärt sich daraus, daß Anleger heute in Mark-Anleihen, morgen in internationalen Aktien und übermorgen in australischen Rohstoffwerten engagiert sein können, ohne für den Wechsel von einer Anlageform in die andere allzu viel oder überhaupt etwas bezahlen zu müssen. Eine andere Frage ist, wer ihnen rechtzeitig sagt, wann sie wo ein- oder aussteigen sollen. Die Leute mit den Regenschirmen tun es nur bedingt. Woher sollten sie auch wissen, an welcher Börse die Sonne demnächst am stärksten scheinen wird? Und warum sollten sie ihren Malaysia-Fondsmanager mit einer Verkaufsempfehlung für dieses aufstrebende Land quälen? Der arme Kerl wüßte bestimmt nicht schnell genug so viel Bargeld zu beschaffen, daß er alle ihm angedienten Fondsanteile einlösen könnte. Also äußern die Regenschirm-Chefvolkswirte höchstens Meinungen, die sich später als richtig, aber auch als falsch erweisen können.

Luxemburg bietet noch einiges mehr als Schwarzgeldasyl und Sprachenvielfalt, Bankgeheimnis und Schirmherrschaft. Zum Beispiel Garantiefonds, die vor Verlusten schützen (andererseits aber auch kaum Gewinn bringen). Oder Fonds, die nicht in Wertpapiere investieren, sondern in Edelmetalle. Oder Dachfonds, die das liberale Luxemburger Investmentrecht nutzen, indem sie geschlossene Fonds kaufen. Eine Besonderheit geschlossener Fonds ist, daß sie das von ihnen verwaltete Vermögen oft auf ein einzelnes Land oder auf Ländergruppen konzentrieren. Ihr hervorstechendes Merkmal besteht jedoch in allen Fällen darin, daß sie anders funktionieren als offene Fonds. Denn sie haben neben dem Nettoinventarwert, oft Net Asset Value oder innerer Wert genannt (Wert des ganzen in einem Fonds enthaltenen Vermögens), auch einen Börsenwert, der mehr oder weniger vom Nettoinventarwert abweicht. Das ist ähnlich wie bei Aktien, deren Kurse ebenfalls großen Schwankungen unterliegen können, ohne daß sich an der Substanz oder am Ertragswert der betreffenden Aktiengesellschaften das Geringste ändert.

Es war in Deutschland zwei Außenseitern vorbehalten, das liberale Luxemburger Recht bezüglich der Dachfonds auf der Basis geschlossener Fonds als erste zu nutzen: dem Vermögensverwalter Günter B. Freye aus Berlin mit seinem F & V International Investment Fund und dem Konkurrenten Peter E. Huber aus Oberursel mit seinem Q-Discount, dem später Q-Turn-around und Q-High-Yield folgten. Die etablierten deutschen Banken und Sparkassen ahmten die Außenseiter nur halbherzig nach, denn sie bastelten zu Beginn der neunziger Jahre schon an einem ähnlichen Konzept, der Vermögensverwaltung mit offenen statt mit geschlossenen Fonds. Natürlich ließen sie dieses Geschäft, als es 1993 und 1994 hoffähig zu werden begann, auch über Luxemburg laufen. Und weil es für die Sparkassen vom Absatz her besonders erfolgreich war, richteten sie es mittels ihrer Investmentgesellschaft Deka 1995 auch in der Schweiz ein. Im September 1995 schließlich verkündete die Sparkassenorganisation eine ganz neue Struktur per Jahresanfang 1996 mit der Deka Bank an der Spitze. Diese Bank war der Anfang vom Ende des Fondsgebühren-Tabus.

Anleger werfen immer wieder Fonds aus Luxemburg mit der Fondsanlage in Luxemburg durcheinander. Die Sache ist einerseits einfach, andererseits kompliziert. Wer in Deutschland Fonds kauft, die hier zum Vertrieb zugelassen sind, schert sich kaum noch darum, aus welchem EU-Land sie stammen. Wichtiger ist meistens die Frage, ob es sich um Fonds der eigenen Bank oder Bankengruppe handelt (ohne zusätzliche Gebühren) oder um Fonds anderer Anbieter (mit mehr oder weniger saftigen Zusatzgebühren). Nicht von ungefähr sind deshalb die großen ausländischen Anbieter auf dem deutschen Markt eigene Vertriebswege gegangen. Ähnlich stellt sich die Frage, wenn Anleger Geld über Luxemburg disponieren. Allerdings mit dem feinen Unterschied, daß die steuerehrlichen unter ihnen dem deutschen Staat kein Zinsgeschenk machen und sich nur die Steuervorauszahlung in Form der ZASt oder Zwist ersparen wollen, während die steuerunehrlichen den deutschen Staat betrügen.

Um die zweite Variante gibt es seit jeher viel Geschrei von seiten deutscher Politiker, oberster Richter und Gewerkschafter, ohne daß allerdings etwas Erwähnenswertes dabei herausgekommen wäre. So begann die deutsche EU-Präsidentschaft am 1. Juli 1994 mit viel Tamtam um die Steuerharmonisierung im vereinten Europa. BVI-Hauptgeschäftsführer Manfred Laux prägte treffend den Begriff vom deutschen Steuerimperialismus. Ein halbes Jahr später endete die Präsidentschaft sang- und klanglos. Kurz darauf wurde Jean-Claude Juncker, bis dahin in einer Doppelfunktion Finanz- und Arbeitsminister, zum Premierminister von Luxemburg ernannt. Ein Mann, der den Imperialisten erfolgreich getrotzt hatte: Trickreich einigte er sich mit den Deutschen noch unter deren EU-Präsidentschaft auf die Formel, daß Europa zwei Systeme der Zinsbesteuerung vertragen könnte, die Quellensteuer (wie die ZASt eine Steuervorauszahlung) und Kontrollmitteilungen. Da jedoch nicht weniger als sieben andere EU-Staaten gegen die Formel waren, hatte diese keinen Wert. So bleibt das Großherzogtum bis auf weiteres ohne Quellensteuer; sein Bankgeheimnis ist nach wie vor von deutscher Seite unantastbar. Und bevor jemand wegen Steuerbetrugs vor den Kadi gestellt wird, „muß die Verhältnismäßigkeit gewahrt sein", meint Juncker.

Steuerbetrug ist nach Luxemburger Recht relativ klar definiert als „Steuerhinterziehung durch systematische Verwendung betrügerischer Manöver, bei der dem Fiskus ein beachtlicher Betrag vorenthalten wird". Natürlich nicht dem Fiskus in Deutschland, sondern in Luxemburg. Das Gesetz zur Bekämpfung der Steuerkriminalität nahm am 22. Dezember 1993 die parlamentarischen Hürden des Großherzogtums. Einer, der sich mit ihm besonders gut auskennt, ist Lucien Thiel, Geschäftsführer der Luxemburger Association des Banques et des Banquiers (ABBL). Deshalb hier seine Interpretation: „Fremde Finanzbehörden, die den Auslandsguthaben ihrer Staatsangehörigen auf die Spur kommen möchten, haben es aufgrund dieses Gesetzes schwer, das Luxemburger Bankgeheimnis zu durchbrechen."

Das alles klingt nach Friede, Freude, Eierkuchen. Wäre es auch fast, gäbe es da nicht die typischen Sättigungserscheinungen. Die deutsche Banking Community wird deshalb Ulrich Weiss vom Vorstand der Deutschen Bank, gleichzeitig Vorsitzender des Verwaltungsrats des seit Jahren größten Steuerzahlers Deutsche Bank Luxembourg, für seine kritischen Worte vom März 1995 noch lange dankbar sein. Damals monierte Weiss nicht nur die Saturiertheit vieler Beschäftigter samt überzogenen tariflichen Regelungen, sondern er ging auch den Staat an. Vor allem paßte ihm nicht das reaktive Behördenklima in Verbindung mit hohen Nebensteuern. Sogar die liberale Grundmentalität, die Ekkehard Storck als sein Statthalter vor Ort einmal so gelobt hatte, sah Weiss als gefährdet an. Insgesamt starke Worte, die allein schon deshalb auf fruchtbaren Boden fallen mußten, weil das Verhältnis der Bundesrepublik zum Großherzogtum seit 1994 erheblich eingetrübt war. Bevor Sie sich mit Ihrem Geld in Richtung Luxemburg aufmachen, sollten Sie also lieber einen zweifachen Blick auf Steuern und Gebühren werfen.

Noch eines machte dem Großherzogtum 1995 zu schaffen: Deutsche Banken und Sparkassen entdeckten auf breiter Front die Schweiz. So sollen nach seriösen Schätzungen allein im ersten Halbjahr 1995 nicht weniger als 40 Milliarden Mark Luxemburg in Richtung Schweiz verlassen haben. Die Ableger deutscher Banken in Zürich hatten alle Hände voll zu tun, um das viele Geld zu scheffeln, denn die Kapitalflucht aus Deutschland nahm gigantische Ausmaße an. Die Dresdner-Investmentgesellschaft DIT und der mit ihr kooperierende Strukturvertrieb DVAG gründeten sogar eine Schweizer Vermögensverwaltung. Auslöser der Fluchtwelle war vor allem die Furcht vor der Abschaffung der Mark im Zuge der Europäischen Währungsunion und die Umstellung auf die ungeliebte Kunstwährung Euro.

Nachdem Bundeskanzler Helmut Kohl den Erpressungsfall Schmakowski/Cisal mit der Bemerkung kommentiert hatte, er sei „voller Schadenfreude", drehten die Schweizer Banken erst richtig auf. Dabei ähnelte der Werbeslogan der Schweizerischen Bankgesellschaft („Noch nie war die Schweiz so nah") dem früheren Spruch der Berliner Bank ganz verdächtig: „Ein Konto in Luxemburg liegt näher, als Sie vielleicht annehmen." Die Schweizerische Kreditanstalt etablierte Ende 1995 sogar einen telefonischen Fondsdirektvertrieb für deutsche Anleger mit dem Namen CS Direkt. Derweil erwuchs Luxemburg mit dem Finanzplatz Dublin ein viel kostengünstigerer Konkurrent.

Vermögenswirksame Leistungen: Die Deutschen werden befriedet

Von welchem Betrag an jemand einfach nur so Geld zu haben aufhört und ein Vermögen zu besitzen beginnt, darüber werden sich die Leute sicher noch lange streiten. Eines aber steht fest: Auf die Frage, ob ein Mensch mit 1 Million, mit 100.000 oder mit 2.190 Mark als vermögend bezeichnet werden kann, werden alle antworten: bestimmt nicht schon mit 2.190 Mark. Und dennoch, diese Zahl gab der Investmentverband BVI am 24. Februar 1995 im Zusammenhang mit vermögenswirksamen Leistungen (VL) in Aktienfonds preis. Der rührige Verband nannte die Zahl allerdings nicht ausdrücklich, sondern hob nur die fast 2,1 Millionen Depots der Bundesbürger hervor, die zum Jahresende 1994 knapp 4,6 Milliarden Mark vermögenswirksam nach dem 5. Vermögensbildungsgesetz in solchen Fonds gespart hatten. Was eben jene 2.190 Mark pro Depot ausmacht.

Als schlechter Scherz war die Veröffentlichung dennoch nicht gedacht. Dafür hatten sich zu viele Sozialpolitiker und Steuerrechtler, Verbandsfunktionäre und Gewerkschafter den Kopf zerbrochen, bis allein das 1. Vermögensbildungsgesetz 1961 in Kraft trat. Was danach kam, war zunächst Kleinklein. Erst das 4. Vermögensbildungsgesetz von 1984 stellte die Weichen in Richtung Produktivvermögen, vor allem Aktien und Aktienfonds. Damit war auch das 1. Vermögensbeteiligungsgesetz geboren: Alle Arbeitgeber durften ohne Ausnahme ihren Mitarbeitern steuergünstig Aktienfonds als Vermögensbildung anbieten. Dem Vermögensbeteiligungsgesetz Nummer 1 folgte bald die Nummer 2, dem Vermögensbildungsgesetz Nummer 4 die Nummer 5, wobei den meisten der Begriff 936-Mark-Gesetz leichter über die Lippen geht. Seit Anfang 1995 – nach der soundsovielten Reform der ursprünglich auf 312, später auf 624 und schließlich auf 936 Mark begrenzten Förderung – sind für VL nur noch bestimmte Geldanlagen erlaubt:

- Aktien und Wandelanleihen, sofern sie an einer deutschen Börse amtlich, im geregelten Markt oder im Freiverkehr gehandelt werden,

- Aktienfonds, und zwar auch ausländische, wenn sie in Deutschland zum Vertrieb zugelassen sind,
- Genußscheine,
- Bausparverträge,
- Darlehen an den Arbeitgeber,
- Verträge mit dem Arbeitgeber zum Kauf von Wertpapieren,
- Guthaben bei Genossenschaftsbanken und Wohnungsbaugenossenschaften.

Diese Aufzählung ist nicht ganz vollständig, weil in § 2 des 5. Vermögensbildungsgesetzes unendlich scheinende Abgrenzungen und Ergänzungen vorkommen. Wer es genau wissen will, besorgt sich den Wortlaut am besten im Buchhandel oder direkt über das im Bundesanzeiger-Verlag, Postfach 1320, 53003 Bonn, erscheinende „Bundesgesetzblatt" Teil I Nummer 14 vom 12. März 1994.

Mit dem Referentenentwurf zum Jahressteuergesetz 1996 startete ein neuer Versuch, der die ganze Vermögenspolitik umzukrempeln droht. Gedacht ist an sogenannte gemeinsame Einrichtungen der Tarifvertragsparteien, deren Ziele und Strukturen mittels Tarifvertrag festgelegt werden sollen. Die Einrichtungen könnten unter anderem Investmentgesellschaften gründen, von deren Angebot (als Teil des Gehalts) die Arbeitnehmer Gebrauch machen. Die Gefahr, daß diese Investmentfonds dann für quasi staatliche Zwecke mißbraucht werden, ist natürlich riesengroß. Die hitzige öffentliche Diskussion des Themas hat wieder einmal gezeigt, daß an der Vermögensbildung wohl auch noch dann herumgefummelt wird, wenn alle ihre Urväter längst im Grab liegen.

Vermögenswirksam heißt: Für maximal 936 Mark pro Jahr, vom Arbeitgeber für eine der genannten Anlagen regelmäßig neben dem Gehalt zugunsten des Arbeitnehmers abgeführt, gibt es eine staatliche Arbeitnehmersparzulage von zehn Prozent, also höchstens 93,60 Mark. Die Einzahldauer beträgt sechs Jahre. Nach einem weiteren Jahr Wartefrist darf der Arbeitnehmer dann über die angesparte Summe samt Erträgen frei verfügen. Nur wenn das zu versteuernde Einkommen pro Jahr nicht höher als 27.000 Mark (Ledige) oder 54.000 Mark (Verheiratete) ist, hat der Arbeitnehmer Anspruch auf die Sparzulage. Das zu versteuernde Einkommen ist immer erheblich niedriger als das Bruttoeinkommen. Letzteres darf bei einer zusammen veranlagten Familie mit zwei Kindern für den Fall, daß etwa hohe Werbungskosten wegen langer Fahrten zum Arbeitsplatz oder wegen doppelter Haushaltsführung da sind, schon mal gut und gern 72.000 Mark jährlich betragen. Das entspricht einem Bruttomonatsgehalt von 6.000 Mark.

Tarifverträge oder Betriebsvereinbarungen sehen VL-Zahlungen zusätzlich zum Gehalt vor. Die monatlichen Sparraten hängen dann vom Einzelfall ab. Während die staatliche Arbeitnehmersparzulage steuerfrei ist, sind auf die Arbeitgeber-VL Steuern und Sozialabgaben fällig. Wer mit dem zu versteuernden Jahreseinkommen die genannten Grenzen überschreitet, sollte sich aus steuerlichen Gründen auf VL in Höhe des Arbeitgeberzuschusses beschränken. Wer unterhalb dieser Grenzen liegt, ist dagegen gut beraten, den Betrag von 936 Mark voll auszuschöpfen.

Die im vorletzten Absatz erwähnten sieben Jahre Sperrfrist (sechs Jahre Anspar- plus ein Jahr Wartezeit) gelten übrigens nicht um jeden Preis. Sparer bzw. ihre Ehegatten können in den folgenden Fällen vorzeitig über ihre Einzahlungen verfügen: Tod oder Erwerbsunfähigkeit eines Ehepartners, Heirat nach Vertragsabschluß (bei mindestens zwei Jahren vom Beginn der Sperrfrist bis zur Verfügung), ein Jahr und längere Arbeitslosigkeit ohne Unterbrechung, Wechsel von einer Arbeitnehmertätigkeit zur Selbständigkeit, Verkauf festgelegter Wertpapiere bei anschließendem Kauf anderer geförderter Papiere.

Wegen der vielen Einzelheiten, die Sie darüber hinaus beachten müssen, wenden Sie sich zweckmäßigerweise an die Abteilung Gehaltsabrechnung Ihres Arbeitgebers (oder Lohnbuchhaltung oder wie sie sonst noch heißen mag). Nur erwarten Sie bitte von ihr nicht den alles entscheidenden Hinweis, welche der genannten Geldanlagen sich für Sie besonders gut eignet, denn Ihre persönlichen Ziele kennen Sie am besten. Die Damen und Herren der entsprechenden Abteilung sind jedoch meistens recht ordentlich über technische Einzelheiten informiert, zum Beispiel darüber, welche Banken oder Investmentgesellschaften das Kleinkleingeschäft mit VL zuverlässig abwickeln und welche nicht.

Wenn Sie bauen, eine Wohnung oder ein Haus kaufen wollen, ist ein kleines zur Seite gelegtes Sümmchen aus dem Bausparvertrag sicher nicht zu verachten. Dagegen sollten Sie Aktienfonds in Betracht ziehen, sofern Sie beabsichtigen, über viele Jahre allmählich ein fünfstelliges Vermögen aufzubauen, um es schließlich für die spätere Ausbildung Ihrer noch in den Windeln steckenden Kinder oder für Ihre eigene Altersvorsorge zu verwenden. Aktienfonds sind anstelle einzelner Aktien aus zwei Gründen zu bevorzugen: erstens, weil das Risiko gestreut ist, und zweitens, weil Investmentgesellschaften das VL-Geschäft mit Fonds dank ihrer Infrastruktur samt Software besser und preisgünstiger handhaben können als etwa Banken oder Sparkassen das umständliche VL-Geschäft mit einzelnen Aktien. Welchen Fonds Sie auswählen, ist schnell entschieden. Für VL-Anlagen steht nämlich nur ein Bruchteil des Fondsangebots zur Verfügung, bei den großen deutschen Investmentgesellschaften überwiegend lediglich ein Fonds. Das Ansparen über viele Jahre, also über die schon erwähnten sechs Jahre hinaus, ist mit Hilfe von Anschlußverträgen kinderleicht.

WICHTIG

Hier noch einige Kleinigkeiten, die seit Anfang 1995 gelten: Die eingezahlten VL kommen nicht mehr auf die Lohnsteuerkarte. Statt dessen erhalten Sie von der Investmentgesellschaft, Bank oder Sparkasse, über die Sie vermögenswirksam sparen, einen Beleg für Ihre Steuererklärung. Die Arbeitnehmersparzulage holen Sie sich auf Antrag im Rahmen Ihrer jährlichen Steuererklärung, indem Sie die VL-Rubrik der Anlage N – dieses Formblatt ist bei jedem Finanzamt zu haben – entsprechend ausfüllen. Im übrigen bekommen Sie die Sparzulage künftig nicht mehr direkt ausgezahlt, sondern erst auf Wunsch von dort, wo Ihr Geld liegt. Mit diesem umständlichen Verfahren will der Gesetzgeber verhindern, daß Sie die angesparte Summe gleich wieder ausgeben.

Sie werden sich bestimmt schon längst gefragt haben, warum in Anbetracht der vergleichsweise niedrigen Beträge, um die es hier geht, alle Welt von vermögenswirksamen Leistungen spricht. Schließlich dürften alle, die ein paar Tausender zusätzlich steuerfrei auf die hohe Kante gelegt haben, das Geld über kurz oder lang doch dem Konsum zuführen. Die Frage ist berechtigt, die Schlußfolgerung stimmt. Doch es kommt auf den Standpunkt an. Für den einzelnen Arbeitnehmer sind Beträge bis 10.000 Mark sicher noch kein Vermögen, aber die Summe macht's: Der nach dem Vermögensbildungsgesetz angelegte Gesamtbetrag beläuft sich mittlerweile auf etwa 20 Milliarden Mark jährlich. Die Sache beginnt also zum Geschäft für die daran beteiligten Geldhäuser zu werden: Investmentgesellschaften können mit einem regelmäßigen Mittelzufluß kalkulieren, Banken kassieren mehr Provision, andere Unternehmen verbreitern allmählich ihre Finanzierungsbasis, und das gemeine Volk bekommt eine Ahnung vom Kreislauf des Kapitals.

Im übrigen liegt der Anteil der durch Tarifverträge erfaßten Arbeitnehmer, die auch von tariflichen Vereinbarungen über vermögenswirksame Leistungen profitieren, in den alten Bundesländern nahe 100 Prozent, während er in den neuen hurtig darauf zustrebt. Doch Zahlen sagen noch nicht alles. Die am meisten enthüllende Erklärung für die Vermögensbildung und ihre ständigen Reformen gibt der schon zitierte BVI-Mann Manfred Laux: „Das Vermögensbildungsgesetz ist ein wesentliches Instrument zur inneren Befriedung unserer Gesellschaft."

Bemerkenswert an der letzten Reform ist, daß seit Anfang 1995 auf die drei folgenden populären Anlagen keine Arbeitnehmersparzulage mehr gewährt wird:

- Kapitallebensversicherungen,
- Kontensparverträge bei Banken oder Sparkassen und
- Fonds mit weniger als 70 Prozent Aktienanlagen.

Das heißt, der Gesetzgeber hat ein Signal gegeben: Anlagen in sogenannten Geldwerten gelten nicht mehr im selben Maß als förderungswürdig wie Anlagen im Produktivvermögen, sprich in Aktien und Aktienfonds. Wenn Sie, Ihre Eltern oder Großeltern bei der Währungsreform von 1948 fast das ganze Geldvermögen verloren haben, sind Sie vermutlich weniger gut auf Lebensversicherungen, Konten oder Anleihen zu sprechen. Falls Sie sich schon einmal mit Aktien verspekuliert haben, dürften Sie aber auch auf Kursbewegungen an der Börse besonders sensibel reagieren. Um Aktienanleger vor den Gefahren der Spekulation zu schützen, gibt es drei Möglichkeiten: sie breit gestreut in Fonds investieren zu lassen, sie zur langfristigen Anlage zu zwingen und die Anlage auf viele Jahre mit Höhen und Tiefen an der Börse zu verteilen. Vermögenswirksame Leistungen in Aktienfonds genügen allen drei Kriterien. Wahrscheinlich haben ihre Förderer deshalb so lange für sie gekämpft.

Warum Fondspolicen eine explosive Mischung sind

Am 7. Februar 1995 traf sich im Hotel Hessischer Hof in Frankfurt am Main eine illustre Schar von Finanzfachleuten wie zu einer Verschwörung. Eingeladen hatte Lombard International Assurance aus Luxemburg, eine Lebensversicherung mit – ungewöhnlich genug – drei Müttern: Aberdeen Trust Holdings, Investmentgesellschaft aus Schottland, Interallianz Bank, Privatbank aus der Schweiz, und Standard Life Assurance, Nummer eins im britischen Lebensversicherungsgeschäft. Das Ziel der „Verschwörung" war wie folgt formuliert: „Spezialisiert auf fondsgebundene Versicherungslösungen nutzt Lombard die Standortvorteile Luxemburgs und das Know-how der Muttergesellschaften, um für die verschiedenen europäischen Märkte zielgruppengerechte Tarife in Zusammenarbeit mit regionalen Beratungsunternehmen und Privatbanken zu entwickeln." Der britische Lombard-Chairman John Stone gab sich überzeugt, „frischen Wind in die verkrustete deutsche Lebensversicherungsszene zu bringen". Lombard-Vorstandsmitglied Aloyse Steichen aus Luxemburg lästerte über die Anlagepolitik der deutschen Kapitallebensversicherungen (KLV): „Das wird alles in der Dunkelkammer entschieden." Der seit Jahresbeginn für die Lombard-Portefeuilles verantwortliche ungarischstämmige Klaus Kaposi, Geschäftsführer der Luxemburger Investmentgesellschaft Nestor, beschied dem deutschen Auslandinvestmentgesetz nur noch eine kurze Lebensdauer. Und der deutsche Vertriebsprofi Hans-Otto Schmitz, Chef des Finanzplan-Investmentzentrums in Wiesbaden, schwor die erschienenen Anlageberater auf die „Fondspolice der vierten Generation" ein. Den Europa-Gipfel der „Verschwörung" bildete schließlich ein aufgrund angenommener Daten erstellter Leistungsvergleich der Multifonds-Police von Lombard mit den Konkurrenzprodukten von Axa Equity & Law, MLP, Nürnberger und Skandia. Selbstredend entschied ihn Lombard für sich.

Die Daten waren angenommen statt real, weil Fondspolicen, obwohl schon über ein Vierteljahrhundert auf dem deutschen Markt, erst seit einigen Jahren verstärkt angeboten werden. Ihr Marktanteil hat zuletzt zwar nur gut zwei Prozent erreicht, aber das jährliche Wachstum betrug seit Mitte der achtziger Jahre zeitweise über 50 Prozent. Mehr als jeder zehnte von den deutschen Lebensversicherern hat sie bereits im Programm. Ihre epidemische Ausbreitung ist nicht mehr aufzuhalten, seit neben einigen Vorreitern samt aggressiven Strukturvertrieben auch etablierte Konzerne Fondspolicen anbieten. Oder umgekehrt: Weil die aggressiven Vertriebsgesellschaften ständig die Finanzprodukte brauchen, die gerade gängig sind und ordentliche Provisionen abwerfen, damit die Starverkäufer samt Fußvolk nicht verhungern, müssen Versicherer in den neunziger Jahren mit Fondspolicen einen gigantischen Sprung nach vorn tun. Vor allem aber können sie es sich nicht leisten, die Produktpalette ihres eigenen Außendienstes austrocknen zu lassen. So nimmt es denn nicht wunder, daß schon Mitte 1994 Bernd Michaels, fortschrittlicher Kopf der konservativen Rheinischen Provinzial-Versicherungsanstalten und nebenbei Präsident des obersten Versicherungsverbandes GDV, laut über die Einführung von Fondspolicen im Verbund mit der Sparkassen-Investmentgesellschaft Deka nachdachte.

Aus der sowieso komplizierten Fondsmaterie, die durch die Kombination mit der auch nicht gerade leicht verständlichen Risikolebensversicherung zur Fondspolice noch schwieriger geworden ist, wird wegen der zunehmenden Internationalität des Geschäfts eine explosive Mischung. Denn anders als die KLV, die im Kern nichts anderes ist als ein biederer Sparplan mit Versicherungsschutz auf der Grundlage von Anleihen, Schuldscheinen und ähnlichen Geldwerten, basiert die Fondspolice (auch fondsgebundene Lebensversicherung oder kurz FLV genannt) auf verschiedenen Fonds. Das können deutsche und ausländische Fonds sein, die sich aus Aktien, Renten, Geldmarkttiteln, Immobilien oder anderem zusammensetzen. Die Fondsschwerpunkte ändern sich; das heißt, je nach Einschätzung des Managements oder – viel schlimmer – des Kunden können mal die einen, mal die anderen Fonds den Vorzug erhalten. Und falls die Fondspolice nicht aus Deutschland, sondern aus einem anderen EU-Land stammt, gilt obendrein zusätzlich fremdes Recht. Das wirkt sich dann zum Beispiel so aus, daß die ihr zugrundeliegenden Fonds nicht dem deutschen Auslandinvestmentgesetz unterliegen müssen. Kurzum, wer eine FLV abschließt, weiß nicht einmal annähernd, welcher Betrag am Ende dabei herauskommt. Ihre einzige Gemeinsamkeit mit der KLV ist der Versicherungsschutz.

Warum diese Spielart der Geldanlage trotzdem immer mehr an Bedeutung gewinnt, hat viele Ursachen. Hauptursache ist, auch wenn viele Anlageberater und Versicherungsvertreter diese Kritik nicht gern hören, die schon erwähnte Möglichkeit, hohe Provisionen zu kassieren. Denn die motivieren jeden Vertriebsmenschen so sehr, daß er am Ende glaubt, mit dem am höchsten provisionierten Finanzprodukt seinen Kunden den größten Gefallen zu tun. Eine weitere wichtige Ursache ist, daß die Renditen der KLV zu sinken beginnen; der Zusammenhang ist kompliziert und läßt sich vor allem auf eine Entwicklung zurückführen: Die Überschußbeteiligungen der Versicherten sinken. Diese Aussage ergibt allerdings erst im Zusammenhang mit den dazugehörigen Volumenzahlen einen Sinn: 1994 entfielen von insgesamt 215 Milliarden Mark Prämien in der gesamten Individualversicherung 82 Milliarden (also annähernd 4 von 10 Mark) auf die Lebensversicherung und von der wiederum der Löwenanteil auf die KLV. Deren sinkende Renditen betreffen also ein riesiges Prämienvolumen. Mit dem Renditeschwund geht der Versicherungswirtschaft und damit der Vertreterschar ein Argument verloren, das neben der unbedeutenden Steuerfreiheit der Erträge nach zwölf Jahren und neben der Abzugsmöglichkeit im Rahmen der steuerlichen Sonderausgaben den gigantischen Aufschwung der KLV ermöglicht hat. Durch den nahtlosen Übergang von dieser auf die FLV könnte der von einem jahrzehntelangen Wachstum verwöhnte Spezialzweig der Assekuranzbranche folglich weiter gutes Geld verdienen.

Das müssen sich wohl auch die Strategen des Heidelberger Beratungs- und Vertriebsunternehmens MLP gesagt haben. Jedenfalls waren sie unter ihrem führenden Kopf Manfred Lautenschläger jahrelang besonders rührig, als es um neue Finanzprodukte für Jungakademiker ging. So stießen sie automatisch auf die FLV. Deren Anlagepolitik übernimmt in letzter Zeit Feri Trust aus Bad Homburg, eine Millionärs-Vermögensverwaltung, die unter Führung ihres Chefs Michael Stammler publikumswirksam auch für die Zeitschrift „Capital" Fonds auswählt. MLP muß sich mit der

FLV ähnlich wie Feri Trust mit der Vermögensverwaltung auf vermögende Kunden konzentrieren. Das liegt bei Fondspolicen nahe. Denn wegen der hohen Freibeträge für Einkünfte aus Kapitalvermögen von 6.100 Mark jährlich (Ledige) bzw. 12.200 Mark jährlich (Verheiratete) haben sie für weniger Betuchte nicht denselben Reiz. Beträgt nämlich die Vertragslaufzeit einer Lebensversicherung (egal welcher) mindestens zwölf Jahre und werden die Beiträge laufend gezahlt, sind – zumindest nach heutigem Stand – alle Erträge (auch die über die Freibeträge hinausgehenden) steuerfrei. Die Steuerfreiheit der im Rahmen der Fondspolice anfallenden Kursgewinne spielt dann also eine untergeordnete Rolle.

Nun kann es aber vorkommen, daß die Auszahlung der Versicherungssumme zu einem Zeitpunkt fällig wird, der denkbar ungünstig liegt: Die Aktienkurse sind im Keller, und die verantwortlichen Manager haben sich ausgerechnet mit Aktienfonds verspekuliert. Werner Rupp, im März 1995 zum Vorstandssprecher der Nürnberger Lebensversicherung ernannt, die bei der Fondspolice Pionierdienste geleistet hat, weiß für diesen Fall den folgenden Rat: „Die FLV ohne Kündigungsfrist, kostenlos und ohne neue Gesundheitsprüfung um bis zu fünf Jahre verlängern und warten, bis die Kurse wieder gestiegen sind." Außerdem, meint Rupp, sei auch die Verrentung der Auszahlungssumme in Betracht zu ziehen.

Das ist gut formuliert, allerdings nicht ganz zu Ende gedacht – nach dem Motto des Reiters: Warten, bis der Schmerz nachläßt, und dann schnell wieder auf das Pferd springen. Sicher wird Rupps Argument jedem verkaufsorientierten Anlageberater oder Versicherungsvertreter leicht über die Lippen gehen und den meisten Kunden einleuchten. Börsenfachleute dürften jedoch die Stirn runzeln, denn Fehlspekulation bleibt Fehlspekulation. Sie kann, muß aber nicht in fünf Jahren behoben sein. Und die Verrentung der Auszahlungssumme ist ein fauler Kompromiß, dessen Ergebnis niemand absehen kann.

Des Pudels Kern liegt in der Konstruktion einer Fondspolice. Grob eingeteilt, gibt es drei Varianten:

- Das Fondsmanagement existiert praktisch nicht. Eine von vornherein festgelegte Mischung aus hauseigenen und/oder fremden Fonds sorgt für Risikostreuung bis zum Ablauf der Police.

- Das Management beschränkt sich auf ausgesuchte hauseigene und fremde Fonds. Je nach Einschätzung von Börsen, Zinsen und Währungen finden Umschichtungen statt.
- Das Management hat im Rahmen der Gesetze bei der Fondsauswahl völlig freie Hand. Die Zahl der zur Verfügung stehenden Fonds ist riesengroß. Zusätzliche Auswahlkriterien sind vonnöten.

Die beiden ersten Varianten sind in Deutschland gang und gäbe, die dritte ist im Kommen. Die Tarife – so nennen die Anbieter das ganze Provisionspaket – sind je nach Gesellschaft gezillmert (der Kunde trägt die Provisionslast in den ersten Jahren), leicht gezillmert (die Last verteilt sich auch auf spätere Jahre) oder ungezillmert (die Last ist in etwa gleichmäßig verteilt). Mal kostet die Umschichtung von einem Fonds in den anderen Geld, mal nicht. Die sonstigen Konditionen sind verwirrend. Zur zweiten Variante gibt es noch eine Abwandlung, die verboten werden müßte: Die Kunden bestimmen die Anlagepolitik, verspekulieren also unter Umständen ihr Vermögen.

WICHTIG

Hüten sie sich, eine Fondspolice nur wegen der Zillmerung oder Nichtzillmerung, wegen günstiger Umschichtungs- und sonstigen Gebühren, wegen der Zahl der zur Verfügung stehenden Fonds oder gar wegen der Möglichkeit zu favorisieren, die Anlagepolitik selbst bestimmen zu können. Allein um die Qualität nach dem Kriterium der Belastung mit Gebühren zu beurteilen, müssen Sie gehobene finanzmathematische Kenntnisse haben. Das Preis-Leistungs-Verhältnis und damit der endgültige Kundennutzen läßt sich schließlich erst ermitteln, wenn die Leistung feststeht. Das wird frühestens in einem Jahrzehnt möglich sein, nachdem die Anbieter gezeigt haben werden, was sie können und was nicht.

Ein Vergleich mit Autos sei erlaubt: Ein einfach ausgestatteter Mercedes Diesel mag im Verhältnis zu einem Japaner ähnlicher Größenordnung mit vergoldetem Lenkrad und anderem Schnickschnack auf Anhieb ein schlechter Kauf sein, wenn man den relativ hohen Anschaffungspreis und die mäßige Leistung des Stern-Autos mit den entsprechenden Eigenschaften des Produkts aus Fernost vergleicht. Aber irgendwie muß sich das deutsche Prestigeprodukt am Ende doch besser rechnen, sonst würden es nicht so viele Taxifahrer bevorzugen.

Luxemburger Gesellschaften bieten wegen des liberalen Investment- und Versicherungsrechts im Vergleich zu ihren deutschen Konkurrenten gewisse Vorteile. Über kurz oder lang wird sich das Angebot freilich ebenso angleichen wie im Fall der Fonds; das heißt, Sie werden nur noch formelle Unterschiede feststellen. Das liegt daran, daß deutsche Finanzkonzerne nun auch im Versicherungsgeschäft des Großherzogtums mitmischen. Etwa die Deutsche-Bank-Tochter Gerling mit Luxlife, Colonia/Nordstern mit Pan Euro Life oder die Grundkreditbank aus Berlin mit Atlanticlux. Die Deutsche Bank ist übrigens im Geschäft mit Fondspolicen auch in Deutschland besonders aktiv, und zwar gleich mehrfach: zum einen über ihre Töchter Gerling und Deutscher Herold sowie über die Nürnberger Versicherungsgruppe, die sie sich eines Tages noch stärker als bisher einverleiben wird. Darüber hinaus waren Fonds der Deutsche-Bank-Tochter DWS zuletzt beispielsweise auch in den Fondspolicen von Cosmos und MLP enthalten.

Kein anderer Neuling auf dem deutschen Versicherungsmarkt hat in letzter Zeit so viel Staub aufgewirbelt wie der holländische Finanzkonzern Aegon über seine Düsseldorfer Dependence mit der Fondspolice Money Maxx. Sprüche wie „Vergessen Sie Ihr Sparbuch" oder „Wir bieten Ihnen bis zu 8,6 Prozent Rendite netto und steuerfrei" können allerdings nicht darüber hinwegtäuschen, daß die in diesem Kapitel an Fondspolicen geäußerte Kritik auch auf Money Maxx zutrifft. Weniger marktschreierisch, statt dessen kostenbewußt präsentiert sich seit November 1995 die PEH-Fondspolice der Fonds Direkt AG aus Oberursel. Am Konzept mitgewirkt hat ein alter Bekannter: Lombard International.

So sparen Sie sich reich

Vom amerikanischen Schriftsteller Mark Twain, bekannt durch Romanfiguren wie Tom Sawyer und Huckleberry Finn, stammt das Bonmot: „Als wir unser Ziel aus den Augen verloren hatten, verdoppelten wir unsere Anstrengungen." Die Aussage trifft auf viele Fondssparer zu, die ihr Geld regelmäßig in Form von Plänen anlegen. Das Ziel besteht meistens in einer Sicherheitsreserve für Notfälle oder für Anschaffungen, fürs Studium der Kinder oder fürs eigene Alter. Doch was tun die Sparer, um ihr Ziel zu erreichen? Statt die Sparraten auf Fonds zu konzentrieren, die eine dauerhafte Anlage wirklich wert sind, verplempern sie ihr sauer

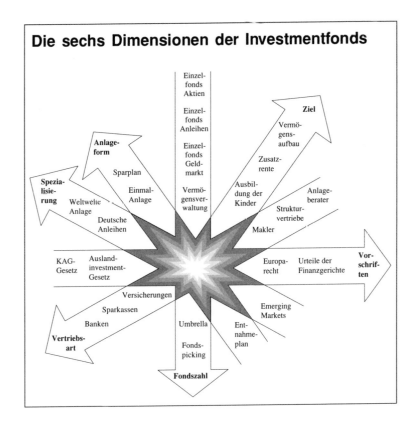

verdientes Geld allmonatlich für Fonds, bei denen weder das Konzept noch das Ergebnis stimmt. Zu ergründen, woran das liegt, ist für Außenstehende meistens müßig bis frustrierend. Und die Anstrengungen mittels verdoppelten Einsatzes zu erhöhen, bringt nur noch mehr Frustration, weil gutes Geld dem schlechten hinterhergeworfen wird.

Damit Ihnen nicht dasselbe Schicksal widerfährt, sind Sie gezwungen, sich zunächst auf die Grundelemente der Fondsanlage zu besinnen. Dabei geht es um sechs Dimensionen (siehe auch voranstehendes Schaubild):

1. Je nach Zusammensetzung ihres Portefeuilles kommen Fonds mal für dieses (zum Beispiel Vermögensaufbau), mal für jenes Ziel (zum Beispiel Zusatzrente) in Betracht.

2. Die meisten Fonds eignen sich von der Papierform her sowohl für Einmalanlagen als auch für Spar- und Entnahmepläne. Aber die Papierform hat mit der Praxis nicht viel zu tun.

3. Bestimmte Fonds – vor allem die internationalen, die von der Möglichkeit Gebrauch machen, flexibel aus Aktien in Renten oder Bargeld umzusteigen und umgekehrt – sind bei entsprechender Leistung immer kaufenswert, andere dagegen (etwa auf Brasilien oder China spezialisierte) nur vor einem Aufwärtszyklus.

4. Fonds werden einzeln oder als Paket (Vermögensverwaltung, Umbrella) angeboten.

5. Im Vertrieb tummeln sich alle möglichen Finanzinstitute und ein munteres Völkchen von freien Anlageberatern. Innerhalb beider Gruppen gibt es gewaltige Unterschiede bei Qualität und Honorierung.

6. Gesetzgeber, Rechtsprechung und Finanzverwaltung sorgen für Unruhe, indem sie wie beschrieben ständig die Grundlagen der Besteuerung ändern, sich dem europäischen Recht anpassen und an den vermögenswirksamen Leistungen basteln.

Jede von diesen Dimensionen können Sie sich nun als Skala mit unterschiedlich vielen Eintragungen vorstellen. Unter 1., 2. und 3. dürfte es verhältnismäßig wenige Eintragungen geben, unter 4., 5.

und 6. dagegen viele. Aber die ganze Fülle der Möglichkeiten von Anlagen in Investmentfonds zeigt sich erst in den unendlich scheinenden Kombinationen von 1. bis 6.

Dazu ein Beispiel. Ihr Ziel soll heißen: Vermögensaufbau. Zweckmäßigerweise entscheiden Sie sich für einen Sparplan, um dieses Ziel zu erreichen. Schon da beginnt die erste große Schwierigkeit, denn fast jede Investmentgesellschaft bietet Sparpläne mit unterschiedlichen Fonds an: Renten-, Aktien-, Immobilien- und Mischfonds. Angenommen, Sie suchen sich einen Aktienfonds aus. Die nächste Frage lautet dann: Internationaler Aktienfonds mit weniger starken oder Länderfonds mit starken Wertschwankungen? Internationale Aktienfonds kommen vom Prinzip her den im Rahmen einer Vermögensverwaltung angebotenen Aktienfonds relativ nahe. Der Unterschied zeigt sich jedoch in der Praxis ganz woanders als in der Rechtsform (Investmentgesellschaft oder Vermögensverwaltung): Der Vertrieb der einen Variante findet vor allem über Banken und Sparkassen statt, der der anderen über alle Vertriebsschienen, sehr viel auch über Makler- und Strukturvertriebe (dazu später mehr).

Sollten Sie sich bis hierher – wir haben gerade die fünfte Dimension verlassen – zu einem Auslandsfonds durchgerungen haben, kann es Ihnen passieren, daß dessen Investmentgesellschaft dabei ist, ihre Zelte in Deutschland abzubrechen. Begründung: zu niedriger Umsatz, zu hohe Kosten, aber vor allem zu viel Bürokratie durch die erwähnten Gesetze. Solche geordneten Rückzüge sind seit 1993 schon vorgekommen und werden uns auch weiterhin nicht erspart bleiben. Rückzug aus Deutschland ist gleichbedeutend mit Steuernachteilen, sprich Geldeinbußen für Anleger. Haben die sich mühevoll in allen Dimensionen bewegt und schließlich die falsche Investmentgesellschaft gefunden, hilft nichts anderes, als wieder von vorn oder zumindest von der Mitte an zu beginnen.

In der Praxis läuft alles meistens noch etwas anders ab. Denn Sie unterhalten ja normalerweise ein Konto bei Ihrer örtlichen Bank oder Sparkasse. Wittert der dortige Anlageberater, daß Sie für sich oder Ihre Familie ein Vermögen mit Investmentfonds aufbauen wollen, empfiehlt er Ihnen zu diesem Zweck einen Fonds seines Hauses. Der kommt dann natürlich von Adig, wenn Sie Ihr Konto bei der Commerzbank oder bei der Bayerischen Vereinsbank unterhalten, den Adig-Muttergesellschaften. Im Fall einer Sparkasse kommt der Fonds von der zugehörigen Investmentgesellschaft Deka, bei einer Volks- oder Raiffeisenbank von der Union und so weiter.

Möglicherweise haben Sie aber in einer Zeitung oder Zeitschrift gelesen, daß der Ihnen von Ihrem Anlageberater empfohlene Fonds bei regelmäßigen Sparraten im Endergebnis gar nicht gut aussieht. So fand beispielsweise die entsprechende BVI-Statistik Anfang 1994 in der Presse viel Beachtung. Sie enthielt die Resultate von Sparplänen zu 100 Mark monatlich über 10, 15 und 20 Jahre. Naturgemäß klafften die Ergebnisse der Aktienfonds besonders weit auseinander, darunter wiederum am meisten bei den internationalen. Aber gehen wir nicht bis zum Extrem und schauen wir uns nur die Leistung der Aktienfonds mit dem Anlageschwerpunkt Deutschland an: Sie reicht in der 20-Jahres-Periode von Ende 1973 bis Ende 1993 von enttäuschenden 57.744 Mark beim Ring-Aktienfonds der Deutsche-Bank-Tochter DWS bis 91.167 Mark beim pikanterweise ebenfalls von der DWS verwalteten Fonds Investa. Das heißt, wer Ende 1973 auf das richtige Pferd gesetzt hatte, konnte sich nach 20 Jahren für die Differenz von 33.423 Mark zusätzlich einen ordentlichen Zweitwagen oder eine Luxuskreuzfahrt leisten, ohne danach auch nur einen Pfennig weniger in der Tasche zu haben als ein Anleger, der die falsche Wahl getroffen hatte.

Hätte sich der Glückspilz mit der richtigen Wahl doch den Zweitwagen oder die Luxusreise gegönnt. Denn ein Jahr später sah die Investmentwelt ganz anders aus, weil das verteufelte Börsenjahr 1994 viel von den vorangegangenen Erfolgen wieder zunichte machte. Sehen wir uns deshalb die entsprechenden Sparplanergebnisse von Ende 1974 bis Ende 1994 an. Vorn rangiert der FT Frankfurt-Effekten-Fonds des Frankfurt-Trust der BHF-Bank mit respektablen 87.154 Mark. Erst danach kommt Investa mit nur noch 78.657 Mark. Das Schlußlicht bildet einmal mehr der Ring-Aktienfonds mit 52.396 Mark. Diese Zahlen belegen unter anderem auch noch, wie nahe Glück und Pech beieinander liegen, je nachdem, wann Sie mit einem Aktienfondssparplan beginnen und wieder aufhören.

Daß ein solcher Plan im Prinzip dennoch eine gute Sache im Vergleich zu den Alternativen im Fondsbereich ist, zeigen weitere Zahlen. So schlug der beste Rentenfonds mit dem Anlageschwerpunkt Deutschland, der Gerling Rendite Fonds von Gerling Investment, mit 52.853 Mark nur ganz knapp das Schlußlicht Ring-Aktienfonds. Bei den gemischten Fonds (Aktien und Renten) gelang dieses Kunststück allerdings gleich dem Duo HWG-Fonds der Investmentgesellschaft Universal mit respektablen 68.782 Mark und Plusfonds von Adig mit 64.545 Mark. Dagegen schaffte es keiner der offenen Immobilienfonds, an das Resultat des Ring-Aktienfonds heranzukommen. Die steuerliche Betrachtung ist überall bewußt ausgeklammert, weil sie bei den genannten Summen wegen der inzwischen hohen Freibeträge keine Rolle spielt.

Der Erwähnung bedürfen noch die international anlegenden Aktienfonds, weil die Bandbreite ihrer Ergebnisse besonders groß ist. Meisterlich in dieser Sparte präsentierte sich von Ende 1974 bis Ende 1994 einzig der Akkumula von DWS mit 85.031 Mark. Der FT Interspezial des Frankfurt-Trust ragte mit 73.040 Mark gerade noch aus dem Pulk der Verfolger heraus. Am anderen Ende der Skala sieht es besonders düster aus für den MK Investors Fonds der Investmentgesellschaft MK mit 33.679 Mark und für den Uniglobal von Union mit 33.345 Mark. Wenn Sie sich jetzt zu Recht fragen, wie es zu so riesigen Bandbreiten der Ergebnisse bei Fonds kommen kann, die vom Prinzip her eigentlich gleichauf liegen müßten, lautet die richtige Antwort im Hinblick auf die Schlußlichter: Mitschleppen schlechter Ergebnisse aus der Vergangenheit, unfähiges Management, Wirtschaften in die eigene Tasche, Konzeptlosigkeit und mangelndes eigenes Know-how oder falsche Partner im Ausland. Die schlimmsten Fehler der Vergangenheit dürften die Ausreißer nach unten mittlerweile zwar ausgebügelt haben; aber wer auf Nummer Sicher gehen will, sollte sich bei einem international anlegenden Aktienfonds (also dem Urtyp der Investmentidee) im Zweifel trotzdem sehr stark an den bisherigen Leistungen orientieren.

Das schon deshalb, weil die BVI-Analyse von Sparplänen der vergangenen zehn statt 20 Jahre, also von Ende 1984 bis Ende 1994, weder im oberen noch im unteren Feld zu nennenswerten Verschiebungen führt. Bei dieser Betrachtung entfällt ein Jahrzehnt, in dem die Investmentgesellschaften viel herumexperimentierten und überwiegend noch zu den verlängerten Armen der Banken gehörten. So rückt der Investa hinter den DIT-Fonds für Vermögensbildung aus dem Haus der Dresdner Bank lediglich an die zweite Stelle; dafür liegt der Ring-Aktienfonds jetzt im Mittelfeld. Bei den Aktienfonds mit internationalem Anlageschwerpunkt ändert sich an den beiden ersten und letzten Plätzen sogar fast nichts. Alle anderen Aussagen bis auf eine bleiben gültig. Diese eine betrifft offene Immobilienfonds, deren Sparpläne über zehn Jahre von den Ergebnissen her alle im oberen Drittel angesiedelt sind. Das liegt sehr stark an den bombigen Jahren 1992 und 1993, denen ein im Vergleich zu den anderen Fondsarten noch annehmbarer Jahrgang 1994 folgte. Die Erfolgssträhne offener Immobilienfonds wird sich allerdings bei den Anlageergebnissen von 1995 an nicht mehr fortsetzen.

Einen vergleichenden Überblick zu alldem vermittelt die nachfolgende Tabelle. Nun wird Ihr Anlageberater, der Ihnen heute für die nächsten 20 Jahre einen anderen Sparplan-Fonds als Investa, DIT-Fonds für Vermögensbildung, FT Frankfurt-Effekten-Fonds oder Akkumula empfiehlt, gleich eine ganze Reihe von Gründen nennen: Wechsel im Fondsmanagement, neue Anlagerichtlinien, veränderte Börsensituation, andere Kosten, Vergangenheit ist nicht Zukunft – um nur einige zu nennen. Und damit könnte er durchaus richtig liegen, denn niemand vermag in die Zukunft zu sehen. Es ist jedoch plausibel, daß ein in der Vergangenheit guter Fonds bei unveränderten Umfeldbedingungen künftig ebenfalls gut sein wird, solange sein Management in erster Linie den Anlegernutzen im Blick hat und über entsprechende Instrumente zur Erreichung seines Ziels verfügt.

Nicht minder plausibel erscheint darüber hinaus, daß auf 20 Jahre Sicht die Wachstumsraten und damit die Chancen auf überdurchschnittliche Gewinne in sogenannten Emerging Markets höher ausfallen werden als in den gesättigten Industriestaaten. Emerging Markets sind Länder bzw. Börsen, die sich in einem Stadium der wirtschaftlichen Entwicklung befinden, in dem Deutschland vor vielen Jahrzehnten war. Hier stehen Sie freilich wieder vor der Qual der Wahl, und zwar was die Auswahl der Länder und Re-

Wertentwicklung für Sparpläne in DM

Fonds	Investment-Gesellschaft
AKTIENFONDS ANLAGESCHWERPUNKT DEUTSCHLAND	
ADIFONDS	ADIG
ADIVERBA	ADIG
CONCENTRA	DIT
DekaFonds	DEKA
DIT-FONDS FÜR VERMÖGENSBILDUNG	DIT
FONDAK	ADIG
FT Frankfurt-Effekten-Fonds	FRANKFURT-TRUST
Investa	DWS
MK ALFAKAPITAL	MK
Ring-Aktienfonds DWS	DWS
THESAURUS	DIT
UniFonds	UNION
AKTIENFONDS MIT INTERNATIONALEM ANLAGESCHWERPUNKT	
Akkumula	DWS
DekaSpezial	DEKA
FONDIS	ADIG
FT International	FRANKFURT-TRUST
GERLING DYNAMIK FONDS	GERLING INVESTMENT
INTERGLOBAL	DIT
Intervest	DWS
ivera fonds	GERLING INVESTMENT
KAPITALFONDS SPEZIAL	GERLING INVESTMENT
MK INVESTORS Fonds	MK
UniGlobal	UNION
WEKANORD	NORDINVEST
AKTIENFONDS ANLAGESCHWERPUNKT EUROPA	
AriDeka	DEKA
INDUSTRIA	DIT
VERMÖGENS-AUFBAU-FONDS	DIT

Monatliche Einzahlung von 100,– DM

Entwicklung von Sparplänen in DM; Berechnungsbasis AP/AW

10 Jahre	15 Jahre	20 Jahre
31.12.84– 31.12.94	31.12.79– 31.12.94	31.12.74– 31.12.94
16.056	38.274	67.307
13.341	33.308	62.978
18.098	43.636	76.620
16.215	37.976	66.566
19.625	43.683	75.118
14.787	34.652	60.990
17.852	46.317	87.154
18.433	44.311	78.657
14.603	31.717	55.082
16.078	31.583	52.396
16.571	38.929	68.012
16.169	37.541	66.723
18.214	45.792	85.031
10.865	18.753	
13.451	32.913	61.382
17.592	40.872	73.040
16.364	36.851	64.609
13.416	27.015	49.327
15.708	33.869	62.255
15.953	34.463	58.991
16.883	37.328	65.483
11.696	21.610	33.679
11.794	20.097	33.345
12.818	24.476	38.578
14.236	30.233	51.871
15.438	34.993	59.886
13.590	27.608	44.255

Wertentwicklung für Sparpläne in DM

Fonds	Investment-Gesellschaft
AKTIENFONDS ANLAGESCHWERPUNKT AMERIKA	
FT Amerika Dynamik Fonds	FRANKFURT-TRUST
TRANSATLANTA	DIT
AKTIENFONDS ANLAGESCHWERPUNKT FERNOST	
DIT-PAZIFIKFONDS	DIT
FT Nippon Dynamik Fonds	FRANKFURT-TRUST
JAPAN-PAZIFIK-FONDS	NORDINVEST

gionen wie auch was die Entscheidung für die eine oder andere Investmentgesellschaft betrifft.

 WICHTIG

> Aus allem folgt, daß Sie mehrere Fonds kaufen sollten. Das gilt für Sparpläne wie auch für Einmalanlagen. Je länger ein Plan oder eine andere Anlage läuft, desto stärker wirken sich Qualitätsunterschiede aus. Und weil Sie die ja nicht schon heute für die Zeit nach zehn oder 20 Jahren voraussehen können, ist – neben der in diesem Kapitel beschriebenen Analyse der Vergangenheit – die Streuung Ihre einzige Chance, um vor Ausreißern nach unten verschont zu bleiben. Eröffnen Sie Ihre Sparpläne getrost bei verschiedenen Geldhäusern, Investmentgesellschaften (in- und ausländischen) und Vermögensverwaltern (vorausgesetzt, sie unterliegen einer Kontrolle). Sie können dann neben den Ergebnissen auch die Gebühren und den ganzen Service drumherum

Monatliche Einzahlung von 100,– DM

Entwicklung von Sparplänen in DM
Berechnungsbasis AP/AW

10 Jahre	15 Jahre	20 Jahre
31.12.84– 31.12.94	31.12.79– 31.12.94	31.12.74– 31.12.94
12.974 12.864	22.693 23.549	35.817 41.970
10.891 14.132 9.895	32.728 16.041	61.687

> vergleichen. Wenn Ihnen nach einigen Jahren der eine oder andere Anbieter nach diesen Kriterien nicht paßt, werfen Sie ihn aus dem Rennen und setzen Sie statt dessen entweder einen neuen oder den ein, mit dem Sie bis dahin die besten Erfahrungen gemacht haben. So verfahren schließlich auch die Superreichen mit ihren Anlageberatern und Vermögensverwaltern – sonst wären sie nämlich nicht so reich geworden.

Warum Sie langfristig mit einer Mischung aus guten Aktienfonds besser fahren als mit noch so guten Rentenfonds, leuchtet ein: Rentenfonds bestehen überwiegend aus Anleihen mit fester Verzinsung, also ohne Beteiligung an den Gewinnen von Unternehmen, Aktienfonds dagegen zielen genau auf diese Gewinne ab. Die relativ starken Kursschwankungen von Aktien werden durch die regelmäßige Anlage ausgeglichen, wobei Fondssparpläne die

Möglichkeit bieten, in Raten ab 100 Mark monatlich auch eine krumme Zahl von Fondsanteilen zu kaufen, für 100 Mark also beispielsweise 2,35 Anteile zu 42,50 Mark oder 4,28 Anteile zu 23,36 Mark.

> **WICHTIG**
>
> **Einen zusätzlichen Ausgleich und auch Nutzen bietet das sogenannte Cost Averaging: Sie kaufen regelmäßig nicht eine bestimmte Zahl von Anteilen zu einem variablen Betrag, sondern eine variable Zahl von Anteilen zu einem bestimmten Betrag. Das heißt, Sie erwerben viele Anteile bei niedrigen und wenige Anteile bei hohen Kursen. Der Cost-Average-Effekt besteht dann darin, daß Sie am Ende der Sparzeit etwas reicher sind, als wenn Sie immer nur dieselbe Zahl von Anteilen gekauft hätten. Dabei machen es Ihnen fast alle Investmentgesellschaften leicht, indem sie Fondsanteile auch hinter dem Komma verrechnen. So schöpfen Sie die Raten Ihres Sparplans immer voll aus.**

Sie können übrigens einen Fondssparplan samt Cost-Average-Effekt neben einer preiswerten Risikolebensversicherung laufen lassen. Eine solche formlose Kombination, zweckmäßigerweise bestehend aus einem in der Vergangenheit besonders guten Fonds und einer – nach Tests in gängigen Anlagezeitschriften führenden – Risikoversicherung, dürfte den meisten Kapitallebensversicherungen und Fondspolicen prinzipiell überlegen sein. Allerdings spielt die steuerliche Betrachtung beim Vergleich eine wichtige Rolle. Denn die aus einer Kapital- oder fondsgebundenen Lebensversicherung angesammelten Erträge sind nach zwölf Jahren steuerfrei, die Erträge aus einem Fondssparplan dagegen steuerpflichtig. Wenn Ihre Überlegungen so weit gediehen sind, sollten Sie den spitzen Bleistift zücken. Denn es gibt ja noch die Freibeträge auf Einkünfte aus Kapitalvermögen in Höhe von 6.100 Mark für Ledige und 12.200 Mark für Ehepaare. Das Schöne an diesen Freibeträgen ist, daß sie Jahr für Jahr neu gelten, das Häßliche, daß sie eines Tages aufgebraucht sind.

Greifen wir zur Konkretisierung auf das Beispiel aus einem früheren Kapitel zurück: Bei durchschnittlichen Dividendenerträgen von 4 Prozent können Sie sich als Verheirateter über 300.000 Mark Anlage in Aktienfonds leisten, ohne daß Ihnen das Finanzamt dafür auch nur einen einzigen Pfennig aus der Tasche zieht. Angenommen, Sie schießen monatlich die geradezu üppige Summe von 1.000 Mark in Ihren Fondssparplan ein, macht 12.000 Mark jährlich. Das heißt, Sie erreichen 300.000 Mark erst in 25 Jahren, einer durchaus repräsentativen Laufzeit auch für Kapitallebensversicherungen. Nur, wer spart schon 1.000 Mark monatlich zugunsten solcher Versicherungen, wer legt sie überhaupt jeden Monat auf die hohe Kante? Offenbar nicht die Masse des Volkes. Und dennoch, ausgerechnet die Masse schließt wie versessen Kapitallebensversicherungen ab und ist gerade dabei, mit sanftem Druck von Anlageberatern und Versicherungsvertretern Fondspolicen zu entdecken. Sobald die Anleger dann abgeschlossen und nicht rechtzeitig widerrufen haben, sitzen sie in der Falle. Denn anders als bei jederzeit kündbaren Fondssparverträgen binden sie sich mit Kapitallebensversicherungen und Fondspolicen für viele Jahre.

WICHTIG

Vorläufiges Fazit: Ob vor oder nach Steuern, ein gescheiter Aktienfondssparplan in Kombination mit einer preiswerten Risikoversicherung macht Sie bei vergleichbarer Absicherung Ihrer Familie im Zweifel reicher als irgendeine Alternative.

Wie konnte es in den vergangenen Jahrzehnten trotzdem zu dem gigantischen Aufschwung der Kapitallebensversicherung kommen? Darauf gibt es eine Fülle von Antworten, die in diesem Buch bisher schon zum Teil abgehandelt sind, etwa das Vertretervölkchen motivierende Provisionen oder die Steuerfreiheit der aufgelaufenen Erträge (die, wie unser Beispiel gerade gezeigt hat, nach Inkrafttreten der neuen Freibeträge Anfang 1993 witzlos geworden ist). Eine weitere Antwort findet sich in der Rentenlücke. Mit Sprüchen wie „Lebensversicherung ist eine wichtige Säule der Altersvorsorge" hat es die Branche geschafft, daß ihre Sparform in weiten Kreisen der Bevölkerung neben der gesetzlichen Rentenversicherung als entscheidende Absicherung für das Alter gilt.

Doch nachdem die neuen Freibeträge dem Investmentsparen schon Anfang 1993 einen Punktgewinn gegenüber der Kapitallebensversicherung gebracht hatten, markierte das Jahr 1994 die Wende. Und zwar nicht etwa, weil seit dem 1. Juli dieses Jahres für private Kunden „die neue Zeitrechnung" begann, wie uns der Gesamtverband der Versicherungswirtschaft wegen der Umsetzung von EG-Richtlinien in deutsches Recht weismachen wollte. Sondern weil Versicherer jetzt krampfhaft versuchen, ihre Eigenmittel zu Lasten der Kunden aus den Überschüssen aufzustocken. Und weil es seit Anfang 1994 die ersten ernst zu nehmenden Vergleiche der Kapitallebensversicherung mit Fondssparplänen gibt.

„Das Ergebnis ist für die Lebensversicherung wenig schmeichelhaft", resümierte der Branchendienst „map-report" Ende Februar 1994. Er hatte zu Vergleichszwecken den Prämienanteil für den Risikoschutz herausgerechnet. Die Hitliste las sich dann spannend von der ersten bis zur letzten Stelle. Denn sie war alles andere als eine einseitige Abrechnung mit den Versicherern, sondern enthielt auch für manchen Fondsmanager wenig schmeichelhafte Zahlen. So tauchte bei der Ablaufleistung nach 20 Jahren sage und schreibe erst an 33. Stelle die beste Versicherung (Öffentliche Braunschweig) mit 7,68 Prozent Jahresrendite auf. Davor waren überwiegend Aktienfonds plaziert, angeführt von dem Trio Akkumula (Aktien international) mit 11,74 Prozent Rendite, Investa (Aktien Deutschland) mit 11,57 Prozent und Concentra (Aktien Deutschland) mit 11,55 Prozent Rendite. Enttäuschend neben einigen Aktienfonds-Ausreißern nach unten (MK Investors, Hansasecur und FT Amerika Dynamik mit Renditen zwischen 5 und 5,23 Prozent) waren vor allem die offenen Immobilienfonds.

Damit bleibt dem vorläufigen Fazit (Aktienfondssparplan plus Risikoversicherung ist am besten) nur noch hinzuzufügen, daß Ergebnisse der Vergangenheit nicht blindlings in die Zukunft projiziert werden dürfen. Die Konsequenz aus dieser Erkenntnis ist Ihnen ja schon bekannt: Machen Sie es wie die Superreichen.

Auf dem Weg zum Reichtum dürfte Ihnen allerdings immer wieder ein Problem begegnen: die Begriffsverwirrung. Ausgangspunkt ist die Rentenlüge („Die Renten sind sicher"). Versicherungen, Investmentgesellschaften und Anbieter von Immobilien verstehen es nun glänzend, die Rentenlüge zur Rentenlücke umzufunktionieren und so für ihr Geschäft nutzbar zu machen – ein milliardenschweres Geschäft. Rentenlücke soll heißen: Unterversorgung im Alter. Da dieses Problem immer mehr Leuten bewußt wird, sind sie bereit, für das Ziel der Lückenschließung zu sparen.

Dazu werben die Versicherungen mit einer stabilen Nettoverzinsung und kalkulierbaren Ablaufleistungen. Die Investmentgesellschaften betonen bei ihrem Werbefeldzug für Pensionssondervermögen (Fonds, die auf Sparplänen aufbauen) die Substanz von Aktien und Immobilien. Dem setzt die Assekuranz wiederum ihre Beteiligungspolice entgegen, ein Mittelding zwischen Kapitallebensversicherung und Aktienfondssparplan. Die Immobilienanbieter schließlich bauen auf die Schlagworte Geldentwertung und mietfreies Wohnen im Alter. Lassen Sie sich durch den Begriffswirrwarr nicht verrückt machen. Er soll Sie – wie im Fall anderer komplexer Finanzprodukte auch – unter anderem dazu bringen, die Beratung (sprich: den Vertrieb) in Anspruch zu nehmen und so die Provisionskassen der Anbieter zu füllen.

Deshalb ist es nur konsequent, wenn die Direkt Anlage Bank als erste seit Frühjahr 1996 zum Discountpreis reine Aktiensparpläne offeriert. Statt beispielsweise zum Mindestfestpreis von 250 Mark monatlich eine jeweils variierende Zahl von Adifonds- oder Unifonds-Anteilen zu kaufen, erwerben Sie Veba-, Siemens- oder Deutsche-Bank-Aktien. Da es sich hier um Papiere von Konzernen handelt, die man durchaus als Vermögensverwalter bezeichnen kann, ist das Risiko ähnlich gestreut wie bei einem international anlegenden Fonds.

Hechte im Karpfenteich der Banken

Die Sprachforscher werden noch einmal schwer ins Grübeln geraten. Da erklärten sie, streng wissenschaftlich-demoskopisch untermauert, den Plural des englischen Begriffs peanut, also peanuts (Erdnüsse, aber auch Kleinkram), für das Unwort des Jahres 1994. Und ausgerechnet zur selben Zeit hatte der Urheber des Unworts und Vorstandssprecher der Deutschen Bank, Hilmar Kopper, nichts Besseres zu tun, als die Ausschüttung der Rekorddividende von 925 Millionen Mark an seine Aktionäre anzukündigen. So geschehen im Februar 1995 aus Anlaß des 125jährigen Jubiläums der größten Bank der Republik. Die Peanuts waren dem oft recht lässig wirkenden Kopper knapp zehn Monate vorher im Zusammenhang mit etwa 50 Millionen Mark an unbezahlten Handwerkerrechnungen aus Anlaß der Pleite des Baulöwen Jürgen Schneider medienwirksam herausgerutscht. Im Vergleich zur Dividendensumme, der höchsten in der Geschichte der deutschen Aktiengesellschaften, hatte es sich wirklich um Kleinkram gehandelt.

1994/95 sorgte die Deutsche Bank im Monatsrhythmus für Schlagzeilen. Hier einige Kostproben: Kauf des Londoner und New Yorker Metallhändlers Sharps Pixley, Straffung der Beteiligungsverhältnisse bei der Versicherungstochter Deutscher Herold und deren Vertriebsarm Bonnfinanz, Bekanntgabe eines fünfprozentigen Anteils des führenden europäischen Versicherungskonzerns Allianz Holding an der Deutschen Bank, neue Organisation mit dem „Projekt Kundennähe" als Herzstück, Konzentration des Investment Banking bei der Tochter Morgan Grenfell in London, Kauf der Finanzsparte des US-Mischkonzerns ITT, Rettung des Kölner Maschinen- und Anlagenbauers KHD durch eine Kapitalspritze, Wende im Fall Metallgesellschaft zugunsten von Deutsche-Bank-Vorstand Ronaldo Schmitz, Berufung von Brigitte Seebacher-Brandt als Edelkommunikatorin, Gründung der Bank 24.

Jedesmal ging es um mehr als nur um „peanuts" von 50 Millionen Mark. Der Gigant produzierte Schlagzeilen, weil er international nach vorn kommen wollte, weil er seine Organisation wieder einmal vom Kopf auf die Füße stellen mußte und weil neben der

Schneider-Affäre noch weitere Hypotheken der Vergangenheit auf ihm lasteten.

Vor allem Koppers Grüße aus dem publizistischen Sommerloch des Jahres 1994, Stichwort Kundennähe, ließen aufhorchen: „Wir können unsere Vertriebsleistung im Inland um 25 Prozent steigern, wenn sich alle Beschäftigten angewöhnen könnten, jeden Kunden, den sie sehen, freundlich zu grüßen." Dafür müßten sie den Kunden jedoch kennen, woran es mittlerweile immer mehr hapert, und zwar bei allen großen Geldhäusern, nicht nur bei der Deutschen Bank. Allein schon die ständige Reorganisation nach dem Motto „Lean Banking" – frei übersetzt: schlankes Bankgeschäft – ließ so viele gutwillige Anlageberater aus dem Dunstkreis ihrer Kunden verschwinden, daß diese nach Abhilfe suchten – sie aber nicht fanden, weil ihnen dasselbe Desaster auch in anderen Geldhäusern passierte. Immer mehr Kunden ziehen es deshalb heute vor, das eine Institut gegen das andere auszuspielen oder gleich zu einer mit moderner Elektronik ausgestatteten Bank abzuwandern, die zwar noch mehr kalte Anonymität ausstrahlt, dafür aber besonders schnell ist und obendrein auch noch höhere Habenzinsen zahlt. Vermutlich wird der Wanderzirkus noch eine Weile anhalten. Machen Sie ihn in einem Ihnen angemessen erscheinenden Umfang mit, sonst bekommen Sie vor Ärger graue Haare. Und weil die Dienstleistung der meisten Institute heutzutage immer noch weder Dienst noch Leistung bedeutet, basteln Sie Ihre eigene Finanzstrategie am besten selbst zusammen.

Wenn Sie wissen wollen, warum viele Geldhäuser sogar mit betuchten Kunden so umspringen, daß diese das Weite suchen, müssen wir uns kurz mit dem schlanken Bankgeschäft auseinandersetzen. „Lean heißt leistungsfähig im Markt, gepaart mit strategischer Kostenführerschaft, oder organisatorisch ausgedrückt: breit nach außen, schlank nach innen." Diese Aussage stammt vom Düsseldorfer Unternehmensberater Heinz Benölken, der sich auf Banken und Versicherungen spezialisiert hat. Er legt den Finger in die Wunde, denn die meisten Banken orientieren sich derzeit erst in ihren Wunschvorstellungen am Markt, sind immer noch viel zu breit nach innen und zu schlank nach außen statt umgekehrt. Breit nach innen, das heißt: zu viele Angestellte vom Typ „Hilfe, Kunde droht mit Auftrag" (oder Bankbeamte, wie man früher zu sagen pflegte), mangelnde Motivation, organisatorisches Chaos (laut Benölken „Hierarchie-Tannenbäume"), einsame Entscheidungen und schlampige Kontrolle. Eine der Folgen: Zweigstellen verkümmern so lange zu Außenposten für die Abwicklung, bis auch der dümmste Kostenrechner in der Zentrale merkt, daß sie geschlossen werden müssen. Für strategische Überlegungen bleibt da meistens nicht viel Platz.

Oder doch? Die Antwort auf diese Frage hängt vor allem von der finanziellen Potenz eines Geldhauses und von der in ihm schlummernden Kreativität ab. Beispiel Deutsche Bank: Sie verkündete im Herbst 1994, sie wolle die Investment-Banking-Aktivitäten (im wesentlichen Geschäfte mit Aktien, Anleihen, Derivaten, Devisen, Finanzierungen, Firmenübernahmen und Fusionen) auf ihre Tochter Morgan Grenfell (später Deutsche Morgan Grenfell) in London konzentrieren. Wie aufwendig dieser strategische Schritt in den nächsten Jahren sein wird, ergibt sich aus der Kurzanalyse schon eines einzigen Segments des Investment Banking, dem Aktienhandel, bis zum Zeitpunkt der Verkündung: Verkauf europäischer Aktien über Frankfurt und London, Verkauf deutscher Aktien über London und New York, Handel mit asiatischen Aktien bei Morgan Grenfell in London, mit deutschen Aktien bei der Deutschen Bank in Frankfurt und so weiter.

Die Großbank kann die Strukturveränderung zwar nicht gerade aus der Portokasse bestreiten, aber dank ihrer finanziellen Potenz letzten Endes doch bewältigen. Das wird auch den Anlegern zugute kommen müssen, die ihr Geld in einem Fonds der Deutsche-Bank-Töchter DWS, DBIM, DVG, Deutsche Grundbesitz Investmentgesellschaft oder deren Schwesterfirmen investiert haben. Denn die Konkurrenz schläft nicht, im Gegenteil, sie geht aus dem In- und Ausland zum Angriff über: Die Dresdner Bank, wie die Hypo-Bank zu einem nicht unwesentlichen Teil (etwas weniger als 25 Prozent) unter den Fittichen des Versicherungsriesen Allianz, antwortet auf den im Frühjahr 1994 gestarteten Hypo-Billigbroker Direkt Anlage Bank seit April 1995 mit einem Billigangebot aus dem eigenen Haus unter dem Dresdner-Namen. Auch die Commerzbank hat das Billigsegment entdeckt und zieht über die mit ihr liierte DBV-Versicherungsgruppe neues Geschäft an Land. Darüber hinaus reaktiviert sie zusammen mit der Bayerischen Vereinsbank seit 1991 die älteste deutsche Investmentgesellschaft Adig, die zwischendurch eingeschlafen zu sein schien, sich aber jetzt unter der Führung von Hendrick Bölter, Klaus K. Esswein, Christian Humbert und Friedrich Pfeffer um so aggressiver gebärdet. Sogar der freie Vertrieb, in den sechziger Jahren einmal eine Adig-Spezialität, kommt zu neuer Geltung. Am quirligsten im Fondssektor ist die zur Sparkassen-Organisation gehörende Konkurrentin Deka, die es schon unter ihrem bis Mitte 1994 amtierenden Chef Manfred Müller und später unter dessen Nachfolger Friedhelm Schaperjahn schaffte, sich im Neugeschäft vor die jahrelang führende DWS-Gruppe der Deutschen Bank zu setzen. Einen Sprung nach vorn machte auch die überwiegend an die genossenschaftliche Bankengruppe angelehnte Union-Investment-Gesellschaft, die im Neugeschäft Platz drei erklomm.

Ein Lehrstück in puncto Kreativität – bei reichlich vorhandener finanzieller Potenz – lieferte während der vergangenen Jahre die Citibank ab. Beim sogenannten Privatkundengeschäft, hervorgegangen aus dem Teilzahlungsinstitut KKB, geriet sie erst unter maßgebenden Einfluß und schließlich unter die totale Kontrolle der amerikanischen Holding Citicorp. Ende der achtziger und zu Beginn der neunziger Jahre ging sie ihren eigenen Weg im Kreditkartengeschäft, in dem die ganze Citibank-Organisation weltweit die Nummer eins ist. Dann landete sie mit dem Telefon Banking, das sie frech Citiphone Banking nannte, einen Coup, als mancher Provinzfürst in der deutschen Bankenlandschaft noch eigenhändig Buchstabe für Buchstabe in die mechanische Schreibmaschine hämmerte. Den vorläufigen Gipfel der Deutschland-Strategie des US-Finanzriesen bildete schließlich ein Kooperationsabkommen, nach dem sich deutsche Topbanker monatelang die Finger geleckt hatten und dessen Inhalt sich aus einer Citibank-Meldung vom 9. November 1994 wie folgt ergab:

„Der Vorstand der Deutsche Bahn AG hat am 8. November 1994 beschlossen, bei der Umwandlung der Bahncard in eine Bahncard mit universaler Zahlungsfunktion (Kreditkarte) mit der Citibank-Gruppe in Deutschland zusammenzuarbeiten. Eine Bahn-Sprecherin erklärte, die Einführung der DB Citibank Visa Bahncard sei spätestens Mitte 1995 vorgesehen." Der Text gipfelt (mit der Überschrift „Anmerkungen – bitte ohne Bezug auf Citibank") in einer

Breitseite gegen die Konkurrenz: „Nach monatelangen Verhandlungen mit mehreren Interessenten hatten sich Vorstand und Aufsichtsrat der Bahn im September zunächst für eine Zusammenarbeit mit der GZS (Gesellschaft für Zahlungssysteme) und den hinter ihr stehenden deutschen Banken mit der Eurocard entschieden. Doch das Bundeskartellamt erhob schwerwiegende kartellrechtliche Bedenken gegen diese Zusammenarbeit, die als Abwehr-Kartell gegen das Citibank-Angebot angesehen wurde, so daß die GZS ihr Angebot an die Bahn am 2. November 1994 zurückzog."

Auch diesen „Anmerkungen" ist die Hast anzumerken, in der sie entstanden sind. Doch was soll's, entscheidend bleibt das Ergebnis, zumal es unter geradezu abenteuerlichen Voraussetzungen zustande kam: Zunächst schien die Citibank das Rennen gewonnen zu haben. Dann gab es über die GZS, die zur Visa-Organisation im Wettbewerb stehende Servicegesellschaft, ein in aller Eile angefertigtes Gegenangebot, das offenbar mit einem entscheidenden Makel behaftet war: Als Träger fungierten unter anderem die kreditwirtschaftlichen Verbände. Aus einem süffisanten Kommentar der dem deutschen Bankestablishment nicht gerade abgeneigten „Börsen-Zeitung" ergaben sich weitere Einzelheiten:

„Daß es zu diesem Angebot überhaupt kam, dürfte nach Expertenansicht nicht zuletzt in Verbindung mit zwei mächtigen Aufsichtsratspositionen bei der Bahn AG gesehen werden, die vom Präsidenten des Sparkassenverbandes, Horst Köhler, und dem Vorstandsvorsitzenden der WestLB, Friedel Neuber, ausgefüllt werden. Hinter den Kulissen sollen die Querelen so nervig gewesen sein, daß Bahn-Cheflenker Heinz Dürr in der Schlußphase noch mit dem Gedanken spielte, die ganze Angelegenheit wieder platzen zu lassen."

Sie werden sich schon längst gefragt haben, was das alles mit dem Thema Fonds zu tun hat. Nun, abgesehen davon, daß die Citibank ein florierendes Fondsgeschäft aus dem Nichts aufgebaut hat, konnte sie auch darüber hinaus noch eine ganze Menge bewegen. Denn universell verwendbare Kreditkarten, in Deutschland weniger für Kredite als für das Bezahlen von Rechnungen genutzt, ersetzen in zunehmendem Maß andere Träger des Zahlungsverkehrs, etwa Scheck oder Überweisung. Dafür ist ein laufendes Konto, auch Girokonto genannt, unabdingbar. Hier gibt es gewöhnlich Hungerzinsen von einem halben Prozent. Doch damit wollen sich immer weniger aufgeklärte Kunden abspeisen lassen. Andererseits erscheint ihnen der Umgang mit höher verzinslichem Festgeld entweder zu umständlich, oder sie sind noch nicht in Größenordnungen hineingewachsen, die Festgeldanlagen ermöglichen. Außerdem haben sie weder Zeit noch Lust, wegen läppischer Zahlungsvorgänge bei ihrer Bank- oder Sparkassenzweigstelle aufzutauchen und sich dafür von dem in Privatgespräche vertieften Personal schief angucken zu lassen. Statt dessen greifen sie lieber zum Telefon, zum Btx-System und neuerdings auch zum Computer. Folglich akzeptieren sie dankbar solche Angebote, die wichtige Elemente in diesem Geschäft kombinieren: Kreditkarte, Konto mit höherer Verzinsung und ohne Einschaltung von Bankpersonal funktionierender automatischer Zahlungsverkehr.

Die höheren Zinsen stammen immer häufiger aus Geldmarktfonds, die anstelle von Festgeldkonten treten. Der entscheidende Unterschied: Das in sie investierte Geld ist täglich verfügbar; sie eignen sich also gut für die Kombination mit Kreditkarten. Citibank und Konkurrent Merrill Lynch hatten durch diese Kombination in den USA schon zu Beginn der achtziger Jahre die ersten großen Erfolge. Jetzt beginnt sie sich in Deutschland durchzusetzen. Wer über einen Geldmarktfonds verfügt, hat bald auch andere Fonds. Damit ist die Frage, was das moderne Bankgeschäft mit Fonds zu tun hat, abschließend beantwortet.

Die Geldinstitute sind gezwungen, sich dem verschärften Tempo der Hechte in ihrem Karpfenteich anzupassen, falls sie nicht aufgeben oder von noch größeren Fischen geschluckt werden wollen. Aufs Tempo drücken können sie mit kreativen Ideen, mit hohen Investitionen in Personal und Technik, mit strategischen Allianzen oder mit einer Kombination aus solchen Maßnahmen. Nur vor diesem Hintergrund ist der folgende freche Anzeigentext mit riesig gestalteten Lettern in der „FAZ" vom 1. Dezember 1994 auf Seite 19 zu verstehen: „Schwarzer Freitag für viele Banken." Und auf Seite 21: „Santander Direkt Bank ist da!" Die Anzeige stammt unzweifelhaft von einem Hecht, und was für einem: Nach der Fusion mit dem angeschlagenen Konkurrenten Banesto im Frühjahr 1994 stieg die Obergesellschaft Banco de Santander zur größten

Bank Spaniens auf. Sie ist mit der Royal Bank of Scotland überkreuz verflochten, fungiert als führender Emittent von Visa-Kreditkarten in Deutschland, ist maßgeblich an der CC-Bank in Mönchengladbach beteiligt und betreibt zusammen mit JP Morgan Investment ein gebührenfreundliches und deshalb florierendes Fondsgeschäft. Ihre Direktbank – direkt heißt: ohne Umwege über Zweigstellen oder andere Hindernisse – bietet auch den Kunden hohe Zinsen, die ihr Geld nicht in einem Fonds der deutschen Beteiligungsgesellschaft von Amerikas traditioneller Großbank JP Morgan anlegen wollen.

Neuartige Vertriebswege wie im Fall Citibank und Allianzen vom Typ Santander/JP Morgan in Verbindung mit innovativen Finanzprodukten sind die beste Möglichkeit, die Festung Deutschland anzugreifen. Denn sie bauen zu Recht darauf, daß die deutschen Kunden mit dem Service ihrer angestammten Institute zunehmend unzufrieden sind und fremdgehen. In diesem Zusammenhang nennt der Marburger Professor Erich Priewasser die folgenden Einflußfaktoren:

- steigendes wirtschaftliches Bildungsniveau der Privatkunden,
- abnehmende Bankloyalität,
- Trend zu Mehrfachbankverbindungen,
- Tendenz zum Herauspicken des jeweils günstigsten Angebots,
- verbesserte Informationsbasis durch verstärkte Aktivitäten von Verbraucherverbänden,
- leichtere Möglichkeiten der Markterkundung durch moderne Kommunikation und
- zunehmender Anteil der durch Vermittler zustande kommenden Bankgeschäfte.

Diese Erkenntnisse machen sich immer mehr Institute zu eigen. Dabei mutieren einige von ihnen allmählich vom Karpfen zum Hecht. Ein besonders auffallendes Exemplar dieser Gattung ist die Postbank. Geleitet vom ehemaligen Chef der Citibank-Vorgängerin KKB, Günter Schneider, verbündete sie sich 1994 mit der Schweizerischen Bankgesellschaft (SBG). Ziel: ein gemeinsames Fondsgeschäft über Luxemburg aufzuziehen. Welche Seite von der Liaison mehr profitiert, läßt sich bis heute noch nicht sagen. Jedenfalls brachte die Postbank ihr schon damals florierendes Luxemburg-Geschäft in die ungewöhnliche Verbindung ein. Und zum regelrechten Knaller wurde die Postbank im Oktober 1995, nachdem die Deutsche Bank Interesse an ihr bekundet hatte.

Abgesehen davon, daß die Verbindung zur SBG wegen des Postbank-Eigentümers, der Bundesrepublik Deutschland, im Hinblick auf die Geldfluchtburg Luxemburg ohnehin schon ihre eigene Note hatte, sorgte der Schweizer Partner von Ende 1994 an zusätzlich für Aufregung. Damals hieß es, neben dem früheren Massa-Großaktionär Karlheinz Kipp hätte August von Finck der SBG bei der Abschaffung ihrer Namensaktien geholfen. Das war wohl schon allein deshalb nicht aus der Luft gegriffen, weil sich SBG-Präsident Nikolaus Senn in der Hauptversammlung seiner Bank am 22. November 1994 auf heikle Fragen hinter dem Schweizer Bankgeheimnis verschanzt hatte. Die allerheikelste Frage war auf die damalige, zwischenzeitlich bei der Bayerischen Landesbank gehandelte SBG-Beteiligung an den Isarwerken abgezielt, von denen sich die Familie von Finck getrennt hatte. Die Isarwerke beherrschen die Isar-Amperwerke, die mit dem Münchner Mischkonzern Viag verbandelt sind. Der wiederum ist ein wichtiger Bestandteil der bayerischen Industriepolitik unter Ministerpräsident Edmund Stoiber. Als weitere wichtige Mitspieler unter den Viag-Eigentümern lassen grüßen: Bayerische Vereinsbank, Hypo-Bank und die bereits erwähnte Bayerische Landesbank. In diesem Trio nimmt wiederum die Vereinsbank eine besondere Rolle ein, seit Viag über die Tochtergesellschaft Bayernwerk zu 7,2 Prozent an ihr beteiligt ist.

Nicht minder interessant war der Kreis der an den Isarwerken Beteiligten. Hier ragten neben der Bayerischen Landesbank und dem mit der Viag rivalisierenden Stromkonzern RWE vor allem zwei Finanzadressen heraus: der Versicherungskonzern Allianz und die Bankgesellschaft Berlin. Letztere gehört wiederum zu den Hechten im Karpfenteich. Ihr quirliger Vordenker Wolfgang Steinriede, zusammen mit Hubertus Moser Vorstandssprecher der Holding von Berliner Bank, Landesbank Berlin (gleichzeitig Mammutsparkasse der deutschen Hauptstadt), zwei Hypothekenbanken, BB-Invest und anderen Beteiligungen, bekam von den Rechnungsprüfern Schelte. Ein „mindestens zweistelliger Millionenbetrag" soll demnach dem Land Berlin beim Zustandekommen der Holding verlorengegangen sein. Der sympathisch-sture Westfale hatte es offenbar darauf angelegt, sich an einem Sakrileg der Sparkassen-Organisation zu vergehen, ihren öffentlich-rechtlichen Eigentumsverhältnissen. Jedenfalls könnte die Landesbank Berlin, ginge es nach Steinriede, eines Tages ganz – und nicht, wie derzeit, nur zum Teil – privaten Eigentümern gehören. Mit diesem Problem wird sich in Zukunft Wolfgang Rupf auseinandersetzen müssen. Er wird Nachfolger von Moser und Steinriede. Ihn erwartet eine schwere Aufgabe auch deshalb, weil die Ertragsentwicklung zu wünschen übrig läßt.

Andererseits ist die unter dem Sparkassen-Dach agierende Norddeutsche Landesbank schon an der Bankgesellschaft Berlin beteiligt. Diese Verbindung, im Herbst 1994 abgesegnet und als Gegenpol zur Westdeutschen Landesbank gedacht, gehört ebenso zu Steinriedes strategischen Bausteinen wie die langjährige Verflechtung seiner Bankgesellschaft mit der Gothaer Versicherungsgruppe und die Beteiligung an der Allbank, die wiederum seit 1995 mit der DSK-Bank zusammengeht. Kenner wissen schon, aus welchem Besitz die DSK-Bank stammt: aus dem der Familie von Finck, genauer, August von Finck. Bei der Übernahme der DSK-Bank spielte Steinriede seine guten persönlichen Beziehungen zu dem adligen Clan aus, zu dem auch Wilhelm Winterstein gehört, der früher zusammen mit seinen Vettern August von Finck und Wilhelm von Finck die Isarwerke beherrschte. Winterstein war bis August 1995 Chef der Münchner Bank Merck, Finck & Co., deren Muttergesellschaft, die britische Barclays Bank, ihrer Tochter eine Finanzspritze von fast 139 Millionen Mark verpassen mußte und ebenfalls als einer der Hechte im deutschen Karpfenteich aktiv ist. Er und sein Partner Ronald Gould vom Barclays-Ableger BZW Investment Management verblüfften die Öffentlichkeit Ende November 1994 mit einem Joint-Venture zur Vermögensverwaltung.

Die Angriffe der – zumindest aus deutscher Sicht betrachtet – Außenseiter kommen manchmal aus einer Ecke, die dem hiesigen Bankgewerbe weniger bekannt ist. So zogen US-Firmen wie Merrill Lynch oder Prudential Bache ihre Deutschland-Aktivitäten schon vor Jahrzehnten zunächst vom Brokergeschäft her auf: mit amerikanischen Aktien und Anleihen, Sojabohnen und Schweinebäuchen. Einen wiederum anderen Versuch startet jetzt die in den Vereinigten Staaten bedeutende, hierzulande aber noch am Anfang stehende State Street Bank: Sie will erst einmal Spezialfonds anbieten; das sind dem allgemeinen Publikum nicht zugängliche Sondervermögen. Doch vor allem das, was sie darüber hinaus anpeilt, könnte die deutsche Bankenlandschaft verändern: Abwicklung, Aufbewahrung und Verwaltung von Wertpapieren und als Sahnehäubchen obendrauf das Informationsmanagement.

Die State Street Bank hat in der Informationstechnologie einen gewissen Vorsprung. Den können andere Institute nur durch hohe Investitionen wettmachen – es sei denn, sie arbeiten mit dem US-Giganten zusammen. Das heißt, über kurz oder lang werden mittlere und kleine deutsche Banken zwangsläufig bei den Amerikanern anklopfen. Eine, deren Manager die Zeichen der Zeit schon erkannt haben, ist die BHF-Bank aus Frankfurt. Sie ist neben Keppler Asset Management aus New York, einer Gründung des früheren Commerzbankers Michael Keppler, schon mit dem Luxemburg-Ableger der State Street Bank in einem Boot.

In einer Hitliste der größten US-Vermögensverwalter, aufgestellt von der britischen Zeitung „International Money Management", tauchte die State Street Bank zuletzt bei einem verwalteten Volumen von knapp 138 Milliarden Dollar erst an zehnter Stelle auf. Mit 1,50 Mark je Dollar gerechnet, ergibt das die hübsche Summe von 207 Milliarden Mark. Die Bedeutung dieser Zahl erschließt sich erst durch einen Vergleich: Zum Jahresende 1994 verwalteten alle deutschen Publikumsfonds, Spezialfonds und Luxemburger Fonds deutscher Provenienz zusammen gerade mal knapp die dreifache Summe, 600 Milliarden Mark.

Daran läßt sich ermessen, was auf Deutschland zukommt, wenn erst alle amerikanischen Top-Ten-Adressen zum Angriff auf die hiesige Bastion der Universalbanken übergehen, darunter auch der schon erwähnte Gigant Prudential, mit einem verwalteten Vermögen von 373 Milliarden Dollar (knapp 560 Milliarden Mark, also gefährlich nahe an den 600 Milliarden Mark aller deutschen Fonds) die Nummer eins der Hitliste. Oder die im Deutschland-Geschäft mit Optionsscheinen schon kräftig mitmischende Nummer drei, Bankers Trust (182 Milliarden Dollar Volumen), die auch andere interessante Querverbindungen aufweist: Für Bankers Trust – ebenso wie etwa für JP Morgan oder die Investmentbank Goldman Sachs, die das deutsche Bankgeschäft mehrfach aufmischt – hat das US-Beratungsunternehmen AMS American Management Systems einen Teil der Software erstellt. Für deutsche Leser nicht minder interessant dürfte sein, daß AMS darüber hinaus mittlere und große deutsche Banken berät und erheblich dazu beigetragen hat, daß der Düsseldorfer Mischkonzern Mannesmann so schnell mit seinem erfolgreichen Telefonnetz D2 auf den Markt kommen konnte.

Fehlt noch US-Vermögensverwalter Nummer zwei. Eingeweihte haben längst erkannt, daß es sich dabei nur um Fidelity handeln kann (nach der besagten Hitliste gut 258 Milliarden Dollar verwaltetes Vermögen, zur Jahresmitte 1995 aber schon 340 Milliarden). Die nach enger Definition größte Investmentgesellschaft der Welt gibt es erst seit dem Nachkriegsjahr 1946. Jahrzehntelang von der Familie Johnson über die Muttergesellschaft FMR beherrscht, gehört sie jetzt mehrheitlich 50 altgedienten Mitarbeitern. Der raketenartige Aufstieg der Privatfirma wird dokumentiert in den Top Ten der amerikanischen Aktienfonds, wo sie wegen ihrer vielen Fonds fast immer auftaucht, unter anderem mit dem legendären Fidelity Magellan Fund. Der verwaltete zum genannten Stichtag über 36 Milliarden Dollar und schon Anfang Juni 1996, als der umstrittene Manager Jeff Vinik den Mammutfonds an Bob Stansky übergab, 55 Milliarden Dollar. Und weil das Top-Ten-Syndrom nun schon einmal umgeht, hier gleich noch ein mutiger Ausspruch des Europa-Chefs von Fidelity, Barry Bateman, vom Herbst 1993: „Spätestens in zehn Jahren gehören wir auch in Deutschland zu den Top Ten." Da wird er sich allerdings noch viel einfallen lassen müssen. Denn als die europäische Fidelity-Tochter in Luxemburg Anfang 1996 bekanntgab, daß sie erst vier Milliarden Dollar verwaltete, rechneten ihr Branchenkenner vor, daß sie sogar mit ihrem Kontinentaleuropa-Volumen abgeschlagen auf dem 14. Deutschland-Platz gelandet wäre. Abwegig ist Batemans Spekulation dennoch nicht, denn in Großbritannien schaffte die Bostoner Privatfirma, natürlich begünstigt durch dieselbe Sprache, den Sprung in noch kürzerer Zeit. Witzigerweise nimmt der ehemalige Chef ihrer Großbritannien-Niederlassung, Richard Timberlake, heute auf selbständiger Basis von London aus Fondsbewertungen vor und findet hin und wieder Gefallen an dem Gedanken, die Festung Deutschland zu erobern. Die Voraussetzungen für die Fidelity-Organisation sind da allerdings ungleich besser, wie die Entwicklung im September 1995 zeigte: Da warb sie kurzerhand Gerhard Huber, den damaligen Chef der Direkt Anlage Bank, für den Aufbau eines europaweiten Discount Brokers Marke Fidelity ab.

So brüstet sich der Riese aus Boston mit nicht weniger als 26.000 Unternehmensbesuchen pro Jahr allein in den USA und mit immerhin 1.550 in Europa. Deutschland hat er mit seinen rund drei Dutzend Fonds allerdings noch nicht im Griff. Nach einer Veröffentlichung in der US-Finanzzeitung „Barron's" vom 25. Juli 1994 kontrollierte er seinerzeit nicht nur über ein Zehntel vom Aktienkapital des Elektronikkonzerns Texas Instruments und des PC-Herstellers Compaq, sondern griff auch aktiv in Auseinandersetzungen und Fusionen anderer US-Konzerne ein. Es ist nur eine Frage der Zeit, bis seine Matadoren deutsche Hauptversammlungen durcheinanderwirbeln werden. Eines ist sicher: Sie werden dann auf Christian Strenger treffen, den Chef der Deutsche-Bank-Tochter DWS, der größten Investmentgesellschaft der Republik. Er kennt die amerikanische Mentalität bestens aus seiner Zeit als Statthalter der Großbank in New York, propagiert schon seit langem den Auftritt deutscher Fondsmanager bei solchen Aktionärstreffen und handelt auch selbst danach. Die deutsche Investmentszene dürfte im Zweifel also noch viel lebendiger werden.

Allfinanz: Männer, Macht, Moneten

Lukas Mühlemann war gerade vier Wochen Vorsitzender der Konzernleitung der Schweizer Rück in Zürich, da sorgte er schon für dicke Schlagzeilen: Ende September 1994 einigte er sich mit Henning Schulte-Noelle, dem Chef der Allianz Holding aus München, über den Verkauf der drei Erstversicherer Elvia (Schweiz), Lloyd Adriatico (Italien) und Vereinte (Deutschland) an Europas führenden Versicherungskonzern per Ende 1994. Die Allianz war bereit, die drei Gesellschaften mit einem jährlichen Prämienvolumen von insgesamt rund 12 Milliarden Mark als Paket zu kaufen. Auch wenn sie dafür nicht den nach einer alten Faustregel üblichen Betrag in derselben Höhe bezahlt haben sollte, war es doch der mit Abstand größte Deal in der Geschichte der internationalen Assekuranz. Den vorangegangenen Rekord, gerade gut vier Jahre alt, hatte Schulte-Noelle-Vorgänger Wolfgang Schieren aufgestellt, als er der Allianz für etwa 5,5 Milliarden Mark den US-Sachversicherer Fireman's Fund einverleibte.

Mit dem 1994er Herbstmanöver schob sich die Allianz im internationalen Versicherungsgeschäft an zwei japanischen Rivalen, Dai-Ichi Mutual Life und Sumitomo Life, vorbei auf den zweiten Platz und kam dem weltgrößten Assekuranzkonzern, Nippon Life, gefährlich nahe. Gleichzeitig distanzierte sie Europas Nummer zwei, die französische UAP-Gruppe. Wenn Schulte-Noelle in den kommenden Jahren ein ähnliches Tempo vorlegen sollte, könnte er eines Tages den internationalen Gipfel erklimmen und mit seinem Partner Hans-Jürgen Schinzler, dem Chef der Münchener Rück, gleichziehen. Die ist im Rückversicherungsgeschäft schon lange die Nummer eins und traditionell überkreuz mit der Allianz verflochten: Jeder der beiden Riesen hält vom anderen über ein Viertel des Kapitals. Nach Berechnungen des Branchendienstes „map-report" stieg der deutsche Marktanteil der Allianz durch den Kauf von Elvia, Lloyd Adriatico und Vereinter im wichtigen Lebensversicherungsgeschäft von 20,25 auf 22,14 Prozent, in der Sparte Unfall von 24,92 auf 27,14 und in der Krankenversicherung sogar von 17,87 auf 28,83 Prozent. Daß es allein schon aus kartellrechtlichen Gründen nicht dabei bleiben konnte, versteht sich von selbst. Also brachte die Allianz im Sommer 1996 kurzerhand ihre DKV-Beteiligung bei der Münchener Rück unter.

So etwas ruft zwangsläufig Kritiker auf den Plan. Und deshalb ist es kein Wunder, daß der streitbare Würzburger Betriebswirtschaftsprofessor Ekkehard Wenger mit der Allianz im Clinch liegt. Wenger ist mit seinen Studenten der Schreck jeder Hauptversammlung. Lange Fragenkataloge bringen Vorstände und Aufsichtsräte zur Weißglut. Im Fall Allianz kommt hinzu, daß die Richter des Berliner Kammergerichts den Versicherungskonzern zwar zur Offenlegung aller Aktienpositionen mit mindestens 100 Millionen Mark Marktwert verpflichtet, dabei aber den Immobilienbesitz und mittelbar über Vermögensverwaltungen gehaltene Beteiligungen ausgeklammert hatten. Das bewog den Professor, Verfassungsbeschwerde in Karlsruhe einzulegen, getreu dem Motto seines unlängst verstorbenen Frankfurter Kollegen Wolfram Engels: „Das Aktiengesetz steht statt unter dem Prinzip des Anlegerschutzes unter dem Prinzip des Managerschutzes." Immerhin legte die Allianz die angemahnte Liste mit den Aktienpositionen im September 1995 vor – ein Wonnemonat für Wenger.

1986 übernahm die Allianz die britische Cornhill-Gruppe und die Basler Versicherung aus der Schweiz den Deutschen Ring. 1987 kassierte die Allianz die Mehrheit von Italiens RAS und ihr deutscher Konkurrent AMB die Mehrheit der BfG Bank. 1989 beteiligte sich die französische Victoire-Gruppe mehrheitlich am deutschen Duo Colonia/Nordstern, und die Commerzbank fand Gefallen an der DBV. Nachdem die Allianz sich 1990 den US-Versicherer Fireman's Fund einverleibt hatte, gab sie 1991 ihre Fast-Viertelbeteiligung an der Dresdner Bank bekannt. 1992 trat die Deutsche Bank mit Beteiligungen am Gerling-Konzern und am Deutschen Herold auf den Plan und Frankreichs AGF mit einem Drittel bei AMB. 1993 nahm Frankreichs UAP der Schweizer Versicherung Winterthur deren 37prozentiges Nordstern-Paket ab, mit dem die Eidgenossen nicht viel anfangen konnten, dafür aber die UAP um so mehr, weil sie schon mit Colonia und Nordstern liiert war. Im Frühjahr 1994 wanderte das Nordstern-Paket von UAP an Colonia. Dafür zog es Winterthur zur Commerzbank, die den Schweizern eine indirekte Beteiligung an der DBV in Höhe von 37,5 Prozent verschaffte. Commerzbank-Chef Martin Kohlhaussen begleitete die Transaktion, bei der er offenbar die größten Vorteile für sein Institut verbuchen konnte, mit dem Kommentar: „Wir bewegen uns in der konsequenten Logik unseres Allfinanzkonzepts." Und dann folgte der unvermeidliche Seitenhieb: „Wir wollen keine Verhältnisse à la AMB heraufbeschwören." Womit er auf das monatelange Gezerre um die Macht bei diesem DBV-Konkurrenten anspielte.

Nachdem sich die Deutsche Bank an Gerling beteiligt hat, ist die Westdeutsche Landesbank (WestLB) dort bestenfalls noch geduldet, obwohl sie dem ehemaligen Konzernchef Hans Gerling nach der Pleite der zu Gerling gehörenden Herstatt-Bank im Jahr 1974 aus der Patsche geholfen hatte. Dafür hielten sich die Landesbanker zuletzt anderweitig schadlos, indem sie – zunächst mit einer kleinen Beteiligung, aus der aber bald mehr werden könnte – bei UAP einstiegen. Die Franzosen wiederum nahmen der Kölner Privatbank Sal. Oppenheim deren Vinci-Paket ab, und die Domstädter durften nicht nur bei der Ausgabe von UAP-Wandelanleihen kräftig mitverdienen, sondern noch intensiver ins Anlagegeschäft einsteigen. Heute verfügen sie über eine der schlagkräftigsten Gruppen von Investmentgesellschaften, die enorm von ihrer Anbindung an die deutsch-französische Versicherungsachse profitieren.

Auch weniger spektakuläre Ereignisse zeugen von einem gewissen Wandel der Interessen. So stieg der führende europäische Handelskonzern Metro, unterstützt von der WestLB, 1989 mit viel Tamtam ins Fondsgeschäft ein; das gemeinsame Kind erhielt den Namen Akku-Invest. Es sollte sich schon nach wenigen Jahren als Mißgeburt erweisen. In der offiziellen BVI-Statistik zum Jahresende 1993 stand neben dem Fondsnamen der Zusatz AVE, nicht das Kürzel für Ave Maria, sondern für das Gegenteil, den lautlosen Abschied: Anteilschein-Vertrieb eingestellt. Offenbar hatte sich der Versuch, den Metro-Kunden neben Großpackungen von Kaffee und Klopapier auch noch Investmentzertifikate in den Einkaufswagen zu legen, als Flop erwiesen. Heute konzentrieren sich die Landesbanken auf Geschäfte mit betuchten Kunden, während die Sparkassen mehr Deka-Fondsanteile denn je an die Massenkundschaft verkaufen.

Das Ende des Jahres 1993 markierte Veränderungen, die dem flüchtigen Beobachter der Finanzszene verborgen blieben, aber mehr als nur symbolische Bedeutung hatten. So schied damals Helmut Gies aus dem AMB-Aufsichtsrat aus, ein Ereignis, dem der Versicherungskonzern im „Bundesanzeiger" vom 18. Januar 1994 ganze sechs Zeilen widmete. Als Gies wenig später seinen 65jährigen Geburtstag feierte, zeigte sich das „Handelsblatt" ein wenig großzügiger: 31 Zeilen für den Jubilar, allerdings einschließlich der verdeckten Kritik: „Den Griff nach der gewerkschaftseigenen Bank für Gemeinwirtschaft (BfG) sollte der ambitionierte Konzernbauer Gies bis heute bereuen." Bevor Gies in den Aufsichtsrat der AMB aufgerückt war, hatte er als deren Vorstandsvorsitzender nicht nur die BfG in den Griff zu bekommen versucht, sondern auch die Allfinanz gepredigt. Doch was das genau sein soll, weiß bis heute immer noch niemand. Immerhin rang sich der frühere Dresdner-Bank-Vorstandssprecher Wolfgang Röller, als er in seiner Abschieds-Hauptversammlung am 14. Mai 1993 die Führung des Hauses an Jürgen Sarrazin weitergab, zu dieser Definition durch: „Allfinanz ist die Fortsetzung der Universalbank-Idee mit verteilten Rollen." Richtig verstanden habe ich bis heute weder Gies noch Röller.

Die BfG-Mehrheit wanderte zur staatseigenen französischen Großbank Crédit Lyonnais, und natürlich sollte die Partnerschaft wieder eine strategische Allianz werden, wie zuvor schon das Bündnis AMB/BfG. Doch daraus wurde nichts, weil die Franzosen vor lauter eigenen Problemen erst gar nicht zu einer Strategie kamen: Der Staat mußte dem zumindest vom Bilanzvolumen her führenden europäischen Geldhaus ein ums andere Mal Kapitalspritzen verpassen. Und außerhalb von dessen eigentlichem Bankgeschäft spielten sich sogar Szenen ab, die einer Kinoklamotte würdig waren. So zitierte Bernard Tapie, wohl am meisten bekannt im Zusammenhang mit Schiebereien des französischen Fußballclubs Olympique Marseille und seinerzeit beim Crédit Lyonnais hoch verschuldet, seine Gläubigerbank im Sommer 1994 vor Gericht. Denn die hatte vor seiner Pariser Luxuswohnung kurzerhand 20 Möbelwagen vorfahren und alle möglichen antiken Kostbarkeiten durch einen Gerichtsvollzieher sicherstellen lassen. BfG-Chef Paul Wieandt schüttete schließlich sehr zur Freude seines verarmten Großaktionärs für 1994 erstmals seit Jahren wieder eine Dividende aus. Derweil bekamen die gewiß nicht unfähigen Manager der BfG-Investmentgesellschaft ganze Strähnen mit grauen Haaren, weil erst die Eskapaden ihres Großaktionärs AMB und dann das Crédit-Lyonnais-Debakel sie fix und fertig gemacht hatten.

Auch die Dresdner Bank ging eine Frankreich-Liaison ein, wenngleich vorerst nur über einen Kooperationsvertrag: mit der Banque Nationale de Paris (BNP). Zur AMB, die mit der Dresdner schon damals enge Beziehungen unterhielt, stieß die Hamburger Versicherung Volksfürsorge, wie die BfG ein Erbe aus Gewerkschaftskreisen. AMB-Chef Wolfgang Kaske schließlich sieht sich mit immer mehr Wünschen des französischen Großaktionärs AGF konfrontiert. Der erhielt zu Beginn des Jahres 1994 ebenso eine neue Führungsspitze wie sein Konkurrent UAP, der bekanntermaßen bei Nordstern zum Zug kam, weil Winterthur-Chef Peter Spälti seinen mehr als 37prozentigen Anteil an den Kölnern nicht ausbauen konnte. Ob Spälti mit dem Einstieg beim Colonia- und Nordstern-Konkurrenten DBV glücklicher wird, läßt sich wohl erst nach Jahren beantworten.

Das Spiel der Manager um Macht und Moneten – in dieser Reihenfolge – kennt keine Grenzen, weder geographische noch sonstige. Das Knäuel der Beteiligungen wird immer verworrener. Da ist die Neu-Londoner Finanzgruppe HSBC, besser bekannt unter ihrem früheren Namen Hongkong & Shanghai Banking Corporation, an der britischen Midland Bank beteiligt und die wiederum an der Düsseldorfer Bank Trinkaus & Burkhardt, in deren Münchner Räumen die MGV Vermögensverwaltung sitzt. MGV-Eigentümer sind neben den Düsseldorfern auch die Frankona Rück (Gerling-Konzern), die Allianz-Schwester Münchener Rück, die AMB-Tochter Aachener und Münchener Leben sowie die Versicherungsgruppe R + V, um die im genossenschaftlichen Bankenlager unter Führung der DG Bank ein erbitterter Kampf tobt. Das Ende vom Lied wird wahrscheinlich wieder Allfinanz heißen. Denn die MVG ist an der Versicherungsholding Victoria beteiligt, an der die Allianz-Schwester Münchener Rück direkt und indirekt über 20 Prozent halten dürfte. Um so verständlicher sind da die harten Dementis von Vereinsbank-Chef Albrecht Schmidt in bezug auf eine mögliche Beteiligung seines Hauses an der Victoria

– schließlich gehört die Vereinsbank zu den Allianz-Großaktionären.

Wenn Sie die bisher in diesem Kapitel erwähnten Beteiligungskäufe und -verkäufe, strategischen Allianzen und Synergie-Effekte an Ihrem geistigen Auge vorüberziehen lassen, werden Sie wahrscheinlich das Gefühl nicht los, daß ohnehin schon mächtige Männer um noch mehr Macht streiten und dabei die Unternehmen benutzen, denen sie vorstehen. Sie als Kunde fragen sich natürlich: Was habe ich davon? Die Antwort heißt: weniger als nichts, also Verluste. Die entstammen, nicht auf Anhieb sichtbar, den Zinsen und Provisionen, Gebühren und Spesen, Ausgabeaufschlägen und Auslagenerstattungen. Solange diese Posten klar ausgewiesen sind, können Sie sich im Zweifel nur ärgern und das Institut wechseln. Aber das meiste ist versteckt, im Versicherungsgeschäft noch mehr als bei jeder Bank oder Sparkasse. Deshalb sollten Sie nicht müde werden, Ihre Anlageberater und Versicherungsvertreter mit Fragen zu löchern, um aus ihnen herauszubekommen, wofür man Ihnen wieviel abknöpft. Schließlich geht es um Ihr Geld; und vermiedene Ausgaben sind, ähnlich wie bei den Steuern, die sichersten Einnahmen.

Bezeichnenderweise schneiden die Geldhäuser, die am wenigsten in den Schlagzeilen stehen, neben dem einen oder anderen Marktführer am besten in Tests und Analysen ab. So stufte das Beratungsunternehmen A. T. Kearney 1993 die sogenannten Allfinanz-Strategien in Europa ein. Die höchsten Noten erhielt der Verbund von Volks- und Raiffeisenbanken, R + V Versicherung und Bausparkasse Schwäbisch Hall. An zweiter Stelle folgte Frankreichs Großbank Crédit Agricole mit Predica, an dritter – knapp vor der Deutschen Bank – das Gespann Rabobank/Interpolis aus den Niederlanden. Ähnliche Erfahrungen habe ich mit einer von mir erstellten Studie der Depotgebühren Anfang 1994 gemacht. Am besten schnitt hier die Berliner Volksbank vor der Hamburger Sparkasse und der Deutschen Bank ab. Was den einen oder anderen Deutschbanker bei einer Kundenveranstaltung in Düsseldorf, die zufällig mit der Veröffentlichung der Studie zusammenfiel, vor großem Publikum in Jubel ausbrechen ließ.

Beraten und verkauft

Samstag, 9. Juni 1990. In Berlin kommen wahre Sturzbäche vom Himmel. Die Fete zur Einweihung des F & V Investment-Centers muß deshalb drinnen stattfinden: Publikum aus allen Teilen der Republik und aus dem Ausland, Vernissage in den Büroräumen, Country & Western-Musik im Keller. Im Parterre findet die erste Beratung statt: Center-Chefin Anke Dembowski, die nach gelungenem Start später einen bundesweiten Maklervertrieb aufbaut, sucht für jeden Bedarf den passenden Fonds aus. Danach, als ähnliche Fondsboutiquen wie Pilze aus dem Boden schießen, macht sich die Dame als Unternehmensberaterin selbständig. Ihren Job in der Boutique übernimmt Kollege Peter Ludewig, während F & V-Boß Günter B. Freye diversifiziert, konsolidiert, hin und wieder auch experimentiert.

Freitag, 1. März 1991. Walter Schmitz, Chef der Vertriebsgesellschaft Maxima aus Leverkusen, läßt im Kölner Hotel Holiday Inn Crowne Plaza seine erfolgreichsten Anlageberater referieren. Motto: Wie ich an Kunden komme. Einer behauptet, grundsätzlich immer an der Sekretärin vorbei ins Besprechungszimmer des Chefs zu stürmen. Schmunzeln im Saal. Ein anderer dreht den Spieß um und spricht über Umsatzverhinderung: Dem Kunden das ganze Fachwissen an den Kopf knallen, immer widersprechen und den Abschluß eines Geschäfts möglichst lange hinauszögern. Die Zuhörer biegen sich vor Lachen.

Samstag, 4. Januar 1992. Die Hamburger Kongreßhalle bebt. Auf der Bühne steht Udo Keller. Standing Ovations für den Chef der tecis Holding. Er macht fünf Schritte nach vorn und bleibt wieder stehen. Mehr als 1.000 Leute klatschen und jubeln. Später stecken sie die Köpfe zusammen. Die Gruppenleiter nehmen ihre Untergebenen zur Seite: Einschwörung auf neue Umsatzziele. Der gemütliche Teil endet spät in der Nacht mit Live-Musik und Superhits aus der Konserve. Besonders beliebt: „We are the champions" von der Rockgruppe Queen. Da ist Udo Keller schon längst woanders und schmiedet neue Pläne. Ein Bad in der Menge nehmen und sich dann rar machen, das ist die Devise, nach der die Oberhäupter großer Vertriebsgesellschaften gern an ihrem gottähnlichen Glanz polieren.

Im Mai 1993 verkündet MLP-Chef Manfred Lautenschläger, er wolle die Aktien seines Heidelberger Unternehmens leichter machen. An der bis dahin raketenartigen Entwicklung der Papiere des Versicherungsspezialisten für Jungakademiker ist besonders deutlich zu erkennen, wieviel Geld in Marktlücken der Finanzdienstleistungsbranche verdient werden kann (siehe nachstehendes Chart).

Im Juli 1993 verlagert der DIT die Führung von Investmentkonten nach Hof. „Grund für den Umzug ist der steigende Personalbedarf, der in der Region Frankfurt nicht abzudecken war", begründet die Muttergesellschaft Dresdner Bank. Bei damals täglich mehreren hundert schriftlichen und bis zu 1.200 telefonischen Anfragen wird die Pflege schon bestehender Konten zu einem immer wichtigeren Marketinginstrument. Das ist allerdings nur ein Teil der Wahrheit, denn der marktorientierte DIT-Chef Rolf Passow hat die Weichen längst auch in Richtung Strukturvertrieb gestellt: Die Deutsche Vermögensberatung AG (DVAG) ist eine der wichtigsten Verkaufsgesellschaften für DIT-Fonds. Im April 1995 schreibt die Zeitung „International Money Marketing": „Allein bei dem Deutschen Investment-Trust DIT konnte die Deutsche Vermögensberatung einen Anteil von 15 Prozent am Geschäftsvolumen erwirtschaften. Das entspricht der Leistung von 180 Filialen der Dresdner Bank." Aber Strukturvertriebe machen nicht nur eine Menge Umsatz, sondern auch Arbeit, weil sie im unteren Bereich der hierarchischen Struktur mit vielen Anfängern arbeiten.

DVAG-Chef Reinfried Pohl indessen hat dazu eigene Ansichten. „Die Qualität Ihrer Beratung sichert uns das Vertrauen von über zwei Millionen Menschen." So streicht er am 2. Juli 1995 zum 20jährigen Jubiläum seiner Firma mittels zweiseitiger Anzeige in der „Welt am Sonntag" Balsam auf die Seelen seiner 12.000 Verkäufer, die er vornehm Vermögensberater nennt. Unterzeichnet: „Deutsche Vermögensberatung" – was den damaligen Geschäftsführern der beim Umsatz weniger erfolgreichen Dresdner Vermögensberatung, Wolfram Eckardt und Wilhelm Weingarth, wie ein Schlag ins Gesicht vorgekommen sein muß. Denn die Firma ist

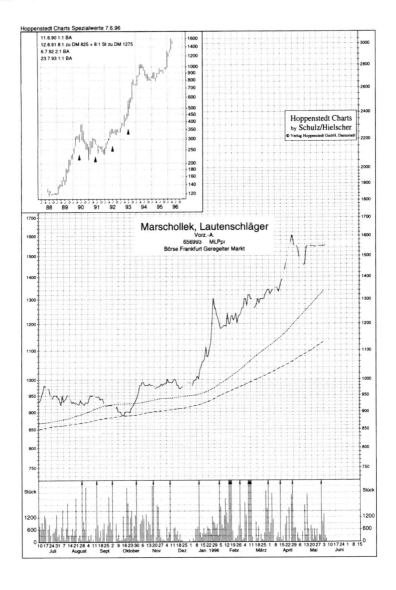

zwar mit der Dresdner-Tochter DIT verschwistert, aber von geschwisterlicher Zuneigung ist nicht viel zu spüren.

Pohl läuft der Konkurrenz noch in anderer Hinsicht den Rang ab. Rechtzeitig zum Jubiläum gelingt ihm der ganz große Coup: Bundeskanzler Helmut Kohl erscheint zur Feier und hält eine Rede. Was er sagt, ist eigentlich egal, denn allein seine Anwesenheit motiviert Pohls Strukis bis in die Zehenspitzen. Daß der Kanzler über Computertechnik, Datenbanken und Informationsautobahnen philosophiert und denen recht gibt, „die nicht nur mit dem Fax verkehren, sondern ganz einfach miteinander reden", geht den flotten Verkäufern runter wie Öl.

Zurück ins Jahr 1993: Ende November singt Henner Schierenbeck, Professor an der Universität Basel, das Hohelied der Citibank in Deutschland, die es geschafft hat, mit gerade gut 20 Produkten den Privatkundenbedarf zu decken. Indirekt gilt das Lob des Professors – neben den ständig rotierenden Vorständen des Ami-Ablegers – auch Folkert Mindermann, einem der einfallsreichsten deutschen PR-Chefs, dessen Zeitungsartikel-Sammlung über die Citibank in nur einem Jahrgang wie die dickste Bibel aller Zeiten aussieht. Umfang: über 1.200 Seiten, zu bestaunen in der Zentrale der Citibank Privatkunden AG in Düsseldorfs Kasernenstraße. Ende April 1995 verkündet das aggressive Institut zum Schrecken aller Vorstände der Konkurrenzbanken das Citi Direct Banking rund um die Uhr an sieben Tagen in der Woche. Das ist ein von Aachen aus gesteuerter voller Service für die wichtigsten Finanzdienstleistungen. Doch nicht nur deshalb wird die 1995er Bibel noch dicker als die vorangegangenen Ausgaben, sondern auch wegen des grandiosen Pressewirbels um die Citibank-Visa-Bahncard. Dieser Wirbel füllt im Juli 1995 einen Großteil des publizistischen Sommerlochs.

Anfang 1994 bezieht Yvonne Ramm als Pioneer-Geschäftsführerin für Westeuropa die siebente Etage des Frankfurter Airport Centers. Dort befindet sich – damals noch – das deutsche Büro der traditionsreichen Investmentgesellschaft aus Boston, deren oberste Manager in der weit entfernten Neuengland-Metropole lange Zeit offenbar glaubten, Deutschland-Geschäfte ließen sich mal eben im Vorbeifliegen erledigen. Später nimmt die agile Ex-Direktorin der

Londoner Foreign & Colonial-Gruppe den europäischen Markt von München aus in Angriff, während ihr Geschäftsführerkollege Jürgen Luka – noch – die Abwicklung besorgt. In München residiert schon jahrelang einer der deutschen Pioneer-Pioniere, Klaus Jung, zu dem die dynamische Dame Ramm „ein entspanntes geschäftliches Verhältnis" hat, wie sie zu sagen pflegt. Seit Juli 1994 hat er mit Stanley Bronisz einen Partner in der Firma, der bei Fidelity hinreichend Europa-Erfahrung im Fondsgeschäft sammeln konnte. Seit Januar 1995 hat auch der mittlerweile als Gamax-Chef wirkende Walter Schmitz einen Partner: Marc Luka, Sohn von Jürgen Luka. 1996 zieht sich der Vater von Pioneer zurück. Da ist Sohnemann schon längst beim Bankhaus Oppenheim in Köln.

Szenen aus der unendlich scheinenden Zone zwischen Fonds und Kunden, die belegen, daß die Vielfalt der Fondsberatung dem kunterbunten Angebot an Fonds in nichts nachsteht. Dabei ist der immer noch mit Abstand dominierende Vertrieb über Banken und Sparkassen nur beiläufig erwähnt. Doch über ihn gäbe es weniger Spannendes zu berichten. Etwa, daß die Zweigstellen gehalten sind, Aktienfonds A nicht mehr forciert an die Kundschaft zu verkaufen, weil Geldmarktfonds B wegen der allgemeinen Verunsicherung an den Kapitalmärkten einen höheren Absatz verspricht. Als Anreiz gibt es dann für alle Zweigstellenleiter, die innerhalb einer bestimmten Frist soundsoviele Millionen Mark Volumen schaffen, eine Reise an den Bodensee einschließlich lobender Erwähnung in der Hauszeitschrift. Zum Trost dafür, daß das Ziel – anders als bei freien Vertrieben – nicht Grand Canyon oder Karibik heißt, dürfen die Herren wenigstens ihre Gattin mitnehmen.

So bieder geht es im freien Vertrieb natürlich nicht zu. Zwar gibt es hier Abstufungen vom Einzelkämpfer bis zur Fondsboutique, aber eindeutig dominiert der strukturierte Vertrieb, kurz Strukturvertrieb genannt. Darunter kann man sich eine Hierarchiepyramide vorstellen, an deren Spitze der Chef steht, während an der Basis viele Sklaven ihr Werk mehr oder weniger erfolgreich verrichten. Eine wesentliche Ursache für den Erfolg des Strukturvertriebs ist, daß er Sehnsüchte weckt: die Sehnsucht nach schnellem Geld und teuren Autos, Karriere und gesellschaftlicher Anerkennung. Die in einem Strukturvertrieb tätigen Verkäufer, Strukis genannt, arbeiten sich kaputt, um ihre Sehnsüchte zu stillen. Nur wenige erreichen den Gipfel der Pyramide. Auf dem Weg dorthin, so lautet eine wichtige Erkenntnis erfahrener Strukis, müssen sie möglichst viel vom verdienten Geld wieder ausgeben, um stets auf noch mehr Umsatz hungrig zu sein. Manchmal erhalten Vorgesetzte den Hunger ihrer Untergebenen künstlich aufrecht, indem sie ihnen einen Kredit gewähren. Das schafft Abhängigkeit und fördert den Umsatz. Weitaus mehr verbreitet ist allerdings eine Art umgekehrter Kredit: Der Struki erhält ein Anrecht auf Firmenanteile, deren Wert – wenn überhaupt – erst zu einem späteren Zeitpunkt feststellbar sein wird. Dafür strampelt er sich natürlich ganz besonders ab. Denn je mehr Umsatz er macht, desto höher verspricht der Wert der Firmenanteile zu werden.

Umsatz, Schulung, noch mehr Umsatz, Verkauf, Service, Provision und dazwischen immer wieder ein wenig Beratung – diese und ähnliche Zauberworte bestimmen heute das Geschäft mit Investmentfonds. Das gilt für Anlageberater von Banken, Sparkassen, Versicherungen, Vertriebsgesellschaften und Maklerpools, für Strategen von Investmentgesellschaften und Vermögensverwaltungen. Der Verkauf – andere sagen etwas vornehmer: das Marketing – steht im Vordergrund. Der Leistungsdruck ist enorm, das Kundenpotential auch. Der Düsseldorfer Unternehmensberater Edgar K. Geffroy bringt das Problem etwas bissig auf die Formel: „Das einzige, was stört, ist der Kunde." Er hält aber auch gleich eine Lösung bereit, die er Clienting nennt, abgeleitet von Klient: Nicht mehr der Markt (oder das Produkt) steht im Mittelpunkt, sondern der Kunde.

Bei rund 2.000 in Deutschland zum Vertrieb zugelassenen Publikumsfonds und entsprechendem Bedarf an richtiger Auswahl klingt das wie selbstverständlich, ist es aber nicht. Der Umbruch vom Verteilen standardisierter Finanzprodukte, wie Sparbrief oder Lebensversicherung, zur Lösung von Kundenproblemen mit Vermögensstruktur-Analyse und Steuer-Optimierung, Investment-Sparplan und Berufsunfähigkeits-Versicherung, dauert eine ganze Generation. Wir befinden uns gerade im ersten Drittel dieses Umbruchs. Der Vielzahl und Vielfalt der Fonds folgt eine vergleichbare Entwicklung im Vertrieb. Damit verlagert sich, aus Kundensicht betrachtet, die Suche immer mehr vom Auswählen des passenden Fonds zum Ausspähen des richtigen Beraters.

> **WICHTIG**
>
> Es gibt in Deutschland sogenannte wie auch wirkliche Berater im Überfluß, aber einen Beratungsnotstand. Dieser scheinbare Widerspruch kommt daher, daß die Identität von Berater- und Kundeninteressen kaum herzustellen ist. Ginge es allein nach dem Kunden, erhielte der Berater ein von dessen Erfolg abhängiges Honorar. Aber schon den Kundenerfolg zu definieren, ist eine fast unlösbare Aufgabe. Dagegen sind im Lauf der vergangenen Jahrzehnte Vergütungssysteme entstanden, die sich am Beratererfolg orientieren. Der ist aber leider so gut wie immer umsatzbezogen: Bankberater verdienen kaum daran, daß sie für ihre Kunden ein möglichst gutes Anlageergebnis erwirtschaften, sondern vor allem daran, daß sie Kundendepots häufig drehen. Versicherungsvertreter kassieren die umsatzbezogene Provision sogar überwiegend vorab; was später mit dem Geld ihrer Kunden geschieht, ist ihnen im Prinzip egal. Und die Vergütung von Strukturvertrieben unterscheidet sich von der bei Banken und Versicherungen vor allem dadurch, daß der Umsatz einziges Kriterium nicht nur für die Vergütung, sondern auch für eine automatische Karriere ist.

Diese Mißstände haben dazu geführt, daß es nun auch immer mehr auf Honorarbasis arbeitende, um Objektivität bemühte Berater gibt. Die Vielfalt ihrer Vergütungssysteme, angefangen beim Stundenhonorar des Einzelkämpfers bis zu den verzwickten Regelungen einzelner Fondsboutiquen, ist allerdings verwirrend. Ganz zu schweigen von Qualitätsstandards: keine einheitliche Ausbildung der Berater, keine Vorgabe für Empfehlungen an bestimmte Ziel- oder Altersgruppen, keine Meßlatte für Chancen und Risiken einzelner Anlageformen. Kurzum, jeder Berater darf empfehlen, was er will, solange er im Rahmen der von ihm selbst oder von seinem Brötchengeber gesetzten Maßstäbe bleibt und nicht vergißt, Interessenten auf alle möglichen Risiken aufmerksam zu machen.

Eine der Folgen ist, daß es heute in Deutschland beispielsweise Dutzende von Fondsboutiquen gibt. Schon im September 1994 zählte die Zeitschrift „DM" nicht weniger als 30 auf, ließ sie Empfehlungen geben und beurteilte diese dann noch einmal von sich aus. Ob ein solches Verfahren den Anlegern mehr bringt als der Rat der Bank oder Sparkasse um die Ecke, sei dahingestellt. Wichtiger erscheint mir, daß Ratsuchende durch neue Anbieter die Chance erhalten, sich im gesamten Fondsdschungel und nicht nur in einem vorher abgesteckten Revier besser zurechtzufinden. Wenn dann noch, wie beim Internationalen Investment Congress im Mai 1995 in Wiesbaden, Gerd Bennewirtz von der Boutique Schmidt-Jennrich & Bennewirtz aus dem niederrheinischen Korschenbroich zum Rededuell gegen die beiden Discount Broker Gerhard Huber, damals noch bei der Direkt Anlage Bank (DAB), und Karl Matthäus Schmidt von Consors antritt, ist mehr für die Popularisierung der Investmentidee getan als mit tausend bunten Prospekten. Die Bennewirtz-Firma trifft mit ihren unterschiedlichen Gebühren für Discountkunden, Beratungsbedürftige und Interessenten an einer Fondsvermögensverwaltung im übrigen recht gut den Nerv der Zeit.

Die beiden ersten deutschen Wertpapier-Discounter DAB und Consors sind mit einer Schar von Nachahmern ein ebenso großer Segen für Anleger, wie es seinerzeit in den sechziger Jahren die ersten Aldi-Läden für Verbraucher waren. Mittlerweile sind so viele Discounter hinzugekommen, daß die ganze Republik mit ihnen übersät zu sein scheint. Wem nützen sie, wem schaden sie? Die Antwort läßt sich am einfachsten mit Hilfe der Gebrüder Karl und Theo Albrecht geben, den Initiatoren der Aldi-Läden. Sie tauchen in der 1995er Hitliste der Milliardäre dieser Welt unter den Top 100 auf, obwohl ihre Kunden mit dem Einkauf in Aldi-Läden viel Geld sparen. Die Albrechts und ihre Kunden gehören also unzweifelhaft zu den Gewinnern. Verlierer dagegen sind nicht nur viele Tante-Emma-Läden, sondern auch weniger knapp kalkulierende Supermärkte und Warenhäuser. Ähnlich ist das Verhältnis von Wertpapier-Discountern zum Rest der Geldhäuser: Die einen profitieren von preisbewußten aufgeklärten Kunden, die sich ihrerseits wiederum dezimierter Provisionen erfreuen; die anderen füttern träge gewordene Frühstücksdirektoren durch und hoffen, daß der weniger clevere Teil ihrer Kundschaft die damit verbundenen hohen Provisionen als banküblich hinnimmt. Nicht von ungefähr grenzt sich deshalb die DAB in ihren Werbespots von „aufgeblasenen Apparaten" ab.

Discounter beraten nicht, heißt es. Das ist richtig. Aber was verbirgt sich schon hinter der traditionellen Beratung durch Banken und Sparkassen, Broker und Vertriebsgesellschaften? Bei kritischer Würdigung doch nur aufgeblasene Apparate oder provisionshungrige Verkäufer. Wenn Ende 1993 der Sparkassenangestellte X seinen Kunden unter Augenzwinkern das Luxemburger S Dynamik Depot der hauseigenen Investmentgesellschaft Deka empfahl oder der Deutschbanker Y mit betont wissender Miene den Mandarinfonds der Deutsche-Bank-Tochter DWS, dann hatte das mit Beratung so wenig zu tun wie Einzelhaft mit zweifelhaft. Es war ähnlich wie von den sechziger bis zu den achtziger Jahren – mangels ausreichender Popularität der Fonds – bei Aktien: Damals hielten viele Kunden den heißen Tip auf Südzucker-Aktien oder Siemens-Optionsscheine für den Gipfel guter Beratung, nicht ahnend, daß ihre Berater die Empfehlungen am Montagmorgen den gerade frisch erschienenen Tipdiensten „Frankfurter Börsenbriefe" oder „Actien-Börse" entnommen hatten. Heute gibt es zwar immer noch jede Menge an heißen Aktientips, aber sie haben in den Fondstips eine starke Konkurrenz bekommen. Mit Beratung hat das nichts zu tun. Also ist der preiswerte Discounter ein vollwertiger Ersatz für die Bank oder Sparkasse um die Ecke.

Andersherum betrachtet: Der Frankfurt Trust der BHF-Bank bahnt nur mit solchen Vertriebspartnern die Zusammenarbeit an, die für mindestens eine Million Mark Jahresumsatz gut sind. Adig von Commerzbank und Bayerischer Vereinsbank, einer der Pioniere des freien Vertriebs in den sechziger Jahren und später wegen Ladehemmungen zurückgefallen, erwartet bei der Wiederbelebung dieser Vertriebsschiene von Verkaufsfirmen in freier Wildbahn ähnliche Größenordnungen. Wie kann da noch objektive Beratung im Vordergrund stehen?

Martin Kölsch aus dem Vorstand der Hypo-Bank, zu der die DAB gehört, war der große Antreiber beim Start der Hypo-Tochter im Frühjahr 1994. Er tauscht besonders gern mit seinen britischen und amerikanischen Geschäftsfreunden Gedanken aus, denn von der Insel und aus den USA stammen die meisten unkonventionellen Geldideen – ein Kontrastprogramm zu dem, was deutsche Anleger jahrzehntelang ertragen mußten. Die neuen Billigbanken haben im Gegensatz zu den etablierten Brokern den Vorteil, daß sie sowohl preiswerter mit Wertpapieren handeln als auch ihre Kunden in Ruhe lassen. Diese Kunden, nun auf sich selbst angewiesen, merken plötzlich, daß die vermeintliche Beratung der Broker nur eine Verkaufsmasche war. Und ihr Verhältnis zu deutschen Banken oder Sparkassen ist schlagartig getrübt, weil deren Berater es viele Jahre lang nicht für nötig hielten, bei Provisionen und Ausgabeaufschlägen im Wertpapiergeschäft auch nur die geringste Konzession zu machen. Als die Deutsche-Bank-Tochter DWS im Herbst 1994 gleich ein halbes Dutzend Fonds ohne Ausgabeaufschlag ins Investmentrennen schickte, war der Bann endgültig gebrochen.

WICHTIG

Heute sollte es selbstverständlich sein, daß auch die kleinste Sparkasse oder Volksbank auf dem Land zu Konzessionen bei jeder Art von Gebühren bereit ist. Machen Sie den Versuch, und Sie werden staunen! Die geringste Anmerkung Ihrerseits, da gebe es nicht nur die Direkt Anlage Bank oder Consors, sondern auch Comdirect und DKH, LBB- und Dresdner-Bank-Discount, Quelle-Bank und Bank 24, läßt Ihren persönlichen Berater entweder sofort die Stacheln ausfahren; oder er zeigt sich auf einmal seltsam kompromißbereit. Im ersten Fall verzichten Sie zukünftig auf seine Dienste, im zweiten Fall wägen Sie ab: Führt der Kompromiß zum selben Provisionsnachlaß wie beim Discounter, bleiben Sie im Zweifel Ihrem Institut treu. In allen anderen Fällen wechseln Sie zumindest mit einem Teil Ihres Depots die Bank. Schließlich dürfen Sie sich in einer Zeit, in der

> sogar menschliche Treue immer mehr zu einer verderblichen Ware zu verkommen droht, keine Treue zu einem Geldinstitut leisten, das Ihnen – sollte es einmal hart auf hart gehen – ohnehin das Fell über die Ohren zieht.

Das mag zwar schrecklich hart und ungerecht klingen, ist aber nur die logische Konsequenz aus der Entwicklung am Markt für Finanzdienstleistungen. Zu dieser Konsequenz gehört auch, daß Sie, falls Sie schon einmal mit einem Strukturvertrieb Bekanntschaft gemacht haben, dessen Preis-Leistungs-Verhältnis unter die Lupe nehmen sollten. Abgesehen davon, achten Sie unbedingt auf die Konsistenz. So wiesen 1996 vor allem AWD und OVB zum Teil Verfallserscheinungen auf. Dagegen hing die AMB-Tochter Aachener und Münchener Leben (AML) mehr denn je am Tropf der DVAG, die im ersten Halbjahr 1996 beim gesamten vermittelten Geschäft ein Plus von über zehn Prozent erzielte. Schon 1995 kamen sage und schreibe knapp 68 Prozent des Neugeschäfts über diesen Strukturvertrieb, wobei Fondspolicen bereits 40 Prozent des gesamten AML-Neugeschäfts ausmachten.

AML und DVAG erhielten 1996 gleich zwei Dämpfer, die sich beidseitig auswirkten. Zuerst ließ die Zeitschrift „Finanztest" in ihrem umstrittenen Lebensversicherungs-Test kein gutes Haar an AML (aber auch nicht am Marktführer Allianz und anderen bekannten Versicherern), dann zerpflückte der ehemalige DVAG-Mitarbeiter Wolfgang Dahm seinen Ex-Brötchengeber im Bestseller „Beraten und verkauft". Hier nur zwei Kostproben: „Fondsgeschäfte mit Strukkis sind in den meisten Fällen absolute Glückssache ... Einzig und allein der Vertrieb der Produke und die schnelle Mark stehen im Vordergrund." DVAG-Chef Reinfried Pohl sieht das natürlich anders. Und um seine Macht im Fondsgeschäft ähnlich zu festigen wie beim Vertrieb von Lebensversicherungs-Policen, ließ er sich bereits etwas Neues einfallen: Die von der DVAG angebotene Sachwertpolice kombiniert den Fonds Concentra aus dem Hause DIT/Dresdner Bank mit dem Grundbesitz-Invest der Deutschen Bank.

Vertrieb:
Der Schwanz wackelt mit dem Hund

Helmut Maier hatte 1994 einen riesigen Erfolg mit dem Absatz von Fondsanteilen – und mußte dennoch seinen Dienst als Chef der Vertriebsgesellschaft Bonnfinanz quittieren. Denn gleichzeitig ließ er bei dem für Verkäufer lukrativeren Geschäft mit Versicherungspolicen die Provisionssätze kürzen. Die Folge: Das Versicherungsgeschäft der Bonnfinanz brach ein. Maiers Nachfolger Reinhard Schutte drehte das Rad sofort wieder zurück und nutzte en passant die Gelegenheit, das veraltete Bonnfinanz-Provisionssystem zu reformieren. Die Moral von der Geschicht': Versicherungspolicen opfert man Investmentfonds nicht.

Das Beispiel zeigt, daß die hinter den Vertriebsgesellschaften stehenden Finanzkonzerne im Zweifel auf die Anlageform zurückgreifen, die ihnen die bessere Provision verspricht. Es zeigt aber auch, daß führende Geldadressen wie die Deutsche Bank, zu der Bonnfinanz gehört, Belange des Vertriebs in einem bisher nicht gekannten Ausmaß wichtig nehmen. Wackelt am Ende der Schwanz (der Vertrieb) mit dem Hund (der Bank oder der Investmentgesellschaft)? Noch nicht, aber wir befinden uns auf dem Weg dahin.

Versicherungen und Bausparkassen sind per se vertriebsorientiert; für sie stellt sich eine solche Frage also nicht im selben Maß wie für die Bankenwelt. Dagegen ist der wesentliche Vertriebszweig der Banken, der Sparkassen und der meisten Investmentgesellschaften, also das Zweigstellennetz, eher eine Farce: schlecht organisiert und von ständiger Reorganisation bedroht, mit der riesigen Produktpalette (vom Sparbuch bis zur Ausarbeitung der Anlagestrategie) total überfordert und immer noch von der Beamtenmentalität geprägt.

Einer, der sich über die Konsequenzen daraus besonders viele Gedanken gemacht hat, ist Union-Investment-Chef Manfred Mathes, gleichzeitig auch Vorstandssprecher des BVI. Er sieht die Bedeutung des Außendienstes für den Vertrieb von Fondsanteilen stark wachsen. Die Bindungen von Banken, deutschen Investmentgesellschaften und Strukturvertrieben werden seiner Ansicht nach immer enger. Die Konkurrenz verspricht knallhart zu werden, und zwar in doppelter Hinsicht: Alle Anbieter von Finanzprodukten werden noch intensiver als bisher nicht nur um Kunden kämpfen, sondern auch um Vertriebskanäle. Umgekehrt dürften die Fondsverkäufer weiter um ein besseres Image bemüht sein und bei Verkaufsgesprächen folglich ihre engen Beziehungen zu seriösen Adressen ins Spiel bringen. Am Ende sind sogar Ausschließlichkeitsvereinbarungen denkbar.

Die Wirklichkeit von heute sieht noch etwas anders aus. Zufriedene Kunden gibt es eher durch Zufall; vor allem bei Fonds sind sie selten. Das wiederum ist kein Zufall. Denn Aktienfonds gehen am besten, wenn die Aktienkurse oben stehen, und Rentenfonds, wenn die Zinsen kaum noch Spielraum nach unten haben und die Rentenkurse somit ausgereizt sind. Geldmarktfonds, auf dem deutschen Markt seit 1994 zugelassen, werden ihre größten Absatzerfolge garantiert erst haben, wenn sich die Zinsen in luftigen Höhen befinden und niemand mehr den Mut hat, die dann viel lukrativeren Rentenfonds zu kaufen. Und was mit offenen Immobilienfonds geschehen kann, wenn prozyklische Käufer ihnen allzuviel Geld anvertrauen, haben wir 1993/94 erlebt: Ihre Manager nahmen in einzelnen Fällen kein Geld mehr an, weil sie nicht genug lukrative Immobilien zum Investieren finden konnten.

Die Aufgabe guter Berater besteht unter anderem darin, dem prozyklischen Verhalten ihrer Kunden entgegenzuwirken. Doch damit sind sie hoffnungslos überfordert. Stellen Sie sich einen Berater vor, der im Frühjahr 1995 versuchte, Anleger zu überzeugen, Rentenfonds zu kaufen. Diese Fondsgruppe war damals reichlich im Angebot, doch niemand wollte sie haben – bis die Trends an den Kapitalmärkten zeigten, daß sie doch ihren Zweck erfüllte. Einer, der die Entwicklung rechtzeitig voraussah und dafür in der „FAZ" vom 5. Mai 1995 einen Dreispalter erhielt, war der Zürcher Vermögensverwalter Felix Zulauf. Aber welcher Vertriebsmensch liest schon die „FAZ"? Für die meisten reicht es, sie deutlich sichtbar in der Hand zu halten. Und wer – außer denen, die seine originellen Anlageideen seit Jahren schätzen – verfolgt schon die Prognosen des Mannes aus Zürich?

„Zuviel Wissen schadet nur", hatte mir einer meiner Mentoren in Sachen Vertrieb vor mehr als einem Vierteljahrhundert beizubringen versucht. Ich erklärte ihn daraufhin für verrückt. Die Folge war, daß er, der sich bei der IOS hochgearbeitet hatte, mich für einen unverbesserlichen, arroganten Akademiker hielt. In einem Punkt hatte er recht: Wer ein guter Verkäufer werden will, muß das an der Universität erlernte Wissen tatsächlich zum größten Teil über Bord werfen und darf die „FAZ" wirklich nur in der Hand halten. Oder neuerdings auch „Focus", um etwas mehr Zeitgeist zu demonstrieren.

Verkäufer von Anlageprodukten sind eine verschworene Gemeinschaft prozyklischer Opportunisten, die ihr Wissen nur selten aus der Zeitung oder aus Büchern beziehen. Wer auf sie hereinfällt, ist selbst schuld. Ihre mal geschliffene, mal bauernschlaue Art, komplizierte Dinge zu vereinfachen, ist bewundernswert. Denn ihre Zuhörer glauben oft, da spreche jemand, der sein Metier total beherrscht. In Wirklichkeit hat er nur die Gabe, andere Menschen zu überzeugen. Wer ihm mit zuviel Wissen oder bohrenden Fragen in die Quere kommt, wird entweder vertröstet oder abgekanzelt. Verkäufer dürfen sich nie eine Blöße geben. Sie müssen immer so tun, als beherrschten sie ihr Fach und ihre Zuhörer.

Versuche, etwas Besseres daraus zu machen, gibt es reichlich; richtig gelungen ist noch keiner. Die Ursache liegt auf der Hand: Umsatz bedeutet Macht. Kundenzufriedenheit ist nichts dagegen. Hätten sich die Allianz oder die Deutsche Bank in ihren Anfängen nur auf zufriedene Kunden besonnen und darüber ihr Wachstum vergessen, lägen heute beide weit abgeschlagen hinter dem Konkurrenzfeld. Die im internationalen Vergleich über viele Jahrzehnte vor der Allianz befindlichen japanischen Versicherer haben gewiß noch nie einen Gedanken daran verschwendet, wie man den optimalen Versicherungsschutz allein im Kundensinn praktiziert. Und die Manager der vielen im internationalen Vergleich vor der Deutschen Bank plazierten Kreditinstitute haben bestimmt noch nie darüber nachgedacht, ob es eventuell sinnvoll wäre, in erster Linie das Wohl der eigenen Kunden im Auge zu haben, zumal der privaten, die im Gegensatz zu den Firmenkunden offenbar nichts anderes tun, als über Konditionen zu meckern.

Hier gibt es einen Engpaß, der sich nicht so leicht aus der Welt schaffen läßt wie der Mangel an Fonds, den es noch vor zehn Jahren gab. Denn Investmentgesellschaften, die sie beliebig hervorbringen konnten, waren damals schon in ausreichender Zahl vorhanden. Aber wer schult heute genug Anlageberater, zumal Konkurrenten sie gern abwerben? Das ist nicht so einfach, weil die potentiellen Kundenbetreuer neben einem soliden Basiswissen auch Kontaktfreude und verkäuferisches Talent mitbringen müssen. Und falls sie nicht gerade zu den Auserwählten einer Bank oder Sparkasse gehören sollten, auch TuN. Das ist die Abkürzung für Tag und Nacht, nämlich arbeiten. Dabei gehen Ehen und ganze Familien kaputt oder kommen erst gar nicht zustande. Die Triebfeder der Anlageberater in freier Wildbahn ist erstens Geld, zweitens Geld, drittens Geld.

Vor allem die Mitarbeiter von Strukturvertrieben brauchen über die normale Motivation durch das Geld hinaus auch noch einen Manitu, den sie verehren können und für den sie im Zweifel durch Dick und Dünn gehen. Strukturvertriebe kann man sich – denken Sie an die schon erwähnte Hierarchiepyramide – so vorstellen: Unter dem Manitu regieren drei Oberhäuptlinge, darunter je drei Häuptlinge, also insgesamt neun, unter denen je drei Oberindianer, macht 27, und darunter wieder je drei einfache Indianer, sprich 81. Solche Strukturen lassen sich beliebig vervielfachen. In unserem Beispiel umfaßt der ganze Indianerstamm 121 Köpfe. Das wäre dann ein mittlerer Strukturvertrieb. Es gibt welche, die Tausende von Köpfen zählen. Wie groß auch immer sie sein mögen, das System ist so aufgebaut, daß die jeweils nächsthöhere Stufe der Hierarchie bei der Provision aller darunter liegenden mitkassiert. Der Manitu profitiert also vom TuN nicht nur seiner Oberhäuptlinge, sondern auch der normalen Häuptlinge und einfachen Indianer. Daß er im Extremfall das Vielfache des Gehalts eines Bankvorstands verdient, versteht sich von selbst.

Mittlerweile gehören Strukturvertriebe auf eine bestimmte Weise zur Geldelite: Keine der führenden Banken oder Versicherungen hängt gern an die große Glocke, daß sie mit ihnen zusammenarbeitet, aber fast alle tun es. So ist die DVAG von Reinfried Pohl mit der AMB liiert und verkauft auch jede Menge DIT-Fonds aus dem Haus der Dresdner Bank, die der AMB-Gruppe schon bei gewagten Aktienplazierungen beigestanden hat. Die OVB, deren langjähriger Chef Otto Wittschier sein Amt im Oktober 1995 dem ehemaligen Bonnfinanz-Lenker Helmut Maier übergab, befindet sich unter dem Dach von Deutschem Ring und Volksfürsorge, was sie allerdings nicht hindert, beispielsweise auch Pioneer-Fonds zu vertreiben. Die Bonnfinanz gehört über den Versicherer Deutscher Herold zum Einflußbereich der Deutschen Bank, was 1994, wie schon geschildert, zu manchen Irritationen geführt und Herold-Chef Dieter Ritterbex auf die Palme gebracht hat.

Der AWD von Carsten Maschmeyer pochte zwar lange auf seine Unabhängigkeit und verkaufte mal dies, mal das. Aber dann kündigten sich Absatzprobleme mit DIT-Fonds an. Das war sogar „Bild" vom 22. Februar 1994 einen Einspalter wert. Maschi, wie er in Branchenkreisen heißt, ging in sich und konsolidierte. Dazu gehörte auch, daß er seine AWD-Beteiligung auf 100 Prozent aufstockte. „Der Typ Schwiegersohn", wie ihn der umtriebige Vertriebsberater Axel J. Bertling aus Stephanskirchen gern nennt, setzte jedoch schon 1995 wieder neue Akzente. So rollte im Februar eine Anzeigenkampagne mit den geheimnisvollen Schlagzeilen „Revolution" und „Convest 21" durch die Zeitungsrotationen der Republik. Dahinter verbargen sich so biedere Produkte wie Fondssparplan und -police, aber auch Namen wie Schweizerische Kreditanstalt, PM Portfolio Management und Colonia Leben. Im Vertrieb mit dabei: Maschis AWD. Die Convest-21-Connection hinderte den quirligen Typ Schwiegersohn jedoch nicht, mit der Commerzbank anzubandeln und die Hamburger Zeitschrift „Cash" zu der Schlagzeile zu verleiten: „Der neue Allfinanz--Gigant?" Immerhin, und das nicht ganz zu Unrecht, mit Fragezeichen.

Die Struki-Beispiele haben längst Schule gemacht. So rief die Colonia-Versicherungsgruppe im Herbst 1994 ihren eigenen Strukturvertrieb mit dem Namen Deutsche Proventus AG ins Leben. Dabei bediente sie sich vorrangig ehemaliger OVB-Führungskräfte. Im Gefolge soll es zu erheblichen Umdeckungen (Wechsel von Policen des OVB-Mehrheitsgesellschafters Deutscher Ring zu denen der Colonia) gekommen sein. Prompt landete die Angelegenheit vor dem Bremer Landgericht. Prüfung und Gegenprüfung der Vorwürfe beschäftigten die Juristen noch lange danach. Die entscheidende Frage spielte vor dem Bremer Landgericht nur eine unbedeutende Rolle: Bleibt am Ende der Kunde nicht völlig auf der Strecke?

WICHTIG

Schon die wenigen Beispiele zeigen, welch eine zentrale Rolle der Vertrieb gerade auch bei den strategischen Überlegungen in den großen Geldhäusern spielt und künftig noch mehr spielen wird. Daraus folgt, daß Fondskäufer sich zunehmend nicht nur die Frage stellen müssen: Welchen Fonds wähle ich aus? Sondern auch: Bei welchen Verkäufern laufe ich Gefahr, aus Gründen, die mit meinen persönlichen Zielen nichts zu tun haben, von einem Fonds in den anderen gejagt zu werden? Am Bankschalter läßt sich die Frage einfach beantworten. Denn der Volksbank-Berater wird zu Union-, der Mann von der Sparkasse zu Deka- und der Commerzbanker zu Adig-Fonds raten. Die Gefahr des ins Geld gehenden Fonds-Switching ist zwar vorhanden; aber die bei Vertriebsgesellschaften gängigen Psychotricks werden kaum angewandt, weil die Ausbildung von Bankberatern zu trickreichen Verkäufern immer noch in den Kinderschuhen steckt. Anders im freien Vertrieb; denn hier geht Umsatz über alles, und die fachliche Schulung läßt oft zu wünschen übrig.

Warum dennoch immer mehr Fondskunden bei Vertriebsgesellschaften landen, hat allerdings nicht allein mit deren guter Verkaufsschulung samt Tricks zu tun, sondern auch mit dem schwindenden Vertrauen gegenüber Banken und Sparkassen. Vertrauen entsteht bekanntlich nicht von heute auf morgen, sondern über viele Jahre, und es ist mit Personen verbunden. Wenn aber Banken aus organisatorischen Gründen ihr ganzes Zweigstellennetz umfunktionieren, so daß den ratsuchenden Kunden auf einmal ihre vertrauten Ansprechpartner fehlen, nehmen Treue und Vertrauen zur alten Bankverbindung schlagartig ab. Kunden, die so etwas einmal erlebt haben, sind zwangsläufig besonders offen für die Verlockungen anderer Anbieter.

Der Fondsverkauf ist nicht nur bei Banken, Sparkassen, Versicherungen und freien Vertriebsgesellschaften angesiedelt. Da Service – im Sinn von objektiver Beratung, sauberer Abwicklung und klarer Berichterstattung (Reporting) – immer wichtiger wird, verlagert sich ein größer werdender Teil des Geschäfts zu den Investmentgesellschaften selbst. Den ausländischen unter ihnen bleibt ohnehin nichts anderes übrig, als sich mit qualifiziertem Service und überdurchschnittlichen Fondsergebnissen in Deutschland einen guten Namen zu machen. Die deutschen können es sich nicht leisten, hinter ihnen herzuhinken. Das hat für Kunden höchst angenehme Konsequenzen: Sie brauchen bei der Fondsanlage zunehmend nicht mehr den umständlichen Weg über Geldhäuser oder Vermittler zu gehen, sondern können sich direkt an die Investmentgesellschaften wenden. Das ist bei Sparplänen schon gang und gäbe. Der direkte Weg hilft sogar Gebühren sparen. Und wer eine größere Summe anlegen will, spart zusätzlich beim Ausgabeaufschlag. Denn, um möglichst hohe Fondsvolumina zu erreichen, tun die Investmentgesellschaften fast alles. Vermögensverwalter erhalten bei ihnen Rabatte auf den Ausgabeaufschlag, die je nach Anlagehöhe bis nahe an 100 Prozent reichen. Privatkunden sollten ebenfalls versuchen, Rabatte herauszuholen, die betuchten unter ihnen sowieso. Anhaltspunkte für die Höhe der Abschläge gibt die Gebührenstaffel der Direkt Anlage Bank in München.

Die bietet seit September 1996 auch Geschäfte über das Internet an. Wird dieser elektronische Weg die anderen Vertriebskanäle über kurz oder lang überflüssig machen? Die richtige Antwort hängt davon ab, wieviel Rat die Kunden brauchen und in welchem Ausmaß die Anlageberater qualifizierten Rat geben können. Das wiederum hängt von der Umsetzung der EU-Wertpapierdienstleistungsrichtlinie in deutsches Recht ab. Diese Richtlinie sieht unter anderem Qualitätsstandards für Anlageberater vor.

Von grauen und schwarzen Schafen

Rainer Metz wirkt etwas traurig, wenn er aus dem Fenster seines bescheidenen Büros im sechsten Stock auf einen Hinterhof in der Nähe des Düsseldorfer Hauptbahnhofs blickt. Doch nicht allein die Umgebung ist es, die den auf Finanzdienstleistungen spezialisierten Juristen der Verbraucher-Zentrale Nordrhein-Westfalen melancholisch stimmt, sondern auch die Materie, mit der er sich ständig befaßt. Denn er hat es mit Opfern des Wirtschaftslebens zu tun, vor allem mit solchen, die allzu gutgläubig den Versprechen der etablierten Geldhäuser aufgesessen sind. „Viel zu viele Leute lassen sich am Schalter abbügeln", beklagt er das Verhältnis von Banken und Kunden; „in Luxemburg fressen die hohen Gebühren die illegale Steuerersparnis auf, und die Anfragen zu Strukturvertrieben häufen sich."

Doch Metz hat zu kämpfen gelernt – Ergebnis seiner ständigen Konfrontation mit der deutschen Geldelite, seines Studienaufenthalts in den USA und letztlich auch seines früheren Hobbys: Rugby spielen. Als Mann des Jahrgangs 1950 widmet er sich heute weniger dem rauhen Sport als der sportlichen Auseinandersetzung mit Geschäftemachern, die überwiegend in der riesigen Grauzone der Finanzdienstleistungen tätig sind. Sogar vor Ombudsmann Leo Parsch, dem von den deutschen Banken mit der Rechtshilfe für ihre Kunden betrauten ehemaligen Präsidenten des Bayerischen Verfassungsgerichts, hat Metz keinen Respekt: Anhand eines Falles aus der Dresdner Bank weist er nach, daß der ehemalige Verfassungsrichter – ganz im Gegensatz zu einem Spruch aus der 1995er Werbekampagne des Bundesverbandes deutscher Banken („Unser einflußreichster Kritiker hat immer recht") – die Kritik offenbar zu milde ausfallen läßt. Laut „Capital" vom Juni 1995 bezichtigt Metz den Ombudsmann sogar der „einseitigen Gewichtung zugunsten der Bankargumente".

Schön wär's, wenn der Ärger von Anlegern und Kreditnehmern auf Auseinandersetzungen mit Parsch beschränkt bliebe. Leider sieht die reale Geldwelt anders aus: Immer und überall kann Ihnen ein Malheur passieren, und niemand ist gegen Fehler beim Umgang mit Geld gefeit.

WICHTIG

Sie als Kunde haben, wenn Sie nicht auf falschen Rat hereinfallen wollen, nur eine Chance: Soviel wie möglich bei allen Geldleuten, mit denen Sie in Kontakt kommen, kritisch zu hinterfragen. Sobald Ihnen etwas nicht schlüssig vorkommt, stellen Sie weitere Fragen und überschlafen Sie die Sache anschließend. Auch einen wirksamen Trick sollten Sie anwenden: Wenn Ihnen ein Angebot im großen und ganzen zusagt, Sie aber noch ein unbestimmtes Gefühl in den Magengrube haben, lassen Sie es die Konkurrenz beurteilen. Mit deren Argumenten kommen Sie dann wieder auf den ursprünglichen Anbieter zurück. Und wenn der dann auch noch Ihre letzten Zweifel ausräumt, treffen Sie die Wahl. Sie glauben gar nicht, auf wieviele echte und vermeintliche Macken bei Fonds von Fidelity Sie jemand hinweist, der Pioneer- oder DIT-Fonds vertreibt. Allerdings sollten Sie sich nicht wundern, wenn Ihnen, etwa an einem Volksbank-Tresen, das Gegenteil passiert. Denn in diese Domäne ist Fidelity schon eingebrochen.

Wenn Sie mit den hellgrauen Schattierungen im Geldgeschäft keine Schwierigkeiten haben, dürften Sie gegen schwarze Schafe der Branche erst recht gefeit sein. Doch leider trifft das nicht auf alle Bundesbürger zu, und deshalb sind die folgenden Passagen wichtig. Schwarz ist eine Farbe, die beim Umgang mit Geld leider immer häufiger vorkommt. Während Schwarzgeld von der Mehrheit der Bevölkerung toleriert wird, sind schwarze Kassen den meisten Menschen suspekt. Gegen schwarze Schafe haben naturgemäß alle eine Abneigung. Aber wer zählt und zähmt die vielen grauen Schafe, die in letzter Zeit eine geradezu nicht enden wollende Ausbreitung erfahren? Sie treten auf als Anlageberater und Abschreibungskünstler, Telefonverkäufer und Titelhändler, Interessenvertreter und Insider, Provisionsschinder und Penny-Stock-Promoter, Wertgutachter und Warenterminhändler, Kontoplünderer und Kredithaie, Vereinsgründer und Vermögensverwalter. Die deutsche Gesetzgebung samt Rechtsprechung hinkt hinter den grauen Schafen her wie der sprichwörtliche Hase hinter dem Igel. Nur wer von vornherein aufpaßt, hat die Chance, unbeschadet davonzukommen. Leider passen viele nicht auf. Sonst wäre es nicht so weit gekommen, daß Anleger 300 Millionen Mark beim European Kings Club verloren hätten. Oder 600 Millionen bei Ambros oder über 300 Millionen bei Plus Concept. Pfiffige Rechtsanwälte gehen mittlerweile sogar gegen schläfrige Staatsanwälte vor, die einen Teil des Schadens hätten verhindern können.

Nicht alle Menschen sind kritisch genug. Und die meisten lassen sich psychologisch beeinflussen. Das Geheimnis guter Verkäufer besteht gerade darin, die primitivsten Grundregeln der Psychologie penetrant umzusetzen und auf die Spitze zu treiben, um zum Abschluß zu kommen. Ihre Kunden sollen auf gut einstudierte Fragen mit Ja antworten. Die Aneinanderreihung von Ja-Antworten erzeugt ein positives Abschluß-Klima. Das Denken ist für kurze Zeit ausgeschaltet – und schon sitzt die Unterschrift.

Handelt es sich dabei um einen Investmentfonds oder um eine Kapitallebensversicherung, mag alles noch glimpflich enden. Doch wehe, wenn eine dieser beiden Anlagen mit einem Kredit verknüpft wird. Dann fressen die Zinsen allmählich das Ersparte auf.

Eine für jede Form von falschen Versprechen und Anlagebetrug zuständige Organisation gibt es nicht. Verbraucherzentralen sind zwar, wie im Fall Düsseldorf, kompetent. Aber sie bleiben auf Jahrzehnte überlastet, weil die für sie bestimmten öffentlichen Mittel begrenzt sind. Die Polizei ist meistens inkompetent und tappt im dunkeln. Staatsanwälte trauen sich fast nie, Anlagebetrügern vorzeitig das Handwerk zu legen. Es gibt nicht genug Rechtsanwälte, die ihre Pappenheimer unter den Anlagebetrügern kennen; für den entsprechenden Schutz verlangen sie natürlich Geld. Dann kommt bei den meisten Menschen ein unverständlicher Geiz auf: Lieber riskieren sie Hunderttausende, bevor sie bereit sind, einem guten Anwalt 1.000 oder 2.000 Mark Honorar zu zahlen. Ein solches Fehlverhalten mag menschlich sein, ist jedoch die Vorstufe zum finanziellen Ruin. Der beste Schutz ist Ihre kritische Einstellung, Ihr Verstand.

 WICHTIG

Woran erkennt man schwarze Schafe? An Erstkontakten per Telefon, psychologisch clever geführten Gesprächen (Herauskitzeln von Ja-Antworten), drängenden Aufforderungen zum Abschluß, traumhaften Renditen, Firmensitzen und Garantien dubioser Adressen im Ausland, Gemeinschaftsdepots, unübersichtlichen Firmenverflechtungen, Umtauschangeboten von kursmäßig heruntergekommenen Wertpapieren in sogenannte Freiverkehrsaktien zu Mondpreisen, an Einladungen zu kleinen Geldgeschäften als Einstieg (die auf dem Papier natürlich gut gehen, damit die großen Geschäfte platzen), an fehlenden Treuhändern und an Verführungsversuchen zu Schwarzgeld-Anlagen.

Die Aufzählung kann nicht vollständig sein, weil es immer wieder neue Tricks und ständig wechselnde Firmennamen gibt. Auch hilft eine Liste unseriöser Anbieter kaum weiter, weil Geldganoven nicht nur die Namen ihrer Firmen ständig ändern, sondern auch ihre eigenen.

Die Kriterien, an denen schwarze Schafe auszumachen sind, helfen in den meisten Fällen. Aber woran erkennt man graue Schafe, zumal solche, die sich im Schutz etablierter Geldhäuser tummeln? Die Antwort darauf fällt schwer. Schon die Gebühren- und Provisionsschinderei von Banken, Sparkassen und Versicherungen ist unerträglich. Hinzu kommen unsaubere Abrechnungen, falsche Prospekte, Insidergeschäfte, Kursmanipulationen, einseitige Vermögensverwaltungs-Verträge, Churning (Drehen von Depots, damit möglichst viel Provision herausspringt), Kickback (Vereinbarung zwischen Bank und freiem Vermögensverwalter über die Teilung der Provision, ohne daß der Kunde davon erfährt), leichtsinnige Kreditvergabe und falsche Beratung. Auch diese Aufzählung ist nicht vollständig, verschafft Ihnen aber einen repräsentativen Einblick in die Machenschaften des sogenannten legalen Betrugs.

Fragen Sie sich nun, was das alles mit Investmentfonds zu tun hat? Hier die Antwort: Zunächst tummeln sich im Vertrieb viele schwarze Schafe, die von Investmentfonds sprechen, in Wahrheit aber Anlagebetrug meinen. Dann gibt es Vermittler, die den für die Anlage bestimmten Scheck oder die Überweisung auf ihr eigenes Konto leiten. Eine weitere Spezies konzentriert sich auf Schwarzgeld-Kunden und erpreßt sie so lange, bis das eigene Konto voll und das des Kunden leer ist. Am Grenzzaun zwischen schwarzen und grauen Schafen befinden sich schließlich die naiven Pseudo-Berater, die aus der tollen Entwicklung eines Fonds in der Vergangenheit auf die Zukunft schließen und dafür obendrein womöglich einen Kredit empfehlen.

Drei besondere Mißstände im Fondsbereich betreffen die unzureichende Transparenz:

- Das Drehen von Wertpapierbeständen innerhalb der Fonds bleibt Anlegern weitgehend verborgen. Was sie an versteckten Provisionen zahlen, können sie also nicht ergründen.

- Ein Teil der veröffentlichten und damit für die Abrechnung herangezogenen Fondspreise und -ergebnisse weicht von den richtigen Werten ab.

- Es gibt praktisch keine Gerichtsurteile, die sich speziell mit Investmentfonds beschäftigen. Denn die mit der Materie überforderten Richter schießen sich lieber auf die falsche Beratung ein.

Vielleicht tröstet Sie ein wenig die Aussage des Frankfurter Rechtsanwalts Ekkehardt von Heymann in bezug auf das höchste für solche Fälle zuständige Gericht: „Der Bundesgerichtshof fällt keine rationalen Entscheidungen." Von Heymann ist nicht irgendwer, sondern kundiger Kommentator spitzfindiger Urteile zum Anlagerecht und darüber hinaus Syndikus der Deutschen Bank. Bei einer sehr gelungenen Veranstaltung des Institute for International Research (IIR) am 10. März 1994 in Wiesbaden war er besonders gut drauf und brachte die Spitzfindigkeiten schnell auf den

Punkt. Zwei seiner damaligen Leitsätze: „Je mehr ein Anlageberater auf den Kunden zugeht, desto eher kann er zur Haftung herangezogen werden." Und: „Jeder Anlageberater muß seine Kunden sorgfältig, richtig, vollständig und verständlich informieren."

Solche Leitsätze wurden früher als ethisches Gesäusel abgetan. Heute dagegen sind sie Bestandteil einer immer häufiger dem Anlegerschutz dienenden Rechtsprechung. Das heißt, wer gegen eine Bank, Sparkasse, Versicherung, Vertriebsgesellschaft und so weiter vor den Kadi zieht, hat ungleich größere Chancen zu gewinnen als früher. Der entscheidende Durchbruch kam 1993 mit dem Urteil des Bundesgerichtshofs gegen die BHF-Bank in Sachen Alan Bond. Die Anleihen aus dem Imperium dieses australischen Großspekulanten, die das Institut als Konsortialführer auf den deutschen Markt gebracht hatte, waren notleidend geworden. Später traf ein Urteil des Amtsgerichts Frankfurt die Deutsche Bank – ausgerechnet wegen falscher Beratung für einen Rentenfonds, den Akkurenta 1999 der Deutsche-Bank-Tochter DWS. Mittlerweile sind die Urteile zugunsten von Anlegern Legion. Falls Ihr Sohn oder Ihre Tochter Jura studiert, tun Sie für Ihren Nachwuchs etwas Gutes und lassen Sie ihn Anlegeranwalt oder -anwältin werden. Denn ein gewonnener Prozeß gegen ein Finanzinstitut bringt wegen der großen Publizität mehr Gratiswerbung und damit Geld als 100 gewonnene Verkehrsprozesse.

In den USA gehören Anlegeranwälte zu den Spitzenverdienern. Auch in Deutschland gibt es schon eine ganze Reihe von solchen Spezialisten, deren Namen im Zusammenhang mit dem Anlegerschutz durch die Presse geistern. Hier eine kleine Auswahl in alphabetischer Reihenfolge:

Peter Ausborn (Hamburg), Erik Brambrink (Gütersloh), Klaus Dittke (Düsseldorf), Jens Graf (Düsseldorf), Peter Hahn (Bremen), Claus Hermuth (München), Wolfgang Hoppe (Bad Soden), Gabriele Koch (Heilbronn), Jürgen Machunsky (Göttingen), Jochen Resch (Berlin), Michael-Christian Rössner (München), Joachim Schweiger (Düsseldorf), Volker Thieler (München).

Diese kleine Liste erhebt natürlich keinen Anspruch auf Vollständigkeit. Darüber hinaus gibt es in Köln den Anwalt-Suchservice, eine Tochtergesellschaft des renommierten Verlags Otto Schmidt.

Außerdem sitzt in jeder Großstadt-Kanzlei mit mehr als einem Dutzend Anwälten mindestens ein Spezialist für Anlagehaftung. Hüten sollten Sie sich vor Wald- und Wiesen-Anwälten in kleineren Orten oder auf dem Land.

 WICHTIG

Zum Schluß noch ein praktischer Hinweis: Gegen die Verluste eines Fonds juristisch zu Felde zu ziehen, hat keinen Sinn. Ausschlaggebend für einen Rechtsstreit ist fast immer die falsche Beratung, die am Banktresen, per Telefon oder bei Ihnen zu Hause stattfindet. Da ist es dann nützlich, Zeugen zu haben. Daß Banken und Sparkassen sich seit Anfang 1995 extrem absichern, ist in diesem Zusammenhang weniger von Bedeutung, als die meisten Anleger meinen. Denn die Geldinstitute müssen, falls sie beim Kampf um die Anlegermark nicht den kürzeren ziehen wollen, auf Teufel komm raus verkaufen. Das läßt sie zwangsläufig zu Argumenten greifen, die – vorausgesetzt, der Anleger kann Zeugen beibringen – bei einem späteren Prozeß zum Schadensersatz führen.

Die seit Anfang 1995 umlaufenden Erhebungsbögen zum Wertpapierhandelsgesetz, die Ihre Bank oder Sparkasse Sie ausfüllen läßt, sind ein Witz und obendrein noch eine billige Datensammlung – falls Sie darauf eingehen. Hier mein Rat: Lassen Sie Ihr Institut die letzte Rubrik selbst ausfüllen, und lassen Sie alle davor gestellten Fragen unbeantwortet. Ihr Anlageberater wird Sie dann zwar einige Tage lang schief ansehen, aber Sie haben ihm gezeigt, wo seine Grenzen sind. Die Erhebungsbögen sollen ihn nämlich von der Haftung befreien. Am besten, Sie pfeifen darauf.

Fonds-Tuttifrutti
und jede Menge Fallobst

Fonds sind Bausteine Ihrer persönlichen Finanzplanung, oder besser gesagt: eines Teils davon. Die Älteren von Ihnen, die als Kinder mit Bauklötzen statt mit dem Game Boy gespielt haben, erinnern sich bestimmt noch sehr gut, was geschah, wenn die Basis des Klötzchenturms aus schiefen oder aus zu kleinen Teilen bestand: Die ganze Konstruktion brach zusammen, und danach flossen reichlich Tränen. Mit Fonds verhält es sich ähnlich. Nur, welche Fonds stehen zur Verfügung, welche sollen die Basis bilden, welche passen zusammen, und woran kann man ihre Eignung für die private Finanzplanung erkennen?

In diesem Kapitel und den folgenden widmen wir uns einzig dem allerersten Teil der Frage. Es bleibt trotzdem spannend. Dafür sorgen allein schon die Bemühungen von verschiedenen Seiten um eine gewisse Systematik. Der deutsche Fondsverband BVI nimmt, getrennt nach Fonds mit nicht begrenzter und Fonds mit begrenzter Laufzeit, in seiner umfangreichen Rennliste die folgende Einteilung vor:

- Aktienfonds Anlageschwerpunkt Deutschland,
- Aktienfonds mit internationalem Anlageschwerpunkt,
- Aktienfonds Anlageschwerpunkt Europa,
- Aktienfonds Anlageschwerpunkt Amerika,
- Aktienfonds Anlageschwerpunkt Fernost,
- Aktienfonds mit internationalem Anlageschwerpunkt/Länder- und Regionalfonds,
- Aktienfonds mit internationalem Anlageschwerpunkt/Branchenfonds,
- Aktienfonds/spezielle Instrumente,
- Rentenfonds Anlageschwerpunkt Deutschland,
- Rentenfonds Anlageschwerpunkt Deutschland/geldmarktnahe und Kurzläuferfonds,
- Rentenfonds mit internationalem Anlageschwerpunkt,
- Rentenfonds mit internationalem Anlageschwerpunkt/geldmarktnahe und Kurzläuferfonds,

- Rentenfonds/spezielle Instrumente,
- Geldmarktfonds Anlageschwerpunkt Deutschland,
- Geldmarktfonds mit internationalem Anlageschwerpunkt,
- Gemischte Fonds,
- Rentenfonds Anlageschwerpunkt Deutschland/Laufzeitfonds,
- Rentenfonds/spezielle Instrumente/Laufzeitfonds,
- Offene Immobilienfonds.

Sie haben richtig gelesen: Tuttifrutti. Diese Systematik – falls man hier überhaupt noch davon sprechen kann – folgt der Leitlinie, daß bei der Bewertung der Fondsergebnisse Äpfel nicht mit Birnen verglichen werden sollen. Trotzdem findet sich in so mancher Rubrik eine bunte Mischung nicht nur aus Äpfeln und Birnen, sondern auch aus allerlei anderen Früchten. Beispiel Aktienfonds mit internationalem Anlageschwerpunkt/Länder- und Regionalfonds: Da steht alphabetisch gleich hinter dem Adig-Aktien-USA-Fonds der Australien-Pazifik-Fonds; beide sind in keiner Weise vergleichbar. Und hinter dem DIT-Fonds Italien befindet sich alphabetisch der DIT-Fonds Schweiz. Das ist besonders bemerkenswert, weil der erste in den vergangenen fünf Jahren bis Mitte 1995 ein Minus von 45,2 Prozent hinlegte, während seinem Schweizer Bruder mit plus 32,3 Prozent das beste Ergebnis in derselben Rubrik gelang.

Der BVI kümmert sich natürlich nur um seine Klientel, veröffentlicht also allein die Ergebnisse der eigenen Mitgliedsfirmen. Einen auch nur im entfernten ähnlich schlagkräftigen Verband für in Deutschland zugelassene Auslandsfonds gibt es nicht. Um die Obstmischung wieder genießbar zu machen, nehmen deshalb auf die Messung der Performance (Leistung) spezialisierte Firmen wie Micropal oder FCS auch Auslandsfonds in ihre Rennlisten auf. Und um erst gar nicht Gefahr zu laufen, Äpfel mit Birnen zu vergleichen, rechnen sie die in verschiedenen Währungen auf ihren Tisch kommenden Ergebnisse in Mark um.

Trotz solcher Fortschritte der Profis fühlen sich Anleger beim Betrachten der vielen Namen und Zahlen doch ziemlich hilflos. Denn die Vielfalt der Fonds ist erdrückend. Warum, zeigt ein Blick in die zur Jahresmitte 1996 nicht weniger als 51 Seiten umfassende Liste der in Deutschland zugelassenen Auslandsfonds. Sie setzt sich zusammen aus den Rubriken „Anzeigen nach § 7 Auslandinvestmentgesetz" und „Anzeigen nach § 15 c Auslandinvestmentgesetz". Der Unterschied besteht darin, daß das Berliner Bundesaufsichtsamt für das Kreditwesen im ersten Fall eine intensive Prüfung vornimmt und sich im zweiten Fall auf die Vorprüfung der vergleichbaren Behörde in einem Land der Europäischen Union stützt. Materielle Qualitätsunterschiede gibt es nicht. Allerdings sind die 15-c-Anzeigen zigmal so oft vertreten wie die nach § 7.

Viel wichtiger als die formelle Einteilung dürfte für Sie als Anleger die Frage sein: Wie finde ich unter vergleichbaren Fonds die besten heraus, und wer besorgt sie mir? Auf den ersten Teil der Frage gibt es in Zeitungen, Zeitschriften und Spezialdiensten, die sich der Auswertung von Rennlisten widmen, inzwischen sicher genug Antworten – womit allerdings noch nicht gesagt ist, welche Fondsgruppe für Ihren speziellen Bedarf überhaupt geeignet ist. Weiteres Handicap: Unklar bleibt, daß die von den Publikationen verfolgten, schon eine Reihe von Jahren am deutschen Markt angebotenen Fonds besser sind als die Newcomer, die sich ihren Platz in den Rennlisten erst erkämpfen müssen.

Was den zweiten Teil der Frage angeht, ist die Antwort noch komplizierter. Zwar besorgt Ihnen die Bank oder Sparkasse, bei der Sie Ihr Konto unterhalten, unter einigen Schwierigkeiten am Ende den Fonds Ihrer Wahl. Aber wehe, wenn die Rechnung kommt! „Spesenersatz" oder „Fremde Spesen" dürfte dann noch der geringste Kostenpunkt sein. Hinzu kommt ein saftiger Ausgabeaufschlag plus zusätzliche Provision für Ihr Institut, ganz zu schweigen von verdeckten Kosten.

Was den letzten Punkt betrifft, wildern einige Investmentgesellschaften ganz gehörig in den Brieftaschen ihrer Kunden, ohne daß diese etwas merken. Die schon erwähnte Berliner Unternehmensberaterin Anke Dembowski nennt in diesem Zusammenhang Management- und Depotbankgebühren, Fonds-Transaktionskosten, Abschreibungen der Gründungskosten in den ersten Jahren, Übernahme der Kosten zur Erstellung von Rechenschaftsberichten, Prospekten und Werbematerial. „Je nach Größe des Fonds können solche laufenden Kosten in den ersten Jahren durchaus über fünf Prozent ausmachen", meint die Fondsexpertin.

Wenn Sie Ihre unter so unerfreulichen Umständen erworbenen Fondsanteile später einmal verkaufen, wird im Zweifel noch einmal kräftig aufgeschlagen. Also entschließen Sie sich, zu einer Fondsboutique zu gehen. Die hat jedoch gerade zufällig weder die Nummer eins noch die Nummer zwei einer bestimmten Fondsgruppe in ihrem Programm, sondern nur die Nummer drei. Folglich wenden Sie sich, mittlerweile zum Sherlock Holmes unter den Fondssuchern geworden, direkt an eine Adresse in Luxemburg, Irland oder Dänemark. Die ist dann entweder so gnädig, Ihr Geld anzulegen; oder Sie werden an ihren deutschen Repräsentanten verwiesen. Wollen Sie schließlich nach einigen Jahren die Investmentgesellschaft wechseln, weil es anderswo bessere Fonds gibt, beginnt das Dilemma nicht nur unter umgekehrten Vorzeichen von vorn, sondern Sie müssen auch schon wieder einen Ausgabeaufschlag zahlen.

Diese kleine Schilderung großer praktischer Probleme zeigt, daß Sie auf der Suche nach dem theoretisch besten Fonds automatisch irgendwo zwischen Anspruch und Wirklichkeit stecken bleiben werden. Also beginnen Sie erst gar nicht mit solch einer frustrierenden Aktion, sondern gehen Sie statt dessen lieber pragmatisch vor!

WICHTIG

Falls eine Bank, Sparkasse oder Boutique Ihnen – im Zeitalter des allgemeinen Feilschens durchaus angemessen – für den Kauf eines von Ihnen ausgewählten Fonds nicht gerade exorbitant hohe Gebühren abknöpft, versuchen Sie dort Ihr Glück. Falls die Kosten, wie gerade beschrieben, doch zu hoch sein sollten, wenden Sie sich woanders hin. Bevorzugen Sie dann, wann immer es geht, einen Discounter, also eine Billigbank. Der Mangel an Beratung in diesem Fall ist meistens gar nicht so schlimm, wie man Ihnen von anderer Seite weismachen will, weil diese andere Seite im Zweifel ebenso wenig börsianisch-hellseherische Fähigkeiten hat wie Sie und deshalb auch nicht

> wissen kann, ob in den kommenden Jahren etwa Europa- oder Fernost-Fonds besser laufen werden. Versuchen Sie nie, um jeden Preis und unter allen Umständen Anteile des Fonds zu ergattern, der sich gerade auf Platz eins einer Rennliste befindet. Nehmen Sie mit der Nummer zwei, drei oder vier vorlieb, wenn damit weniger Mühen und Kosten verbunden sind.

Dieser Rat hat außer dem rein pragmatischen noch einen anderen Grund, womit wir wieder bei der Systematisierung der Fonds sind: Niemand hindert diejenigen, die Fonds in Gruppen und Grüppchen einteilen, dabei gehörig zu pfuschen. Denn zum einen ist, wie schon zu Beginn dieses Kapitels nachgewiesen, die Gruppenbildung immer mit mehr oder weniger Willkür verbunden. Zum anderen können dabei bestimmte Fonds nach rechtlichen, geographischen oder anderen Kriterien unter den Tisch fallen. Dieser Aspekt hat beim Fondsvertrieb große praktische Bedeutung: Anbieter, die einen mittelprächtigen Fonds wegen des dann besseren Verkaufs in einer Gruppe an erster Stelle sehen wollen, schaffen das durch Weglassen anderer Fonds nach den gerade genannten Kriterien. Klappt das mit diesem Trick nicht so richtig, lassen sich zumindest durch die willkürliche Auswahl bestimmter Betrachtungszeiträume einige Plätze in der Rennliste gutmachen. Und so wird aus Fallobst über Nacht ein süßer Früchtecocktail.

Zum Glück gibt es in letzter Zeit nicht nur diese unerfreulichen Begleiterscheinungen, sondern auch das redliche Bemühen um eine bessere Systematik. Da sind zum einen die qualifizierten Ausarbeitungen der Deutschen Performancemessungs-Gesellschaft (DPG), die den Profis im Fondsgeschäft klare Richtlinien an die Hand gibt, wie die Ergebnisse in welchem Segment innerhalb eines Fonds – also sehr verfeinert – wirklich zu messen sind. Auch für Laien nachvollziehbar ist zum anderen das sogenannte Mikado-System, das die Münchner Firma Südprojekt zusammen mit der Stiftung Warentest in Berlin und deren Zeitschrift „Finanztest" propagiert.

Wenn Sie das „Handelsblatt" lesen, wird Ihnen sicher schon die zweidimensionale Performancemessung aufgefallen sein, der sich das Blatt häufiger widmet. Dabei handelt es sich um die Antwort auf die Frage, welches Risiko ein Fondsmanager zur Erzielung eines bestimmten Gewinns eingegangen ist. Das Anlageergebnis wird also nicht absolut, sondern relativ gemessen. Dabei kommt dann beispielsweise in bezug auf deutsche Aktienfonds heraus, daß in den fünf Jahren von April 1990 bis März 1995 der Trinkaus Capital Fonds das mit Abstand beste Anlagevehikel seiner Art war, weil er unter Inkaufnahme des zweitgeringsten Risikos die höchste Performance erzielte. Noch einigermaßen klar läßt sich der Fonds Provesta von DWS als Nummer zwei identifizieren, aber von da an ist Interpretationshilfe erforderlich (siehe nachstehendes Schaubild).

Solche Statistiken sind für Fachleute von bedingtem, für Laien von gar keinem Wert. Das Risiko wird als Standardabweichung der Monatserträge in Prozent gemessen. Ob dieses Vorgehen sinnvoll ist oder nicht, darüber werden sich die Geister wohl noch eine Generation lang streiten. Denn die Höhe des Risikos bemißt sich hier nicht allein nach mathematischen Formeln, sondern ganz stark auch nach dem Verhalten des Fondsmanagers oder mehrerer Fondsmanager in der Vergangenheit. Und Fondsmanager können wechseln, ihr Verhalten ändern, aus der Vergangenheit lernen und so weiter. Damit wird der Wert der Standardabweichung jedesmal hinfällig.

Zeigt schon dieses einfache Beispiel, daß die zweidimensionale Performancemessung nur etwas für Spezialisten mit tiefem Einblick in die Materie ist, so gilt das erst recht für die sogenannte Sharpe-Ratio. Hier handelt es sich wieder um die Relation von Ergebnis und Standardabweichung, aber in verfeinerter Form. Denn bei der Sharpe-Ratio steht im Zähler des Bruchs die Performance des untersuchten Fonds abzüglich der Performance einer risikofreien Anlage. Darüber hinaus gibt es noch die Information-Ratio, bei der an die Stelle der risikofreien Anlage die sogenannte Benchmark tritt, am besten übersetzt mit Meßlatte oder Richtmaß. Das kann zum Beispiel ein Aktienindex oder das Durchschnittsergebnis einer Fondsgruppe sein.

Sollten Sie an dieser Stelle schon fast abgeschaltet haben, lassen Sie sich damit trösten, daß die Amerikaner mit ihrem Hang zur Vereinfachung längst schon wieder von allzu komplizierten Performanceformeln abgerückt sind. So untersuchte die anerkannte Finanzzeitung „Barron's" per Ende 1994 die Ergebnisse von nicht weniger als 6.164 Fonds. Beim Lesen der umfangreichen Studie kommt an keiner Stelle Langeweile auf, obwohl das Fachblatt in erster Linie nicht gerade Laien anspricht.

Aufklärung dieser Art macht sich jetzt verstärkt auch in Deutschland breit. Zeitschriften und Zeitungen wie „Börse Online", „Capital", „DM", „Finanzen", „Finanztest", „Welt am Sonntag", „Das Wertpapier" oder „Die Zeit" widmen sich regelmäßig dem Thema Fonds.

Die Strategen in den großen deutschen Finanzhäusern haben ebenfalls schon entdeckt, daß sich mit aufgeklärten Kunden bessere Geschäfte machen lassen als mit ewig fragenden Geldlaien. Folglich stellen sie Interessenten das erforderliche Basiswissen zur Verfügung und verbinden es geschickt mit einem Schuß Werbung für sich selbst. So kommt etwa die Deutsche Bank in ihrer 116seitigen Studie mit dem Titel „Basisinformationen über Vermögensanlagen in Wertpapieren" fast ohne Werbung aus. Das Schaubild auf Seite 148 ist dieser Studie entnommen. Es zeigt eine vom BVI-Schema abweichende Fonds-Systematik, die dem Angebot der Deutschen Bank und ihrer Investmenttöchter entspricht.

Vergleichbare Übersichten des Sparkassensektors lassen einige der hier genannten Fondsarten weg und führen statt dessen das S Dynamik Depot auf, eine mit Fonds der Investmentgesellschaft Deka arbeitende Vermögensverwaltung. Und beim Deutschland-Angebot von Fidelity oder Flemings spielen Spezialitätenfonds jeder Art die Hauptrolle; folglich sieht die Systematik hier wiederum ganz anders aus.

Wer sich wissenschaftlich mit Fonds beschäftigt, dürfte bei jedem Systematisierungsversuch erneut verzweifeln. Doch weil es sich hier weniger um eine wissenschaftliche als um eine höchst praktische Angelegenheit handelt, gibt es für Anleger keinen Anlaß zur Verzweiflung. Denn vom praktischen Standpunkt aus, also im Hin-

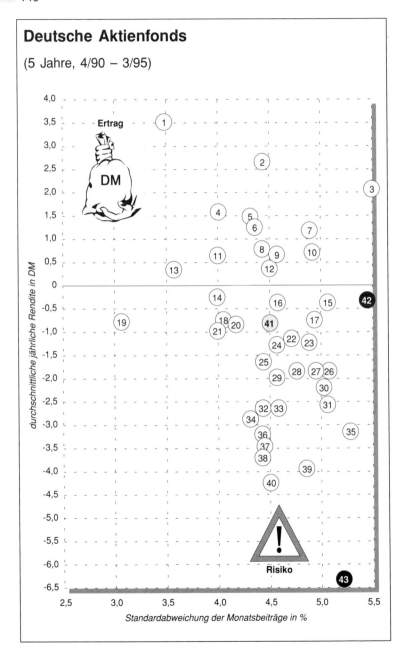

```
 1 Trinkaus Capital Fonds              23 Adifonds
 2 Provesta (DWS)                      24 Oppenheim Privat
 3 MMWI-Progress-Fonds (M.M. Warburg)  25 Nürnberger Adig A
 4 FT Frankfurt-Effekten-Fonds         26 DekaFonds
 5 DIT-Fonds für Vermögensbildung      27 BfG Invest Aktienfonds
 6 Alte Leipziger Trust Fonds A        28 UniFonds
 7 Investa (DWS)                       29 MK Alfakapital
 8 Ring-Aktienfonds DWS                30 Main I-Universal Fonds
 9 Zürich Invest Aktien                31 Thesaurus (DIT)
10 PEH-Universal-Fonds I               32 SMH-Spezial-Fonds I
11 RK Aktien-Inland (Rheinische KAG)   33 Fondak (Adig)
12 DVG-Fonds Select Invest             34 E&G Privat-Fonds MK
13 Citibank Privat Invest-Fonds (Union) 35 DIT-Wachstumsfonds
14 Privatfonds (Metzler Invest)        36 Aufhäuser-Universal-Fonds I
15 Concentra (DIT)                     37 Hansaeffekt
16 Frankfurter Sparinvest Deka         38 DIT-Spezial
17 Köln-Aktienfonds Deka               39 Elfoaktiv
18 Metallbank Aktienfonds DWS          40 BiL Deutscher Spezialwert Fonds Euroinvost
19 Universal-Effect-Fonds
20 RK-Aktien-Global (Rheinische KAG)   41 Fonds-Durchschnitt
21 Adiverba                            42 Standardwerte (Dax)
22 Deutscher-Berenberg-Universal-Fonds 43 Nebenwerte (GSC 100)

Quelle: Micropal / BVI – © Handelsblatt-Grafik
```

blick auf die Lösung finanzieller Probleme mit Hilfe einzelner Fondsbausteine, drängt sich die folgende Einteilung geradezu auf:

- Aktienfonds
  Mit ihrer Hilfe gelingt der Vermögensaufbau über zwei bis drei Jahrzehnte am besten.
- Renten- und Geldmarktfonds
  Sie sind für die Erzielung von Zusatzeinkommen geeignet, vornehmlich im höheren Alter.
- Offene Immobilienfonds
  Ihre Stärken zeigen sich in bestimmten Konjunkturphasen auf Sicht von fünf bis zehn Jahren.
- Spezialfonds
  Sie sind auf einen engen Großkundenkreis zugeschnitten, verwalten aber ähnlich viel Geld wie die Publikumsfonds.
- Fonds-Vermögensverwaltung
  Hier handelt es sich um einen noch nicht ganz ausgereiften Ersatz für breit gestreute klassische Fonds.

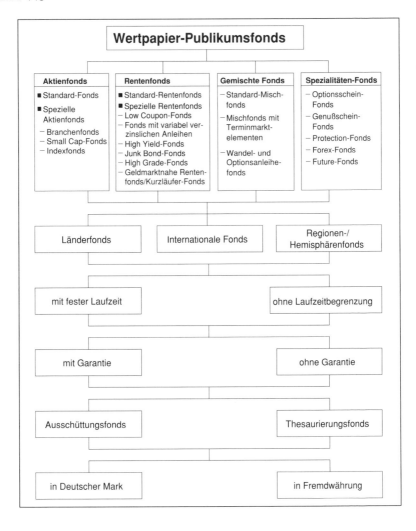

Die nächsten Kapitel behandeln die Möglichkeiten der Fondsanlage in dieser Reihenfolge, samt Ausflug in die Welt der Fondsmanager. Am Ende schließt sich ein Kapitel über die persönliche Finanzplanung an, das noch einmal die Baustein-Idee aufgreift und Fonds in den Zusammenhang stellt, in den sie gehören, nämlich Problemlöser für bestimmte Lebenslagen zu sein.

Der gewisse Kniff bei Aktienfonds

Es war ein Bild für die Götter. Am Rednerpult bereitete sich Dietmar Hopp, Chef des renommierten Walldorfer Softwarehauses SAP, dessen Aktien später im September 1995 die Babcock-Papiere aus dem Deutschen Aktienindex Dax verdrängten, gerade auf seine Rede an die Analysten der DVFA vor. Derweil zählte DVFA-Chefin Ulrike Diehl, dezent mit einem dunkelblauen Kostüm bekleidet, die Häupter ihrer Lieben. Da betraten nacheinander Elisabeth Weisenhorn in einem Kleid mit schwarz-roten Rauten und Kurt Ochner im dunkelgrauen Anzug den Veranstaltungsraum der Frankfurter DG Bank im sechsten Stock. Beide nahmen standesgemäß in der ersten Reihe Platz, lauschten Hopps Ausführungen und wechselten hin und wieder ein paar Worte. Standesgemäß, weil sie nicht erst an jenem 1. Februar 1995 zur Creme de la creme der deutschen Aktienfondsmanager gehörten, sondern schon in den Jahren davor und in den Monaten danach.

Multimilliardär Hopp, dessen SAP-Aktien sich von 1993 bis 1995 in der Spitze verzehnfacht hatten und der seinen Reichtum später in kleiner Runde als „zweitrangig" bezeichnete, kam zum Ende seiner Rede. Da ging Ochner schnurstracks auf ihn zu und überreichte ihm zwei Flaschen selbstgebrannten Schnaps zu je 46 Prozent Alkohol, zusammen also 92 Prozent. Die Geste hatte etwas Symbolisches: Der SAP-Gewinn war 1994 um 92 Prozent gestiegen.

Ochner hätte sich die hochprozentigen Getränke, einmal Zwetschge und einmal Kirsch, getrost auch selbst als Belohnung spendieren können. Denn er war schon Anfang 1993 vom späteren phänomenalen SAP-Erfolg derart überzeugt, daß er damals privat massiv Aktien des Softwarehauses gekauft hatte. Der stille Profi verdankte einen Großteil seiner Eingebungen dem Nachdenken während der jeweils zweistündigen Zugfahrt aus dem Odenwald nach Frankfurt und zurück.

Der von Ochner gemanagte SMH-Smallcap-Fonds gehörte – ebenso wie die von Weisenhorn verwalteten Fonds DWS Deutschland, Provesta und andere – zum Besten, was die endlosen deutschen

Fondstabellen 1994 und 1995 zu bieten hatten. Ihren Erfolg verdankten die SMH-Anleger wiederum ganz erheblich den SAP-Stammaktien, die zum 31. März 1995 nicht weniger als 6,15 Prozent des Smallcap-Vermögens ausmachten. Das war der mit Abstand höchste Anteil einer Aktie in diesem Fonds. Weisenhorn kam bei ihrem Provesta mit 5,80 Prozent Anteil SAP-Stamm- und -Vorzugsaktien fast an Ochners Größenordnung heran.

Weisenhorn und Ochner, zwei von bestenfalls einem Dutzend Ausnahmeerscheinungen unter den deutschen Fondsmanagern: Nicht allein die klare Analyse börsenrelevanter Zusammenhänge zeichnet sie und ähnlich qualifizierte Mitstreiter aus, sondern in ganz gehörigem Ausmaß auch gutes Gespür. Denn Börsenerfolg ist Wissen mal Intuition. Wer mit Aktien Kursgewinne erzielen will, muß ahnen, welche Entwicklung ein Unternehmen in Zukunft haben wird, und damit rechnen, daß viele Anleger diese Entwicklung erst einmal verschlafen und durch ihre späteren Aktienkäufe den Kurs um so mehr in die Höhe treiben.

Gute Fondsmanager sind nicht nur wissende und intuitive Wesen, sondern in mancherlei Hinsicht auch Künstler: Sie haben ihr Handwerk (die Spekulation) gelernt und versuchen, durch immer besseren Einsatz der Werkzeuge (Aktien, Renten, Festgeld, Derivate) die Konkurrenz zu schlagen. Für ihre Entscheidungen benötigen sie viel Freiraum von seiten der Geschäftsführung. Managerin Weisenhorn kann sich in dieser Hinsicht nicht über DWS-Chef Christian Strenger beklagen. Dagegen wurde es ihrem Konkurrenten Ochner im Haus SMH 1995 zu bunt, und er wechselte in die Geschäftsführung der deutschen Investmentgesellschaft der Schweizer Bank Julius Bär.

Deutsche Aktienfonds schienen jahrelang in einen Dämmerzustand verfallen zu sein. Nach dem großen Börsenkrach vom Oktober 1987 dauerte es mehr als fünf Jahre, bis der BVI am 25. Januar 1993 mit erheblicher journalistischer Unterstützung einen Workshop zum Thema Aktien einberief, und weitere sieben Monate, bis daraus eine PR-Kampagne wurde. Sie eckte an, weil sich deutsche Anleger darin den Vergleich mit Affen gefallen lassen mußten (siehe nachstehende Abbildung). Aber sie war erfolgreich. Denn danach lief der Absatz von Aktienfonds – natürlich auch

Aktienfonds

In puncto Geldanlage haben wir Deutsche irgendwann die Evolution verschlafen.

Wir sparen wie die Weltmeister. Jahr für Jahr meldet die Bundesbank neue Rekorde, das durchschnittliche Geldvermögen der Haushalte hat die 100.000-Mark-Grenze durchbrochen.

Bei der Anlage dieses Geldes jedoch zeigen sich Ungereimtheiten: 96% der Deutschen besitzen Sparkonten, 47% Lebensversicherungen. Aber: nur 8 bis 9% Investmentanteile, und hiervon wiederum schätzungsweise ein Drittel Anteile von Aktienfonds.

Das ist unbegreiflich. Denn Aktienfonds sind längerfristig vergleichbaren Geldanlagen klar überlegen.

Warum das so ist, weshalb viele Sparer sinnlos Geld verschenken, weiß niemand. Sind wir (im Gegensatz zu anderen Industrienationen) in puncto Geldanlage wirklich ein unterentwickeltes Land? Oder herrscht auf diesem Gebiet einfach Unwissenheit?

Wir glauben das letztere!

Und dagegen wollen wir etwas unternehmen, indem wir Sie über Aktienfonds und deren Vorteile ausführlich informieren. Schreiben Sie uns, damit wir Ihnen weiterhelfen können.

Initiative Investment-Anlagen

BVI, Bundesverband Deutscher Investment-Gesellschaften, Eschenheimer Anlage 28, 60318 Frankfurt wegen der damaligen Hausse an der deutschen Börse – wie geschmiert, zumindest bis zum ersten Halbjahr 1994. Dann war das Affentheater schon wieder vorbei.

Derweil feierte das Deutsche Aktieninstitut am 9. Juni 1993 sein 40jähriges Jubiläum. Da dort jedoch die Interessen der Banken und der Industrie viel zu stark und die der Anleger so gut wie gar nicht vertreten waren, hatte es ungleich weniger zählbaren Erfolg als der BVI. Der nach Ulrich Fritsch zum Chef des Instituts berufene Rüdiger von Rosen gibt sich allerdings viel Mühe, das Aktiensparen in Deutschland populär zu machen.

Aus Anlegersicht betrachtet stecken in Aktienfonds viele Chancen. So belegen langjährige Untersuchungen, daß ein gut gemischtes Aktienportefeuille über mehrere Jahrzehnte unschlagbar ist. Daraus folgt, daß ein Anleger für sein langfristiges finanzielles Wohl nichts anderes zu tun braucht, als früh genug im Leben ein solches Portefeuille zusammenzustellen oder von Profis verwalten zu lassen. Der erste Haken an der Sache ist aber, daß es noch keinen Fonds gibt, der alle Aktien dieser Welt repräsentiert, der zweite Haken, daß Ergebnisse der Vergangenheit nur eine begrenzte Aussagekraft für die Zukunft haben. Der gewisse Kniff besteht in der richtigen Auswahl für den jeweiligen Zweck, wie der Rest dieses Kapitels zeigen wird.

In der Praxis behelfen sich die Investmentgesellschaften mit Fonds, die annähernd ein Abbild der Aktienmärkte dieser Welt darstellen. Für sie ist in den Rennlisten eine entsprechende Rubrik reserviert. So enthält allein schon die deutsche BVI-Liste über 30 international anlegende Aktienfonds mit zum Teil respektablen Ergebnissen für 20 Jahre Betrachtungshorizont. Darin schießt der früher von Managerin Weisenhorn verwaltete DWS-Fonds Akkumula mit annähernd 680 Prozent Plus von Mitte 1975 bis Mitte 1995 den Vogel ab, gefolgt vom FT Interspezial mit mehr als 540 und vom Deutschen Vermögensbildungsfonds I mit fast 510 Prozent Plus.

Die Internationalität hat allerdings noch weitere Haken. So kostet der Aufbau oder der Kauf eines qualifizierten internationalen Researchteams derart viel Geld, daß sich jeder Geschäftsführer einer Investmentgesellschaft lieber alles dreimal überlegt, bevor er internationale Fonds auflegt. Hinzu kommt, daß solche Fonds im Vertrieb nicht gerade zu den Rennern gehören. Und schließlich gilt es, die größeren Risiken im Auge zu haben, angefangen beim Risiko, auf falsche Informationsquellen im Ausland hereinzufallen, über wirtschaftliche und politische Gefahren bis zum Währungsrisiko.

Letzteres läßt sich besonders drastisch anhand der unterschiedlichen Entwicklung eines Fonds in US-Dollar und in Mark darstellen. Wahrscheinlich haben Sie schon etwas vom besonders erfolgreichen Anlagestrategen John Templeton gelesen oder gehört. Er schaffte zusammen mit seinen Managern in den vergangenen 20 Jahren ein vierstelliges prozentuales Plus, hinter dem sich sogar der deutsche Spitzenreiter Akkumula mehrfach verstecken kann. Aber in den zehn Jahren von Ende 1984 bis Ende 1994 war die Freude seiner deutschen Anleger stark getrübt, weil in dieser Zeit der US-Dollar gegenüber der Mark über die Hälfte an Wert verlor. Das wirkte sich auf die Templeton-Performance, aus deutscher Sicht betrachtet, verheerend aus: Während der Templeton Growth Fund, in der amerikanischen Währung gerechnet, respektable 302,9 Prozent zulegte, betrug die Ausbeute in Mark nur 98,5 Prozent. Noch augenfälliger war der Unterschied beim Templeton Smaller Companies Growth Fund: 219,9 Prozent in US-Dollar gegenüber nur 57,6 Prozent in Mark.

Der Vergleich mit den Ergebnissen deutscher Fonds in dieser Zeit drängt sich geradezu auf. Und da können sich die hiesigen Fondsmanager bei der Deutschen Bundesbank bedanken, die unter ihren Präsidenten Karl Otto Pöhl, Helmut Schlesinger und Hans Tietmeyer allen Anfeindungen zum Trotz an der Stabilitätspolitik festhielt. Denn dank der starken Mark schneiden ihre Fonds beim Vergleich mit den auf Dollar-Basis herausragenden, in Mark aber nur durchschnittlichen Templeton-Fonds zum Teil sehr gut ab. So ragen unter den Deutschland-Fonds der früher von Kurt Ochner gemanagte SMH-Special-Fonds I mit plus 249,4 Prozent und der damals überwiegend von Bernd Rotta verwaltete DIT-Fonds für Vermögensbildung mit plus 217,7 Prozent heraus.

Dagegen gibt es bei den deutschen Aktienfonds mit internationalem Anlageschwerpunkt, abgesehen von dem herausragenden Plus des früher von Weisenhorn gemanagten Akkumula in Höhe von 219,1 Prozent, auch einige Querschläger, etwa Dekaspezial mit mageren plus 14,8 Prozent oder Uniglobal mit enttäuschenden plus 10,6 Prozent – wohlgemerkt, in zehn Jahren. Die deutschen Aktienfonds mit Anlageschwerpunkt Amerika, die schon mehr als zehn Jahre auf dem Markt sind, schneiden auch nicht gerade viel besser ab: plus 31,9 Prozent für den FT Amerika Dynamik Fonds und plus 28,1 Prozent für den Transatlanta. Diese beiden Fonds sind neben den internationalen noch am ehesten mit denen von Templeton vergleichbar. Daraus kann man schließen, daß es sich nicht lohnt, deutsche Aktienfonds mit dem Anlageschwerpunkt Amerika zu kaufen. Dann lieber gleich den direkten Weg gehen und einen in den USA oder in Kanada beheimateten Fonds bevorzugen.

Das Bild rundet sich schließlich bei den internationalen Branchenfonds ab. Finger weg! Die Zehnjahresergebnisse gehen von plus 103,5 Prozent für den DWS-Rohstoffonds bis zu mageren plus 1,2 Prozent für den Aditec. Qualifiziertes internationales Personal für bestimmte Branchen oder Wirtschaftszweige zu erhalten, ist offenbar ganz besonders schwierig.

Die Deutsche Bank zog schon die Konsequenzen: Ihre Tochter Deutsche Morgan Grenfell in London warb nicht nur bei der personellen Aufstockung in ihren Sparten Handel und Verkauf, sondern auch im Research internationale Spezialisten konkurrierender Investmentbanken ab. Dem Vorstand des Instituts muß zu denken gegeben haben, daß in einer Mitte 1995 veröffentlichten Studie zur Qualität des Deutschland-Research auf Basis einer Umfrage unter Fondsmanagern die Londoner Dependance der Investmentbank Goldman Sachs den ersten Platz belegte, Natwest Securities den zweiten und Kleinwort Benson, der Milliardeneinkauf der Dresdner Bank, den dritten. Als erste deutsche Adresse belegte die Dresdner Bank den siebenten Platz; Sal. Oppenheim folgte an neunter Stelle.

Aktienfonds bieten neben der Möglichkeit, mit einem internationalen Portefeuille am Wachstum der Weltwirtschaft teilzunehmen, auch noch eine Reihe von Chancen, die zum Teil erst beim zweiten Hinsehen deutlich werden. Eine dieser Chancen besteht darin, daß

Groß- und Kleinanleger die Fonds zyklisch nutzen, also bei niedrigen Preisen ein- und bei hohen Preisen auszusteigen versuchen. Diesem Verhalten kommt die Ausrichtung der meisten Aktienfonds entgegen: die Spezialisierung auf bestimmte Länder, Regionen, Branchen und so weiter. Allerdings gehört eine Menge Erfahrung dazu, im richtigen Moment des Zinszyklus von Renten- in Geldmarktfonds umzusteigen, geschweige denn beim Auf und Ab der Aktienbörsen Deutschland- in US-Fonds und diese anschließend in Japan- oder Rohstoffonds zu tauschen.

Wenn – wie 1993 – von Anleihen über Aktien bis zum Gold alles läuft und obendrein auch die sogenannten Tigerbörsen wie Hongkong oder Singapur verrückt spielen, sind irgendwann Gewinnmitnahmen fällig. Wer dann auf den falschen Fonds sitzenbleibt, erleidet auf Jahre schmerzliche Verluste. So geschehen 1994 und 1995, wobei es für die allzu mutigen Anleger nur ein schwacher Trost war, daß die noch mutigeren 1994 mit Polen- oder Tschechien-, mit Türkei- oder mit den noch 1993 besonders favorisierten Malaysia-Fonds sogar viel schlimmere Verluste einstecken mußten.

Da die Investmentgesellschaften mit entsprechend frustrierten Anlegern schon reichlich Erfahrungen machen konnten, nutzten sie bei der ersten sich bietenden Gelegenheit eine weitere Aktienfonds-Chance: Absicherung gegen Kursverluste. So entstanden seit Anfang 1993 Fonds mit Risikobegrenzung (Garantiefonds). Daß sie auch die Gewinne schmälerten, merkten die Anleger erst später. Im Kampf um ein hohes Volumen war den Fondsarchitekten halt jedes erlaubte Mittel recht. In diesem Fall hieß es: Derivate, hier überwiegend Optionen und Futures. Zwar nahm sich auch die Deutsche Bundesbank sehr kritisch des Themas an, aber sie zielte vor allem auf die Banken. Dagegen dürfen die Investmentfonds das Spiel mit Derivaten in ihrem Rahmen fortsetzen.

Derivate sind künstliche Finanzinstrumente ohne Substanz. Man könnte auch sagen: heiße Luft. Sie dienen der Absicherung wie auch der Spekulation. Von den bekannteren Unternehmen stolperte zuletzt die britische Barings-Bank über Derivate. In Deutschland wurde der Fall Metallgesellschaft am heißesten diskutiert. Aber auch die Manager der Colonia-Versicherungsgruppe verbrannten sich an Derivaten die Finger. Anlegern sind unter den künstlichen Produkten vor allem die unzähligen Optionen und die mit ihnen vergleichbaren kurzfristigen Optionsscheine geläufig, ferner Bund Future und Bobl Future. Wer heiße Luft in sein Vermögen bläst, kann es schneller zum Reifen bringen. Entweicht die Luft jedoch wieder, kann das Vermögen in kürzester Zeit vernichtet sein.

Eine weitere Chance besteht in Indexfonds. Deren Geschichte geht viel weiter zurück, als die meisten Anleger glauben. So entbrannte in der Nachkriegszeit zwischen amerikanischen Professoren und den von ihnen kritisierten Aktienprofis ein erbitterter Streit um die Kunst der Aktienanlage. Rein wissenschaftlich-statistisch betrachtet hatten natürlich die Professoren recht. Vereinfacht gesagt behaupteten sie, kein Fondsmanager könne auf Dauer einen Aktienindex schlagen. Doch einzelne Profis zeigten ihnen immer wieder, daß sie sehr wohl dazu in der Lage waren.

Mittlerweile haben sich die Gemüter beruhigt, und die Fragen bei der etwas gemäßigteren Diskussion zielen in zwei Richtungen:

- Ist die Entwicklung von Aktienkursen rein zufällig?

- Warum nicht gleich die in einem Index enthaltenen Aktien kaufen, statt mühevoll nach den vermeintlich besten Aktien zu suchen, deren Gesamtperformance am Ende doch nur der des Index gleicht?

Die erste Frage wird wohl nie jemand abschließend beantworten können. Vorsichtshalber läßt die Finanzzeitung „The Wall Street Journal" einen symbolischen Affen Pfeile auf ein Kursblatt werfen und sein Portefeuille gegen Aktienmixturen der Profis antreten. Mal gewinnt die eine, mal die andere Partei. Die zweite Frage wird noch heiß diskutiert, Ende offen. Jedenfalls ist es nicht mehr verpönt, indizierte Fonds aufzulegen. Allein die Investmentgesellschaft Adig schickte Ende 1993 fünf Aktienindex-Fonds ins Rennen. Andere folgten, experimentierten, änderten ihre Strategie, experimentierten erneut – und besannen sich dann doch eines Besseren. Denn die Indexierung allein gibt den Anlegern nicht das Gefühl, auf der sicheren Seite zu sein. Schließlich kann auch jeder Index Kapriolen schlagen.

Während die einen noch vergeblich an neuen Indexfonds herumbastelten, schworen andere auf Absicherungsfonds. So legte die Luxemburger Deutsche-Bank-Tochter DBIM im Oktober 1993 den Dax Protektion März '95 auf. Zwei Monate später folgte die Dresdner-Bank-Investmentgesellschaft DIT mit ihrem DIT-Deutsche Aktien RB (Kürzel für Risikobegrenzung). Der Clou sollte in beiden Fällen sein, daß Anleger das Gefühl bekamen, die Chancen am Aktienmarkt wahrnehmen zu können, ohne dessen Risiken unterworfen zu sein. Dementsprechend fanden die neuen Fonds reißenden Absatz, zumal sich die Anleger seit Auflegung des ersten DBIM-Absicherungsfonds (Konzept '94) im Jahr 1991 schon an die neue Fondsart gewöhnt hatten. Während der für eine begrenzte Laufzeit bis Ende März 1995 konzipierte Dax Protektion achtbare Ergebnisse erzielte, schnitt der RB-Fonds nicht gerade berauschend ab. Mit minus 2,6 Prozent auf Jahresbasis per Ende Juni 1995 hätte RB eher für Rendite- als für Risikobegrenzung stehen können.

1994 begann schließlich die Renaissance der Spezialitätenfonds mit ihrer bekannt hohen Volatilität (starke Ausschläge nach oben und unten). Nachdem Ökofonds, eine wenig erfolgreiche Spezies aus der Großfamilie der ethischen Fonds, ihre Anleger maßlos enttäuscht hatten, produzierten die Fondserfinder nun neue Gags. So lancierten Weberbank und Sal. Oppenheim einen Fonds unter dem Namen Berlinwerte. Er hielt sich mit einem Jahresminus von 0,9 Prozent per 30. Juni 1995 sogar recht gut. Der dahinter steckende Sinn wird sich indessen wohl niemandem je ganz erschließen. Ähnlich wie beim ebenfalls 1994 auf den Markt gebrachten Fonds Oppenheim Turnaround-Werte, der in derselben Zeitspanne mit den Fußkranken unter den deutschen Aktien im Portefeuille ein Minus von 13 Prozent hinlegte. Da ging es den Anlegern des fast zur selben Zeit kreierten Gesundheitsfonds Apo Aesculap mit plus 3,6 Prozent schon besser, während der Medienfonds DWS Telemedia, für den Mitte 1995 noch kein Jahresergebnis vorlag, im ersten Halbjahr zu den Minusmachern gehörte.

Spezialitäten der genannten Art, seien sie an Regionen, Branchen oder Themen orientiert, sind nichts als Spielereien. Das Geld, das Sie sauer verdient haben, sollte Ihnen so viel wert sein, daß Sie es nicht aufs Spiel setzen. Bei den Länderfonds scheiden sich die

Geister. So sind die von deutschen Investmentgesellschaften gemanagten Deutschland-Fonds mit Sicherheit nicht die schlechteste Wahl, ebenso wie die von US-Firmen verwalteten Amerika-Fonds. Denn die Nähe der Fondsmanager und ihrer Helfershelfer zu den Unternehmen, deren Daten sie recherchieren, gibt den Ausschlag für die Qualität von Anlageentscheidungen. Anders verhält es sich bei internationalen Fonds. Hier haben die deutschen Investmentgesellschaften vor allem im Vergleich zu ihren US-Konkurrenten noch einen gewissen Nachholbedarf.

Ob im Zeitalter der internationalen Waren- und Kapitalströme, der überall präsenten Multis und der immer höheren Informationsgeschwindigkeit überhaupt noch Unterschiede zwischen national und international ausgerichteten Fonds gemacht werden sollten, mag eine für akademische Zirkel interessante Fragestellung sein. In der Praxis indessen zeigt sich, daß die Internationalität in der Anlagepolitik einen nicht zu unterschätzenden Risikoausgleich mit sich bringt. Vorausgesetzt natürlich, die betreffende Investmentgesellschaft kann sich wegen ihrer Größe oder ihrer Verbindungen internationale Recherchen leisten. Wenn Sie auf Nummer Sicher gehen wollen, verfahren Sie wie folgt:

 WICHTIG

In den Rennlisten verschiedener Zeitschriften, Zeitungen und auf Fonds spezialisierter Informationsdienste die Rubrik mit den international anlegenden, in Deutschland zum Vertrieb zugelassenen Aktienfonds aufschlagen.

Dort jeweils die im Zehnjahresvergleich auf den Rängen eins bis fünf plazierten Fonds heraussuchen, so daß Sie – wegen der unterschiedlichen Auswahl- und Berechnungsmethoden in den Publikationen – auf etwa zehn interessante Fonds kommen.

Von denen die mit den geringsten Preisschwankungen in der Vergangenheit (Volatilität, Beta-

Faktor, Sharpe-Ratio oder Anlegerstreßfaktor genannt) bevorzugen.

Zwei bis drei von ihnen möglichst beim Discounter kaufen oder bei einer Fondsboutique mit Discountabteilung oder mit aushandelbarem Rabatt bei einer Bank oder Sparkasse.

Im Club der Milliardäre

Am Dienstag, dem 20. Oktober 1987, schien in Cap Martin schon frühmorgens die Sonne. Diesem Umstand verdankte ich die Entscheidung, den herrlichen Treppenweg in das einige hundert Meter höher gelegene Roquebrune erst nach einem einstündigen Sonnenbad anzutreten, und damit einige 1.000 Mark Verdienst. Denn als ich in dem Bergnest ankam, war es zwei Uhr – zu spät, um an der deutschen Börse als Privatmann noch Aktien zu verkaufen. Dabei hätte ich die restlichen Papiere, die ich damals vor der Tour an die Côte d'Azur mit einem mulmigen Gefühl in meinem heimischen Depot zurückgelassen hatte, sicher ebenso rigoros ohne Limit verkauft, wie ich es dann einen Tag später tat. Nur bestand der Unterschied zwischen jenem Dienstag und dem darauffolgenden Mittwoch halt darin, daß die Aktienkurse nach steiler Talfahrt in die Höhe schossen. Es sollte der letzte Höhenflug deutscher Aktien für einige Monate sein.

Warum ich seinerzeit erst in Roquebrune eine Entscheidung fällen konnte, lag einfach an dem Umstand, daß sich dort neben dem Cafe „La Grotte" der einzige Zeitungsstand weit und breit befand, der auch die internationale Presse führte. Und da knallten mir die Schlagzeilen vom Supercrash aus der „International Herald Tribune" entgegen, garniert mit Fotos von verzweifelten Börsenhändlern. Minus 508,32 Punkte im US-Börsenbarometer Dow Jones, macht 22,62 Prozent, ein schier unglaublicher Verlust. Die „Financial Times" zitierte diesen und jenen, darunter auch George Soros, einen der bis dahin erfolgreichsten Fondsmanager in den USA. „Das ähnelt sehr dem Jahr 1929", ließ der Meister des schnellen Geldes die Leser der rosa Zeitung wissen, „hoffentlich werden wir jetzt nicht eine Wiederholung von 1930 bis 1932 bekommen."

Gott sei Dank wiederholte sich die Depression nicht. Soros kehrte auf die Straße des Erfolgs zurück, betätigte sich weiter als Aktien- und später in großem Stil als Devisenspekulant, beglückte neben seinem Heimatland Ungarn auch Rußland mit einem Teil seiner Milliarden und trat Ende Januar 1995 in Davos beim jährlichen elitären Stelldichein der Wirtschafts- und Politprominenz sogar als handverlesener Referent auf. „Quantum, der erfolgreichste Fonds aller Zeiten", so hatte die Schweizer Zeitung „Finanz und Wirtschaft" 1993 das Vehikel genannt, über das dem gebürtigen Ungarn Milliarden Dollar zugeflossen waren.

Soros hatte den Crash erahnt und überlebt, andere hatten ihn vorhergesagt. Die bekanntesten von ihnen: Elaine Garzarelli, jahrelang Analystin und Strategin bei der US-Investmentbank Shearson Lehman, Roland Leuschel, Berater der Brüsseler Großbank BBL und ehemaliger Starreferent bei vielen Veranstaltungen, sowie Jim Rogers, der nach der Trennung von George Soros sein eigenes Vermögen verwaltete und mit dem Motorrad durch die Weltgeschichte fuhr. Besonders lesenswert: Das Interview, das Rogers der US-Finanzzeitung „Barron's" am 8. Dezember 1986 gab. Hier einige Auszüge: „Wir werden den größten Bärenmarkt seit 1937 bekommen. Ich habe alle Aktien an jeder Börse der Welt verkauft. Ich besitze Schweizer Franken, Deutsche Mark und holländische Gulden."

Wie recht er doch hatte. Um so weit zu kommen wie Rogers und dann sogar den Mut zu haben, in einer Zeit allgemeiner Prosperität wie Ende 1986 einen Börsenkrach vorherzusagen, dazu gehört neben Intelligenz und Intuition auch ein gehöriger Schuß Exzentrik. Daraus erklärt sich umgekehrt, warum so viele deutsche Fondsmanager nur durchschnittlich bleiben: Sie sind in Institutionen eingebettet, die sich immer noch mehr auf das Unterschreiben von Kreditverträgen und das Überweisen von Geld verstehen als auf das Verwalten von fremdem Vermögen. Und Exzentriker werden immer noch überwiegend nach der Methode „Management by Champignons" behandelt: Sobald sie sich vom Boden erheben, werden sie im übertragenden Sinn einen Kopf kürzer gemacht.

„Die deutschen Fondsmanager sind, was ihr eigenes Land und Europa angeht, erstklassig. International haben sie aber noch einiges zu lernen." Das sagte im Sommer 1994, als die Aktien für ihn noch relativ gut standen, Gilbert de Botton. Der in Ägypten geborene Chef der internationalen Investmentgesellschaft Global Asset Management (GAM) mit Schweizer Paß ist ein weiterer Exzentriker der Geldszene. Doch das Jahr 1994 zeigte, daß auch seine Bäume nicht in den Himmel wuchsen. Pech für ihn und seinen deutschen Statthalter Peter Hellerich, denn ausgerechnet im Frühjahr dieses

Jahres hatte GAM das Deutschland-Geschäft so richtig angekurbelt.

Andere ausländische Investmentgesellschaften steckten da nicht zurück, eher im Gegenteil. So schickte die Templeton-Gruppe ihre Strategen Mark Mobius und Mark Holowesko bei deren Flügen durch die Weltgeschichte immer häufiger nach Deutschland. Ihre Aufgabe beschränkte sich weitgehend darauf, die Anlagephilosophie von John Templeton, hin und wieder abgewandelt für die aufstrebenden Börsen (Emerging Markets), dem eher konservativen hiesigen Publikum klar zu machen. Die anlagephilosophischen Grundsätze des alten Herrn lassen sich in wenige Sätze fassen, die er schon in den fünfziger Jahren geschrieben hatte: „Wir suchen unterbewertete Papiere, und zwar global. Wir bilden uns nie ein, wir könnten uns nicht irren. In einer Welt des raschen Wandels kann keine Methode allein und ein für allemal die richtigen Antworten geben." Und so weiter, immer orientiert am sogenannten Value Investing, also am Kauf unterbewerteter Aktien.

Eine verfeinerte Methode des Value Investing hat Michael Keppler im fernen New York erfunden. Der Berater der State Street Bank und Manager des Fonds Global Advantage Major Markets schwört „nicht nur auf eine niedrige Bewertung, sondern auch auf eine hohe Dividendenrendite der Aktien". Der alles andere als exzentrisch wirkende Deutsche mit Sitz in der größten Finanzmetropole der Welt ist ein Zahlenmensch. Durch die Gegend zu jetten, ist nicht sein Fall. Dennoch darf er für sich in Anspruch nehmen, manche Börse vor anderen Fondsmanagern entdeckt zu haben. So hatte er schon 1989 auf Hongkong gesetzt. Die dortigen Aktienkurse waren Anfang 1994 fünfmal so hoch.

Andere erfolgreiche Fondsmanager haben abweichende Denkansätze. Etwa Jens Ehrhardt. Er begann als Autor von Börsenbriefen der Münchner Vermögensverwaltung PM, machte sich anschließend selbständig und stieg später mit dem FMM-Fonds ins Investmentgeschäft ein. Eine Besonderheit ist, daß Ehrhardt unter anderem erfolgsabhängige Honorare nimmt. Dabei handelt es sich um eine prinzipiell begrüßenswerte Idee. Allerdings ist dadurch die FMM-Performance nicht exakt mit den Ergebnissen anderer Fonds vergleichbar. Doch das stört wahrscheinlich die wenigsten

Anleger, solange der Name FMM in der Spitzengruppe internationaler Aktienfonds auftaucht. Mehr dürfte sie gestört haben, daß Ehrhardt – wie viele andere Fondsmanager – seine liebe Mühe und Not mit den Schaukelbörsen 1994/95 hatte.

Überdurchschnittliche Ergebnisse holte auch Volker Westerborg vom Frankfurt Trust der BHF-Bank mit bemerkenswerter Konstanz schon seit Jahren aus seinen Fonds heraus, etwa aus dem Rentenfonds FT Accuzins oder aus dem FT Interspezial. Sein Erfolg gründet auf dem richtigen Mix von Rendite und Risiko, langjähriger Erfahrung und akribischer Feinarbeit. Nicht von ungefähr gehören Westerborgs Fonds deshalb zu den Favoriten verschiedener Fondspicker, die international investieren. Das Rentendebakel im ersten Halbjahr 1994 überstand zwar auch Westerborg nicht ganz ohne Schrammen. Aber er war dann flexibel genug, mit seiner Anlagepolitik radikal umzuschwenken und den verlorenen Boden wieder gutzumachen. Das Ergebnis des FT Interspezial lag 1995 mit plus 6,3 Prozent im Durchschnitt, und Westerborg verabschiedete sich vom Frankfurt Trust in Richtung Helaba Invest. Dafür blieb sein Chef Wolfgang Seidel, der Urvater des Frankfurt-Trust-Erfolgs, der Investmentgesellschaft der BHF-Bank erhalten.

Internationalität besonderer Art praktiziert Heiko Thieme, eine deutsche Frohnatur aus Sachsen, aufgewachsen in der Harz-Provinzstadt Goslar, verheiratet mit einer Französin, Arbeitsplatz New York, im Flugzeug oder – am liebsten – als Erzähler spannender bis heiterer Geschichten in einem vollen Saal, egal wo auf der Welt. Thieme verwaltet den American Heritage Fund, dessen Wert sich in drei Jahren bis Ende 1993 fast verdreifachte, nachdem der Mann von Welt ihn 1990 übernommen hatte. Doch am 22. Februar 1994 erschien im „Wall Street Journal" eine bitterböse Geschichte darüber, wie Thieme seine Performance erzielt hatte: etwa durch Billigkäufe aus Privatplazierungen von Aktien, die er danach höher bewertete, durch große Aktienblöcke, für die er nicht so schnell Käufer finden dürfte, oder durch Auftritte im Fernsehen, wo er Aktientips gab. Sein American Heritage Fund machte 1995 trotz Aktienhausse über 30 Prozent Minus.

Einer, der sich so verhält wie der Guru aus Goslar, wird natürlich immer seine Neider haben. Insofern ist nicht ganz sicher, ob Thieme überhaupt ungerupft aus der American-Heritage-Affäre hervorgehen kann. Vom Standpunkt deutscher Anleger dürfte aber viel wichtiger sein, daß er ständig Gedankengut aus den USA verständlich einem breiten europäischen Publikum unterbreiten kann, sei es in seinen unzähligen Vorträgen, sei es in der wöchentlichen „FAZ"-Kolumne unter dem Kürzel H.T. Seinen deutschen Verehrern bietet er über Luxemburg ebenfalls einen Fonds an, der in Deutschland zugelassen ist und einfach Thieme Fonds heißt.

Ein richtiges As ist Warren Buffett, der selbst extrem bescheiden lebt, obwohl er zu den wenigen Multimilliardären gehört. Er hatte 1956 eine Partnerschaft gegründet und sie Ende 1969 wieder aufgelöst. In nur gut 13 Jahren war das Vermögen der Partner auf das Dreißigfache gestiegen. Zwischendurch hatte Buffett 1965 die marode Textilfirma Berkshire Hathaway übernommen und zu einer Art geschlossenem Fonds umfunktioniert, dessen Anteile als Aktien gehandelt wurden. Sie schossen raketenartig nach oben und sind seit langem die teuersten Papiere der Welt mit Notierungen bis 32.000 US-Dollar pro Stück im Jahr 1996. In den vergangenen Jahren fiel Buffett mehrfach auf. So beteiligte er sich 1991 am Kreditkartenspezialisten American Express, und er wurde vorübergehend zum Sanierer der Investmentbank Salomon Brothers berufen. Seine Vorliebe für Coca-Cola-Aktien brachte ihm anschließend durch deren erneuten Höhenflug weitere Milliarden, die er sich 1995 immer weniger für Aktienkäufe auszugeben traute, weil er an der vom Höhenkoller befallenen Wall Street kaum noch unterbewertete Aktien ausfindig machen konnte.

Auch in Amerika entwickeln sich große Erfolge meistens aus bescheidenen Anfängen. Ob George Soros oder Jim Rogers, John Templeton oder Warren Buffett, sie und viele andere Performancepromis aus dem Club der Milliardäre haben einmal klein angefangen. Dennoch ist der Unterschied zu Europa kaum zu verkennen: Show und Starkult sind viel ausgeprägter. Die Leistungsgesellschaft drüben will es so, während vergleichbare europäische Profis auch nach einer langen Erfolgssträhne oft noch allzu verborgen schaffen. Das amerikanische Geldgewerbe bringt zwar prozentual vergleichbar ebenso viele Bürokraten hervor wie das deutsche; aber die grundsätzliche Einstellung ist anders, und die obersten Chefs großer Investmentgesellschaften lassen ihre erfolgreichen Untergebenen den Starkult genießen. Berühmtestes Beispiel: Edward Johnson III, oberster Boß von Fidelity, hatte nichts dagegen, daß sein Starmanager Peter Lynch Bücher schrieb, Vorträge hielt, den von ihm verwalteten Mammutfonds Magellan verließ, als Berater wieder bei Fidelity an Bord ging – und bei diesem umtriebigen Lebenswandel nebenbei natürlich auch noch zur Steigerung der Popularität der ganzen Fidelity-Gruppe beitrug.

In Deutschland gibt es eine solche Liberalität immerhin ansatzweise. So präsentierte am Abend des 22. Juni 1995 im Fernsehkanal „n-tv" nicht etwa Christian Strenger als Stratege der Obergesellschaft DWS die neuen Protektionsfonds ihrer Luxemburger Tochter DBIM, sondern Geschäftsführer Udo Behrenwaldt, ein ideenreicher Fondstüftler, den es weniger in die Öffentlichkeit zieht. Behrenwaldt war zwar an jenem Abend nicht gerade in rhetorischer Hochform, aber sein Schlußsatz saß: „Mit diesen Fonds kann man gut schlafen."

Wenn Sie gut schlafen wollen, müssen Sie bei Renten- und Geldmarktfonds hellwach sein

Am 12. Juni 1995 weihte Karl Heinz Däke, Präsident des Bundes der Steuerzahler, in der Wiesbadener Adolfsallee Nummer 22 die erste deutsche Schuldenuhr ein. Über 1.937 Milliarden oder 1,937 Billionen Mark zeigte der Chronometer an diesem Tag als erstes an. Jede Sekunde kamen 3.939 Mark dazu. Kurz vor Weihnachten versprach er die Zwei-Billionen-Grenze zu überschreiten.

Auch in New York gibt es in der Nähe des Times Square eine Schuldenuhr, wenn Sie die Kreuzung zwischen der Avenue of the Americas und 42nd Street passieren. Sie geht viel schneller als die deutsche, denn pro Sekunde kommen 10.000 Dollar dazu. Das wären beim Wechselkurs von 1,40 Mark je Dollar 14.000 Mark, bei 1,50 Mark je Dollar 15.000 Mark. Da die deutsche Bevölkerung etwa ein Drittel so groß ist wie die amerikanische, nähern sich die beiden Werte pro Kopf der Bevölkerung verdächtig an.

Spielchen dieser Art gibt es viele, und fast jeder lacht darüber. Doch aus dem Spiel wird irgendwann Ernst. Nur weiß niemand, wann. So erreichte die Zins-Steuer-Quote in Deutschland 1995 rund 24 Prozent. Das heißt, der Anteil der Zinsausgaben an den Steuereinnahmen des Bundes machte fast ein Viertel aus. Fachblätter schrieben darüber, die übrige Presse so gut wie nicht.

Die Europa-Währung droht, aber alle Politiker lenken von den Konsequenzen ab, statt sich der möglichen Aufweichung der harten Mark entgegenzustemmen. Bruno Bandulet, ein besonders kritischer Geist und Herausgeber des Spezialdienstes „G & M" aus Bad Kissingen, stellte im Januar 1995 unwidersprochen die Behauptung auf: „Mitterrand verlangte das deutsche Ja zur Konstruktion von Maastricht als Gegenleistung für seine Zustimmung zur deutschen Wiedervereinigung. Und Kohl opferte die Mark, weil sie in seinem Universum einen nicht allzu hohen Stellenwert einnahm."

Trotz der schlimmen Zahlen, Analysen und Hintergrundmeldungen kaufen Groß- und Kleinanleger unverdrossen Schuldpapiere, auch Anleihen oder Renten, in Großbritannien und in den USA Bonds genannt; britische Staatspapiere heißen Gilts. In Deutschland spielen neben Bundesanleihen, Bundesschatzbriefen und Finanzierungsschätzen des Bundes auch Pfandbriefe eine große Rolle. Darüber hinaus sind unter den kurzfristigen Schuldtiteln Floating Rate Notes (Papiere mit variabler Verzinsung), Commercial Papers (kurzfristige Schuldtitel von Unternehmen), Schuldscheindarlehen und Certificates of Deposit (Einlagen bei Banken) im Kommen. Bundesanleihen, Pfandbriefe und andere langlaufende Papiere aus dem In- und Ausland wandern in die Rentenfonds, kurzfristige Papiere in die Geldmarktfonds.

Renten- und Geldmarktfonds sind für Anleger konstruiert, die Zusatzeinkommen beziehen und nicht auf die Schwankungen von Aktienkursen und Dividenden angewiesen sein wollen. Doch nach der Auflegung des ersten Rentenfonds im Jahr 1966 zeigte sich immer mehr, daß den deutschen Investmentsparern an der relativen Preisstabilität der Rentenfonds mehr lag als an einem Zusatzeinkommen. Dafür verzichteten sie auf die im großen und ganzen dynamischere Entwicklung der Aktienfonds.

Die Erträge aus Rentenfonds sind von vornherein begrenzt, weil ihnen die feste Verzinsung der von ihren Managern gekauften Anleihen zugrunde liegt. In Phasen fallender Zinsen – wie 1993 – können sie schon mal zweistellige Wertsteigerungen aufweisen. Wer auf ihnen sitzenbleibt (was ja der Regelfall ist), gerät allzu schnell – wie 1994 – ins Minus. Den Aktienfondssparern geht es zwar nicht besser, dafür aber sind ihre Erträge in Form von Kursgewinnen und Dividenden nach oben unbegrenzt. Warum, liegt auf der Hand, wie ein einfaches Beispiel zeigt: Aktiengesellschaften arbeiten mit Krediten, für die sie je nach Lage der Dinge fünf bis zehn Prozent Zinsen zahlen. Sie selbst erwirtschaften Erträge, die auf Dauer höher, zum Teil viel höher liegen. Der Zusatzgewinn schlägt sich langfristig (in 15 und mehr Jahren) als Kursgewinn nieder, wobei die Kurse von Aktien zwischendurch stark schwanken und ins Minus gehen können.

In Börsenkreisen sagt man: „Wer gut schlafen will, kauft Renten." So reiht sich ein Widerspruch an den anderen, doch vieles läßt sich erklären: Renten weisen im Vergleich zu Aktien nicht so starke Kursschwankungen auf, was im allgemeinen als geringes Risiko eingestuft wird. Außerdem gibt es auf die meisten Renten einen vorab klar festgelegten Zins, so daß Renten im Kurs nach unten abgepolstert sind. Ausnahmen bilden Junk Bonds (Ramschanleihen), die in den USA zeitweise im Rahmen von Unternehmensübernahmen über viele Milliarden Dollar ausgegeben wurden, und Anleihen maroder Staaten, die nicht mehr ihre Zinsen zahlen können oder wollen.

Die Gefahren, die aus der Überschuldung von Staaten und Unternehmen entstehen können, sollten also nicht einfach weggewischt werden. Bei Unternehmen leuchtet das schnell ein: Sind auf der Passivseite zu hohe Schulden aufgebaut, kann daraus schnell eine Pleite werden. Die Gläubiger gehen dann oft leer aus. Beim Staat verhält es sich ein wenig anders, denn Staaten können nicht pleite gehen wie Unternehmen. Vielmehr lassen sie ihre Schulden so lange auflaufen, bis die von ihnen ausgegebenen Geldscheine und Anleihen nahezu wertlos sind.

Ein Beispiel aus der belletristischen Literatur zeigt am besten, wie das funktioniert. Die Älteren von Ihnen werden sich vielleicht noch erinnern, daß im Jahr 1960 ein Roman von Alfred Andersch mit dem Titel „Die Rote" auf den Bestsellerlisten stand. „Die Rote" rechnete häufig Mark in Lire um, was ihr sehr leicht fiel, weil sie zum Überschlagen einfach nur den Faktor 100 einzusetzen brauchte. Zwischendurch ist daraus der Faktor 1.000 geworden, und mittlerweile bewegen wir uns hurtig auf 1.200 zu. Das heißt, die italienische Währung ist – in Mark gerechnet – heute nicht einmal mehr ein Zehntel dessen wert, was sie vor dreieinhalb Jahrzehnten wert war.

Über die Ursachen der Währungsschwindsucht gibt es viele Abhandlungen, die sich zum Teil sogar recht spannend lesen. Am spannendsten aber ist die Wirklichkeit, und die hat nichts mit der Staatsverschuldung im allgemeinen oder mit Lire im besonderen zu tun, sondern mit den weltweit geschätzten Bundesanleihen. So emittierte der Bund Ende 1993 eine Anleihe mit 6 1/4 Prozent

Nominalzins und 30 Jahren Laufzeit. Sie fiel von Anfang an schier ins Bodenlose und war ein Jahr später nur noch vier Fünftel ihres Ausgabekurses wert. Das heißt, der Kursverlust betrug rund 20 Punkte und war mehr als dreimal so hoch wie der Nominalzins.

1994 war ein Katastrophenjahr für Renten und damit auch für Rentenfonds. Der Rentencrash begann im Februar und setzte sich mit Unterbrechungen ein Jahr lang fort. „Der Gesamtverlust war weltweit mindestens genauso hoch wie beim großen Börsenkrach von 1987", analysierte später Gottfried Heller von der Münchner Vermögensverwaltung Fiduka.

Doch da war die Stimmung schon wieder umgeschwenkt. Denn im Frühjahr 1995 zeichnete sich die Fortsetzung der Deflation ab, der seit Beginn der achtziger Jahre anhaltenden Aufwertung der Geldwerte – vorübergehend zumindest. Die Rentenkurse stiegen wieder; und Norbert Walter, Chefvolkswirt der Deutschen Bank, sah die Zinsen „eher nach unten" gehen. Er warnte allerdings auch vor der herannahenden Umkehr bei der Entwicklung der Inflationsrate. Denn allein schon rein rechnerisch mußte sich die Geldentwertung später wieder beschleunigen.

Die Zusammenhänge sind im einzelnen noch komplizierter, aber das kann hier nicht das Thema sein. Wichtig ist, wie sich die Strategen in den Investmentgesellschaften auf den neuen Trend einstellen. Und wichtig ist vor allem, ob sich eine Anlage in Rentenfonds vor dem geschilderten Hintergrund überhaupt lohnt.

WICHTIG
Um die Frage gleich generell zu beantworten: Eine Anlage in Rentenfonds lohnt sich im Prinzip nicht, denn die Chancen sind im Verhältnis zu den Risiken ziemlich gering. Das liegt vor allem am relativ niedrigen Zinsniveau. Eine alte Geldweisheit, die bis zum Herbst 1994 galt, lautete: Solange die Zinsen fallen, sind Renten eine gute Anlage; sobald sie zu steigen beginnen, ist Festgeld besser. Seit dem besagten Herbst müßte man sagen: Festgeld und Geldmarktfonds, denn

die dürfen seitdem in Deutschland angeboten werden und erfreuen sich einer riesigen Beliebtheit. Die nachstehende Grafik zum Mittelaufkommen der Publikumsfonds zeigt das besonders deutlich.

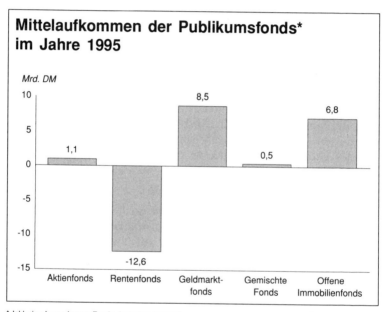

Die Investmentgesellschaften versuchen inzwischen, mit allerlei neuen Einfällen und Gags die Aufmerksamkeit auf ihre Rentenfonds zu lenken. Als recht guten Einfall kann man die Fonds bezeichnen, die den zu versteuernden Anteil an der Wertentwicklung durch hohe steuerfreie Kursgewinne zu minimieren versuchen. Allerdings sind solche Kursgewinne nur bei fallenden Zinsen erzielbar. Darüber hinaus begrenzen einige Fonds durch den Einsatz von Derivaten das Risiko, was häufig auf eine Rückzahlungsgarantie in bestimmter Höhe hinausläuft. Über solche Konstruktionen läßt sich reden.

Dagegen mögen die neuen ethischen Fonds auf Renten- und zum Teil auf Aktienbasis, auch Spendenfonds genannt, den himmlischen Segen genießen, aber nicht Ihren Zuspruch als Anleger. So kamen im April 1995 gleich zwei von ihnen auf den Markt. Der eine, Dekalux-missio, hält es mehr mit dem nach ihm benannten katholischen Hilfswerk. Der andere, DKU-Unicef, tut etwas für das internationale Kinderhilfswerk und investiert einen Teil des Vermögens auch in Aktien. Große Kracher versprechen beide nicht zu werden. Das hat allein schon das eher bescheidene Mittelaufkommen des ersten deutschen Ethikfonds GKD seit seinem Gründungsjahr 1976 gezeigt.

Eine weitere Abwandlung ertragsbezogener Fonds findet sich bei den Konstruktionen, die in Genußscheine investieren. So hob die Investmentgesellschaft der Deutschen Bank im Frühjahr 1995 ihren DWS DM Spezial aus der Taufe. Mit einigem Glück mag hier die Rendite im Endeffekt um einige Punkte über der von reinen Rentenfonds liegen, mit etwas Pech aber auch darunter.

Genußscheine sind Papiere zum Steuersparen: Man kauft sie kurz nach der Ausschüttung, um den dann erneut auflaufenden Ertrag vor der nächsten Ausschüttung – aufgrund einer Gesetzeslücke steuerfrei – zu kassieren. Das ist schön und gut, kann aber auch ins Auge gehen, was wiederum an den vielen Möglichkeiten der Ausstattung von Genußscheinen liegt. Hartgesottene Steuersparer investieren direkt in den einen oder anderen Genußschein statt in einen adäquaten Fonds. So hat die Allianz Holding einen interessanten Genußschein ausgegeben, mit dem Sie nicht viel falsch machen können. Allerdings kann sich sein Kurs, wie die Kurse anderer Genußscheine auch, nicht dem jeweiligen Trend am Kapitalmarkt entziehen.

Sobald das Risiko besteht, daß die Zinsen von ihrem unteren Wendepunkt abheben, ist für Rentenfonds Gefahr im Verzug. Denn steigende Zinsen sind gleichbedeutend mit fallenden Rentenkursen. Die Investmentgesellschaften versuchten diesem Dilemma zwar lange mit Kurzläufer-, Laufzeit- und geldmarktnahen Fonds zu entgehen; den Durchbruch brachten aber erst die Geldmarktfonds. Sie legen das ihnen anvertraute Geld in den schon erwähnten kurzfristigen Titeln an, die Geldmarktpapiere heißen.

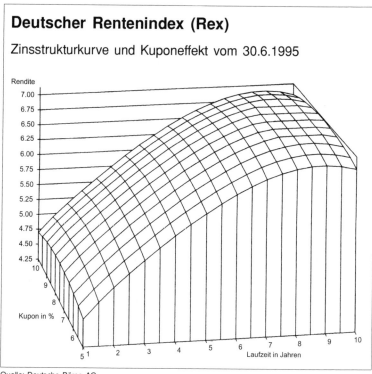

Deutscher Rentenindex (Rex)
Zinsstrukturkurve und Kuponeffekt vom 30.6.1995

Quelle: Deutsche Börse AG

Wie eine Studie für die Jahre 1967 bis 1994 zeigt, bringen einjährige festverzinsliche Papiere bei viel geringerem Schwankungsrisiko auf Dauer annähernd dieselbe Rendite wie fünf- oder zehnjährige. Auf Geldmarktfonds bezogen, heißt das: Sie sind im Zweifel den Rentenfonds vorzuziehen, bei niedrigen Zinsen allemal. Nun können Sie aber der oben abgebildeten Zinsstrukturkurve leicht entnehmen, daß die kurzfristigen Zinsen Ende Juni 1995 alles andere als berauschend waren, während der Zinsgipfel bei acht und neun Jahren lag. Die Erfahrung lehrt indessen, daß es auch umgekehrt sein kann, weshalb man dann von inverser Zinsstruktur spricht. Vor allem können die Kursverluste festverzinslicher Wertpapiere den Zinsvorteil in Phasen steigender Zinsen schnell zunichte machen.

Solche und ähnliche Überlegungen veranlaßten die Strategen der Commerzbank im Sommer 1994 zu einem Kraftakt: Sie warben für einen Zwitter namens Comega, der de facto ein Geldmarktfonds war. Da echte Geldmarktfonds damals jedoch bis zum Herbst auf ihre formelle Genehmigung warten mußten, bedienten sich die Commerzbanker zum Comega-Start zweier Fonds ihrer Luxemburger Tochtergesellschaft Alsa, an der auch die Bayerische Vereinsbank beteiligt ist. Und siehe da, unterstützt vom Slogan „Bestgeld statt Festgeld", konnten sie das Kundengeld geradezu scheffeln. Die Konkurrenz guckte um so dümmer in die Röhre, je mehr Comega-Vermittler zur Tat schritten, animiert durch Vermittlungsgeschenke wie Champagner und Kaviar.

Heute ist die wilde Zeit der Geldmarktfonds vorbei. Sie müssen sich sogar einem wieder erstarkten Wettbewerbsprodukt stellen, den meistens täglich fälligen hochverzinslichen Konten der Direktbanken. Advance Bank, Allgemeine Deutsche Direktbank, Comdirect, Santander, Service Bank und andere setzen den Geldmarktfonds zu. Die Konten sind durch den Einlagensicherungsfonds des privaten Bankgewerbes gegen Verluste geschützt, Geldmarktfonds nicht. Dafür bringen diese eine leicht höhere Verzinsung. Es gibt noch eine ganze Reihe anderer Für- und Wider-Argumente, aber unter dem Strich sind die Angebote in etwa gleichwertig.

Geldmarktfonds ließen so lange auf sich warten, weil sie angeblich die Geldpolitik der Deutschen Bundesbank störten. In Wirklichkeit kam das Störmanöver von den deutschen Banken und Sparkassen, die um ihre billigen Spar- und Termineinlagen fürchteten. Seit der Bann gebrochen ist, weil Auslandsfonds von Luxemburg aus den Geldmarktfonds-Rahm abzuschöpfen begannen, hat sich die Refinanzierung der Geldinstitute tatsächlich verteuert. Aber das sollte Ihnen als Anleger gerade recht sein.

 WICHTIG
Wer gut schlafen will, kauft zur Zeit keine Renten oder Rentenfonds, sondern investiert in Geldmarktfonds oder in Festgeldkonten. In welche, ist schwer zu sagen. Denn gerade Geldmarktfonds vermehren sich wie die Kaninchen, und verschie-

> dene Zeitschriften veröffentlichen in letzter Zeit sogar schon Rennlisten über Festgeldkonten. Am besten, Sie lesen solche Tests und nehmen diejenigen Hochzinsangebote wahr, die unter Abwägung von Chancen und Risiken die höchste Verzinsung versprechen.

Dazu bedarf es noch einer kurzen Erläuterung. Zunächst sollten Sie streng darauf achten, daß die Bank, bei der Sie Ihr Festgeld anlegen, auf jeden Fall einem deutschen Einlagensicherungsfonds angehört; Banken, Sparkassen und Kreditgenossenschaften (Volks- und Raiffeisenbanken) haben jeweils einen eigenen solchen Fonds. Ohne diese Absicherung geben Sie keinen Pfennig her! Ist diese Nagelprobe bestanden, legen Sie Ihr Geld nach den aktuellen Hitlisten in Zeitschriften und Zeitungen dort an, wo es die höchsten Zinsen gibt. Im übrigen lassen seit dem starken Aufkommen der Direktbanken im Jahr 1994 auch andere Banken und Sparkassen mit sich reden.

Was die Geldmarktfonds betrifft, so gibt es viele Varianten, auch mit Geldmarktpapieren in fremder Währung. Ich meine, wenn Sie schon eine relativ sichere und stets liquidierbare Anlage suchen, erübrigt sich eigentlich jede Diskussion über Geldmarktfonds, die in fremde Währungen investieren. Es handelt sich dann halt um eine Währungsspekulation, also um eine ganz andere Anlageform. Was die Sicherheit betrifft, im Fachjargon auch Bonität genannt, sind an deutschen Geldmarktfonds einige Abstriche zu machen, wie das Ratingunternehmen Moody's in einer Untersuchung Anfang 1995 feststellte. Moody's beklagte damals den Mangel an kurzfristigen deutschen Staatspapieren und das zwangsläufige Ausweichen der Geldmarktfonds auf Unternehmenspapiere von geringerer Bonität. Darin steckt das Risiko, das Sie mit diesen Fonds eingehen. Wieviele Bonitätsbewertungen es gibt, können Sie im übrigen der nebenstehenden Aufstellung entnehmen.

Irgendwann einmal, bei dann höherem Zinsniveau, sollten Sie Ihre Strategie bezüglich Renten- und Geldmarktfonds neu überdenken. Dazu haben Sie allerdings noch ein paar Jahre Zeit – eine Zeit,

Die Rating-Symbole der Firmen Stand & Poor's (S & P) und Moody's

Bonitätsbewertung	Rating-Symbol Moody's	S & P
Sehr gute Anleihen		
– Beste Qualität, geringstes Ausfallrisiko	Aaa	AAA
– Hohe Qualität, aber etwas größeres Risiko	Aa1	AA+
als die Spitzengruppe	Aa2	AA
	Aa3	AA–
Gute Anleihen		
– Gute Qualität, viele gute Investmentattribute, aber auch Elemente, die sich bei veränderter Wirtschaftsentwicklung negativ auswirken können	A1	A+
	A2	A
	A3	A–
– Mittlere Qualität, aber mangelnder Schutz gegen die Einflüsse sich verändernder Wirtschaftsentwicklung	Baa1	BBB+
	Baa2	BBB
	Baa3	BBB–
Spekulative Anleihen		
– Spekulative Anlage, nur mäßige Deckung für Zins- und Tilungsleistungen	Ba1	BB+
	Ba2	BB
	Ba3	BB–
– Sehr spekulativ, generell fehlende Charakteristika eines wünschenswerten Investments, langfristige Zinszahlungserwartung gering	B1	B+
	B2	B
	B3	B–
Junk Bonds (hochverzinslich, hochspekulativ)		
– Niedrigste Qualität, geringster Anlegerschutz in Zahlungsverzug oder in direkter Gefahr des Verzugs	Caa	CCC
	Ca	CC
	C	C

Quelle: Handelsblatt

in der die Schuldenuhren von New York und Wiesbaden unerbittlich weiter gehen. Möglicherweise wird ihre Gangart sogar dafür ausschlaggebend sein, ob Sie überhaupt noch einmal Anteile von Rentenfonds kaufen.

Offene Immobilienfonds machen sinnlich, aber sind sie auch sinnvoll?

Um die gute Nachricht gleich vorwegzunehmen: Offene Immobilienfonds sind phänomenal. Phänomene haben indessen etwas Unerklärliches an sich, und mit diesen Fonds verhält es sich ähnlich. „Zehn Jahre sind im Immobiliengeschäft kurzfristig", meint Jürgen Ehrlich, Geschäftsführer der auf offene Immobilienfonds spezialisierten Investmentgesellschaft Difa. Gehen wir also gleich zur Langfristbetrachtung über: In 20 Jahren haben die offenen Immobilienfonds, die schon so lange zu haben sind, Wertsteigerungen zwischen 206 und 305 Prozent gebracht. Nicht schlecht, werden Sie jetzt sagen. Stimmt, aber die Aktienfonds mit dem Anlageschwerpunkt Deutschland, die mindestens 20 Jahre auf dem Markt sind, haben im Minimum 225 Prozent Plus gebracht (ein krasser Ausrutscher nach unten), im Schnitt weit mehr als die offenen Immobilienfonds und in der Spitze 727 Prozent.

Das Phänomen wird erst bei näherer Betrachtung halbwegs erklärbar: Die Wertentwicklung der Immobilienfonds geht fast schnurgerade nach oben, während die der Aktienfonds stark schwankt. Außerdem hängen die Deutschen nun einmal mehr an Immobilien als an Aktien, auch wenn es sich bei den entsprechenden Fonds nicht um Anteile an schönem Villenbesitz handelt, sondern überwiegend um sterile Büros und Einzelhandelsflächen. Wohnungen haben in ihren Portefeuilles so gut wie keine Bedeutung.

Allein schon das Bewußtsein, an Sachwerten beteiligt zu sein, deren Wertsteigerung – im Gegensatz zu direkt gehaltenen Immobilien – täglich in der Zeitung abzulesen ist, muß wohl viele Bundesbürger sinnlich machen. Ob Büroleerstand oder Schneider-Affäre, Finanzierungslücken von Großinvestoren oder Wertberichtigungen auf Baukredite der Banken, die Fans offener Immobilienfonds lassen sich nicht erschüttern.

Dem Substanzaspekt kommt offenbar eine besondere Bedeutung zu. Denn auch der tägliche Mehrwert der Rentenfonds, die überdies in den vergangenen 20 Jahren durchschnittlich besser abgeschnitten haben als die Immobilienfonds, läßt sich ja täglich aus der Zeitung ablesen. Dennoch müssen sich die Strategen der Investmentgesellschaften dauernd neue Rentenfonds-Konstruktionen einfallen lassen, um ihre Kunden bei der Stange zu halten. Dagegen führt der BVI in seiner Statistik gerade mal ein gutes Dutzend Immobilienfonds. Und die Konkurrenz aus dem Ausland ist kaum präsent, zumal der ehemals halb und nun ganz geschlossene niederländische Immobilienfonds Rodamco seit 1990 ein Kursdebakel erlebt und seitdem wie eine Immobilienaktie an der Börse gehandelt wird.

Offen, halb geschlossen, ganz geschlossen, die Begriffe sind erklärungsbedürftig. Offen heißt: Anleger können jederzeit Anteile eines Fonds kaufen oder verkaufen, und der Fonds kann durch ständig neue Mittelzuflüsse wachsen. Es sei denn, ein Liquiditätsüberschuß (wie 1993) zwingt das Management zur Verweigerung der Geldannahme auf dem Umweg über gekürzte Vertriebsprovisionen. Oder ein Liquiditätsengpaß läßt einen Fonds, wie während der sechziger Jahre in der Schweiz geschehen, vorübergehend die Kasse schließen.

Halb geschlossen ist eine Spezialität der niederländischen Robeco-Gruppe, zu der Rodamco gehört, und bedeutet, daß die Investmentgesellschaft den Börsenkurs der Anteile reguliert. Geschlossen heißt in der deutschen Praxis: Eine Gruppe von Anlegern schließt sich zusammen, um etwa das Hotel Adlon in Berlin oder ein Einkaufszentrum irgendwo auf der grünen Wiese zu finanzieren. Reizvoll – leider nur auf dem Papier – sind geschlossene Immobilienfonds als steuersparende Anlage, vor allem bis Ende 1996 in den neuen Bundesländern und in Berlin, weil bis dahin 50prozentige Sonderabschreibungen mitgenommen werden können. Doch auf diesem Gebiet tummeln sich so viele Scharlatane, daß jeder geschlossene Immobilienfonds einer umfangreichen kritischen Untersuchung unterzogen werden sollte.

Die Wertsteigerungen offener Immobilienfonds sind zum Teil steuerfrei. Zum einen, weil die Gewinne der Anteile solcher Fonds von Privatpersonen nach einem halben Jahr steuerfrei vereinnahmt werden können. Zum anderen, weil auch Teile ihrer Ausschüttungen nicht mit Steuern belastet sind.

Noch 1993 war gut die Hälfte des Wertzuwachses einschließlich Ausschüttung steuerfrei. Seit 1994 ist das anders. Denn der steuerfreie Wertzuwachs nimmt ab; und die hohen Mittelzuflüsse der vergangenen Jahre, die noch nicht in Immobilien investiert sind, führen zwangsläufig zu einem höheren zu versteuernden Zinsanteil an den Ausschüttungen, resultierend aus Anlagen in festverzinslichen Wertpapieren oder Festgeld.

Auch auf die Manager der offenen Immobilienfonds kommen härtere Zeiten zu. Das liegt zum einen an den zurückgehenden Wachstumsraten der Mietsteigerungen, zum anderen an den immer schwerer durchsetzbaren Indexklauseln in Mietverträgen. Solche Klauseln orientieren sich an der Inflationsrate, und die ist bis Mitte 1995 gefallen. Es wird lange dauern, bis sie wieder Spielraum für größere Mieterhöhungen läßt. Zudem gelingt die Indizierung nicht immer. Viele Mieter ziehen überschaubare Staffelmieten vor.

Die hohen Sonderabschreibungen in den neuen Bundesländern sind aus rechtlichen Gründen spurlos an den offenen Immobilienfonds vorbeigegangen. Ob sich daran noch irgendwann einmal etwas ändern wird, ist schwer zu sagen. Den Rahm haben jedenfalls die geschlossenen Fonds abgeschöpft. Und nachdem sie – unter anderem wegen ihrer auf die Sonderabschreibungen geradezu versessenen Kunden – Überkapazitäten bei Gewerbeimmobilien aufgebaut haben, bliebe den Managern der offenen Fonds ohnehin nur noch übrig, die Knochen abzunagen.

Die meisten von ihnen sind denn auch realistisch genug, die Bäume nicht in den Himmel wachsen zu sehen. Statt dessen halten sie selektiv Ausschau und investieren hin und wieder auch außerhalb Deutschlands. So ging die schon erwähnte Difa (Volks- und Raiffeisenbanken), mit ihren beiden offenen Fonds Nr. 1 und Difa-Grund einer der größeren Anbieter, verstärkt nach London. Marktführer Grundwert-Fonds (Dresdner Bank) freundete sich unter anderem enger mit dem Amsterdamer Grundstücksmarkt an. Die Nummer zwei, Despa-Fonds (Sparkassen), konzentrierte sich dagegen stark auf Frankfurt am Main.

Die unterschiedliche Anlagepolitik ist an den Ergebnissen ablesbar. Hier führt der Grundwert-Fonds über zehn und zwanzig Jahre. Dagegen hat sich in den vergangenen fünf Jahren der Despa-Fonds an die erste Stelle geschoben. Für die Zukunft sagen die Ergebnisse allerdings nicht viel aus; da kommt es mehr auf das Geschick an, mit dem die Manager auf den immer schwieriger werdenden Immobilienmärkten agieren. Dafür bringen die Chefs der großen offenen Immobilienfonds beste Voraussetzungen mit, denn bei ihnen handelt es sich um alte Immobilienhasen.

Ihnen kommt auch die schiere Größe ihrer Fonds entgegen, weil sie eine gewisse Power beim Einkaufen von Immobilien bedeutet und am Ende im Hinblick auf die letzten Prozentpunkte der Wertsteigerung den Ausschlag gibt. Außerdem ist Risikostreuung mit hohem Fondsvermögen leichter zu erreichen als mit niedrigem. Zu den ganz Großen im Geschäft gehören auch noch Grundbesitz-Invest (Deutsche Bank) und iii (Bayerische Vereinsbank, Hypo-Bank), während die übrigen Anbieter von der Größe her abfallen.

 WICHTIG

Es ist leichter, einen Sechser im Lotto zu erzielen, als vorherzusagen, welcher Immobilienmix die besten Aussichten hat. Denn es handelt sich bei den offenen Immobilienfonds um Verwalter von gewerblichen Grundstücken, deren Wertentwicklung stark von der Konjunktur in einzelnen Ländern wie auch von Verschiebungen der Infrastruktur abhängt. Da sich die Infrastruktur durch die deutsche Vereinigung erheblich verändert hat und der Anlageschwerpunkt der Fonds in heimischen Gefilden bleiben wird, ist die kommende Wertentwicklung mit großen Fragezeichen versehen. Die werden um so größer, je mehr der Standort Deutschland in Gefahr gerät. Machen ihn zu hohe Arbeitskosten, Steuern und Sozialabgaben unattraktiv, sind auch die Tage überdimensionierter schicker Büros gezählt. Alles in allem spricht in

> den kommenden Jahren wenig für ein Engagement in offenen Immobilienfonds.

Zu guter Letzt: Deren Preise bestimmen sich im wesentlichen nach der Bewertung durch Sachverständige. Das heißt, es handelt sich hier nicht um Markt-, sondern um Schätzpreise. Das Standardwerk „Verkehrswertermittlung von Grundstücken" von Wolfgang Kleiber, Jürgen Simon und Gustav Weyers umfaßt 1.581 eng bedruckte Seiten. Daran kann ermessen werden, wie kompliziert die Materie ist. Wer sich einen schnelleren Überblick zu diesem Thema verschaffen will, sei auf „Die kleine Bewertungsschule" des Instituts für Grundbesitz und Unternehmensbewertung hingewiesen, als Serie veröffentlicht im „Versteigerungskalender" der Argetra aus Ratingen. Die folgende Übersicht schließlich zeigt Ihnen vereinfacht, wie Manager offener Immobilienfonds arbeiten:

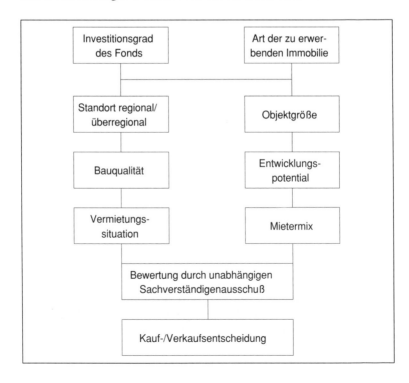

Die Sachverständigen sind vor allem durch den Pleitier Jürgen Schneider in die Schußlinie geraten, der nach seiner Gefangennahme am 18. Mai 1995 in Miami seltsam unbehelligt zu bleiben schien. Kein Wunder, wußte er doch über seine Kreditgeber so viel, daß sie große Angst hatten, ihn in allen Einzelheiten zu belangen. Das meiste dürfte auf die Deutsche Bank zurückfallen, deren Vorstand sich natürlich nach allen Regeln der Kunst ausschweigt. Nach der ersten Aufregung hatte am 11. Mai 1994 zumindest Thilo Köpfler, Chef der ebenfalls von der Schneider-Affäre betroffenen Hypothekenbank Depfa, den Mut zu der folgenden Aussage: „Wir haben die Objekte durch unsere eigenen Sachverständigen besichtigen lassen. Diese hätten die planerischen Manipulationen freilich erkennen können und letztlich auch müssen, wohl aber nur durch einen peniblen Soll-Ist-Vergleich vor Ort."

Anleger können die Bewertung von Immobilien durch Sachverständige nicht nachvollziehen. Das gilt natürlich auch im Hinblick auf die Gutachter, die für offene Immobilienfonds tätig sind und von denen es heißt, sie seien kritischer als ihre Kollegen bei Banken und Versicherungen. Verkehrswerte werden nun einmal nicht veröffentlicht. Dieser Unsicherheitsfaktor kommt für die Beurteilung offener Immobilienfonds erschwerend hinzu. Doch offenbar scheint das die Manager dieser Fonds nicht anzufechten. Als sie sich im September 1995 in Frankfurt in einem Kolloquium trafen, schleuderte Klaus Hohmann von der Investmentgesellschaft Degi allen Pessimisten den Satz entgegen: „Jetzt geht die Post ab."

Wie Großanleger mit Spezialfonds Steuern sparen

Herbert Jobelius freut sich über den regen Zuspruch, den er zusammen mit seinem Geschäftsführerkollegen Alexander Helmes seit einiger Zeit erhält. Die Deutsche Performancemessungs-Gesellschaft (DPG) des Duos floriert jedenfalls. „Der Run kam im Herst 1994", erinnert sich Jobelius. Zu verdanken hat ihn die DPG den Spezialfonds, deren Investorenkreis auf höchstens zehn Anleger begrenzt ist und nur aus nicht natürlichen Personen bestehen darf.

Eine Sternstunde für Spezialfonds war die Gründung der Siemens Kapitalanlagegesellschaft, die vom Bundesaufsichtsamt für das Kreditwesen im Dezember 1992 die Genehmigung zum Geschäftsbetrieb erhielt. Von den damals etwa 20 Milliarden Mark an Liquidität, die der Elektrokonzern in seinen Büchern führte, sollten gleich in der ersten Stufe fünf bis sechs Milliarden in Spezialfonds angelegt werden. Dabei hatten die Siemensianer offenbar eine glückliche Hand, denn im Geschäftsjahr 1992/93 entfielen fast zwei Drittel des gesamten Gewinns vor Steuern – einschließlich Elektrogeschäft – auf Erträge aus Finanzanlagen. Am 18. Januar 1994 kommentierte Folker Dries, damals München-, heute London-Korrespondent der „Börsen-Zeitung" und immer schon ein besonderer Kenner der Bank mit angeschlossener Elektroabteilung, wie Siemens häufig genannt wird:

„Die Gründung einer eigenen Kapitalanlagegesellschaft hat die Bewegungsfreiheit bei der Aktien- und Rentenallokation spürbar erhöht. Beflügelt durch die bisherigen Erfolge soll denn auch auf Sicht die gesamte Liquidität – abgesehen von dem Bedarf für das laufende Geschäft – innerhalb der hauseigenen Spezialfonds verwaltet werden."

Ein Geschäftsjahr später wies Siemens das schlechteste Ergebnis vor Steuern in fünf Jahren aus. Von dem verbliebenen Gewinn in Höhe von 2,1 Milliarden Mark entfielen 1,3 Milliarden auf das Finanzgeschäft, ein Rückgang um 30 Prozent. Allerdings stieg der

Bestand an Finanzanlagen, Wertpapieren, Schuldscheinen und flüssigen Mitteln von 25,5 auf 27,5 Milliarden Mark. Mit dieser Masse kann Siemens auf Jahre ein florierendes Bankgeschäft betreiben und dabei über Spezialfonds auch noch Steuern sparen.

Hinter dem Stichwort Bewegungsfreiheit verbirgt sich weitaus mehr, als auf Anhieb zu vermuten wäre. Da ist zunächst die Unabhängigkeit von der Investmentgesellschaft einer Bank (Siemens hatte vorher Spezialfonds-Geld bei der Deutsche-Bank-Tochter Degef angelegt). Von der Größenordnung her kommen an die 20 deutschen Industriekonzerne für die Gründung einer eigenen Investmentgesellschaft in Frage. Überwiegend sind es steuerliche Gründe, die für die Anlage in Spezialfonds sprechen:

- Realisierte Kursgewinne dürfen steuerfrei angesammelt werden, weil der Anleger seine Fondsanteile nach dem Niederstwert bilanziert.

- Aus Kursverlusten ergibt sich – im Gegensatz zur Direktanlage – nicht automatisch Abschreibungsbedarf, sofern die korrespondierenden Kursgewinne höher sind. So lassen sich erhebliche stille Reserven bilden.

- Der Fondsinhaber kann die Höhe und den Zeitpunkt der Ausschüttungen selbst bestimmen. Er entscheidet also, wie lange die steuerfrei erzielten Kursgewinne im Fonds verbleiben und für welches Geschäftsjahr die Ausschüttungen wirksam werden sollen.

- Da Zwischenausschüttungen möglich sind, können jederzeit Fondsanteile zwecks Geldbeschaffung zurückgegeben werden.

Die Möglichkeiten der Steuergestaltung und die Tatsache, daß Siemens sie mit Hilfe einer eigenen Investmentgesellschaft wahrzunehmen gedachte, waren aus der Sicht einiger Mitglieder des Bonner Bundesrats-Finanzausschusses des Guten zuviel. Folglich beauftragte das Gremium die Bundesregierung mit der Prüfung der Steuervorteile und der Frage, inwieweit eine Trennung von reinen Sozialkapital- und anderen Spezialfonds möglich sei. Doch die Kritiker aus dem Finanzausschuß konnten sich nicht durchsetzen, die Steuervorteile blieben in vollem Umfang erhalten.

Also Friede, Freude, Eierkuchen? Noch lange nicht; denn nachdem die Initiative aus dem Bundesrat abgeschmettert war, ging für die Branche die Detailarbeit verstärkt weiter. Zunächst galt es, ein Musterverfahren vor dem Bundesfinanzhof (BFH) zu gewinnen, das der BVI im Verein mit der Investmentgesellschaft Inka angestrengt hatte. Das Problem konzentrierte sich auf die Frage: Sind Ausschüttungen beim Anleger erst dann anzunehmen, wenn sie ihm zugeflossen sind, also zu dem im Ausschüttungsbeschluß festgelegten Termin? Die erste Instanz bejahte die Frage und gab damit dem BVI recht, der BFH ging – mit demselben Ergebnis – ins Detail.

Ein weiterer Erfolg der BVI-Lobby ließ nicht lange auf sich warten: Nach Inkrafttreten des Zweiten Finanzmarktförderungsgesetzes am 1. August 1994 dürfen Spezialfonds Derivate stärker nutzen und die Wertpapierleihe einsetzen, die Übereignung von Wertpapieren auf Zeit. Außerdem sind seitdem reine Geldmarktspezialfonds und solche Spezialfonds erlaubt, die das Kundengeld nur in öffentliche Anleihen investieren. Kein Wunder, daß da schon zum Jahresende 1995 nicht weniger als 2.624 Spezialfonds ihre Dienste anboten und 310 Milliarden Mark verwalteten, während die 919 deutschen Publikumsfonds einschließlich Luxemburgfonds deutscher Provenienz 392 Milliarden Mark unter ihren Fittichen hatten.

BVI-Geschäftsführer Rüdiger Päsler, Spezialist für Spezialfonds und treibende Kraft bei deren Siegeszug durch die gesetzlichen Instanzen, faßt die Vorteile wie folgt zusammen:

- Professionelle Vermögensverwaltung,
- Einbindung in die Konzepte des Anlegers,
- Sicherheit,
- Flexible Vertragsbedingungen,
- Anlageausschuß,
- Niedrige Kosten,
- Einfacher Bilanzansatz,
- Niederstwertprinzip,
- Möglichkeit der Ertragssteuerung,
- Optimale Liquidität,
- Performancemessung und
- Steuervorteile.

Soweit die Habenseite. Auf der Sollseite stehen die durch die Wachstumsschmerzen ausgelösten Mängel. So waren vor allem im Jahr 1994 viele Spezialfonds-Kunden unzufrieden mit den Leistungen von deren Managern. Um so vordringlicher wurde die einheitliche Performancemessung. Denn was die wirkliche Leistung betraf, hatten einige Investmentgesellschaften bei ihren Werbefeldzügen den Spezialfonds-Interessenten ein X für ein U vorgemacht. Das galt zwar gleichermaßen für Publikums- wie auch für Spezialfonds. Aber bei letzteren gibt es eine ganze Reihe von Sonderproblemen, weshalb deutsche Gesellschaften zunächst versuchten, sich das notwendige Know-how rechtzeitig über Partnerschaften zu sichern.

So verkündete schon im Mai 1991 die Commerzbank, Mutter der Spezialfonds-Gesellschaft Commerzinvest, ein Joint-Venture mit Schottlands WM Company. Das führte dazu, daß sich die Partner bis Anfang 1994 das zweitgrößte Stück vom riesengroßen deutschen Kuchen der Spezialfonds-Performancemessung herausschneiden konnten. Später bandelte die Bayerische Vereinsbank mit der WM Company an.

Das größte Stück aber schnappte sich die DPG. Ihre offizielle Geburtsstunde datiert vom 5. September 1991. Hier der Wortlaut der damaligen Pressemitteilung:

„Einer drängenden Forderung des Marktes folgend haben sich sieben institutionelle Vermögensverwalter zu einer Initiatorengruppe zusammengeschlossen und die DPG Deutsche Performancemessungs-Gesellschaft für Wertpapierportfolios mbH mit Sitz in Frankfurt am Main gegründet. Zu den Initiatoren zählen: BB-Investment GmbH, Berliner Handels- und Frankfurter Bank, Deka Deutsche Kapitalanlagegesellschaft mbH, Metzler Investment GmbH, Oppenheim Kapitalanlagegesellschaft mbH, Schröder Münchmeyer Hengst Capital GmbH und Trinkaus Capital Management GmbH." Sechs Wochen später stieß M.M. Warburg dazu, ein knappes Jahr danach BiL Asset Management und im Oktober 1995 Universal-Investment.

Ihnen fällt sicher sofort auf, daß – bis auf die Deka – die anderen ganz Großen der Branche in der Aufstellung fehlen. Das liegt daran, daß sie eigene Wege gegangen sind. Ihr Motiv dafür ist leicht zu erraten: Kein Außenstehender soll Einblick in ihre Daten erhalten.

Neben DPG und WM bemühten sich auch Unternehmen wie Frank Russell und Barra International besonders intensiv um einen qualifizierten Performance-Service für deutsche Spezialfonds. Sie hatten sich ihre Sporen vornehmlich schon in den USA bzw. England verdient.

Sie werden sich fragen, warum soviel Aufhebens um das ganze Thema gemacht wird. Die Antwort ist einleuchtend: Damit in einer Branche, die über riesige Anlagebeträge verfügt, kein Schindluder mit Erfolgszahlen getrieben wird. Das war auch der Ausgangspunkt für entsprechende Überlegungen zur Standardisierung in den USA. Dort hatten nämlich Investmentgesellschaften mit Individual- und Publikumsfonds regelrechte Betrugsmanöver inszeniert. In der Folge wurde deshalb die Association for Investment Management and Research (AIMR) gegründet, deren erste bemerkenswerte Studie (ein Komitee-Bericht) im Dezember 1991 erschien. Im September 1992 folgte das AIMR-Handbuch über Standards zur Darstellung von Performance, das später neu aufgelegt wurde und die Kernprobleme der Erfolgsdarstellung von Investmentfonds in aller Breite schilderte.

Der AIMR-Standard, der über kurz oder lang ganz in die Präsentation der Performancemessung nicht nur von Spezialfonds, sondern auch von Publikumsfonds eingehen wird, besagt ganz einfach: Messung des Erfolgs eines Fondsmanagements (und nicht etwa der Anlegerrendite), Anwendung von Näherungsverfahren und Darstellung des Risikos. Der Teufel steckt im Detail, und zwar nicht nur in bezug auf die theoretische Untermauerung, sondern vor allem auch in der praktischen Durchführung. So sind beispielsweise noch längst nicht alle Buchhaltungssysteme der deutschen Investmentgesellschaften für die Performancemessung geeignet. Die DPG übernahm neben der US-Firma Shaw Data ein System zur Messung der Performance von einem britischen Softwarehaus. Die Datenintegration mußte die DPG dann selbst besorgen. Seit Anfang 1994 gelten die AIMR-Regeln für internationale Portefeuilles. Deutsche Investmentgesellschaften, die in den USA auf Kundenfang gehen, müssen sich zu ihrer Einhaltung verpflichten.

Derweil reist DPG-Geschäftsführer Herbert Jobelius fleißig durch die Lande, um für seine Firma zu werben. Als er Referent bei einem IIR-Seminar am 15. März 1994 in Frankfurt war, begeisterte er seine Zuhörer mit allerhand Neuigkeiten. Auch ein anderer IIR-Referent war gut drauf: Wolfgang Kruppa vom Bundesaufsichtsamt für das Kreditwesen. Er referierte über die OGAW-Änderungsrichtlinie, die in Europa unter anderem Dachfonds wieder hoffähig machen soll. Wäre Kruppas ehemaliger Amtskollege Heinz-Dietrich Stolzenburg anwesend gewesen, hätte es ihm spätestens bei diesem Stichwort die Sprache verschlagen. Denn Dachfonds galten lange als problematisch, weil sie das Geld ihrer Kunden in anderen Fonds anlegen.

Veranstaltungen wie die des IIR beschleunigen den Gedankenaustausch unter Fondsspezialisten. Leider sind die für die Auftragsvergabe an die Investmentgesellschaften zuständigen Fachleute anderer Unternehmen dabei häufig noch unterrepräsentiert. Das ist schade, denn in Anbetracht der vielen Milliarden, von denen mehr als die Hälfte auf Versicherungen aller Art entfällt (siehe nachstehende Grafik), wären verstärkte Aktivitäten dieser Auftraggeber vonnöten. Dann könnten sich auch die Versicherten wieder über bessere Leistungen freuen.

Doch allzu lange wird es bis dahin wohl allein schon wegen des stark zunehmenden Konkurrenzdrucks nicht mehr dauern. Die DPG spürt jedenfalls ein enorm wachsendes Interesse an ihren Vergleichsrechnungen. Nachdem das von ihr analysierte Fondsvermögen 1995 mit 98,8 Milliarden Mark zweieinhalbmal so hoch lag wie 1993, sind ihre institutionellen Kunden seit Anfang 1996 mehr und mehr an vergleichenden Performancemessungen aller ihrer Fonds interessiert. Dabei beschränkt sich der Zuspruch nicht auf die zehn genannten DPG-Gesellschafter, denn außer diesen nutzen auch noch Kaliber wie Union-Investment oder West Kapitalanlagegesellschaft die DPG-Dienste.

Anlegerkreis von Spezialfonds 1995

	Anzahl	Fondsvermögen Mrd. DM	%
Inländer	2.596	307,1	98,8
A – Kreditinstitute	593	65,1	21,0
B – Versicherungsunternehmen	1.106	155,9	50,2
C – sonstige Unternehmen	538	60,9	19,6
D – Sozialversicherungen	108	7,2	2,3
E – private Organisationen ohne Erwerbszweck	251	18,0	5,8
F – Ausländer	28	3,6	1,2
Insgesamt	2.624	310,7	100,0

Quelle: Deutsche Bundesbank

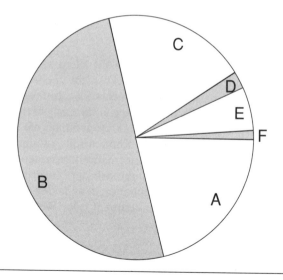

Warum Sie viel besser sind als jeder Superberater

Der Juli 1995 war ein fruchtbarer Monat. Erst meldete Brian Storms, damals noch Kontinentaleuropa-Chef der weltgrößten Investmentgesellschaft Fidelity, ein neues Baby an: die fondsgebundene Vermögensverwaltung mit dem Namen Fidelity Portfolio Selector, konzipiert als Dachfonds, gehandelt als Inhaber- und Namensaktie im geregelten Markt der Düsseldorfer Börse. Fast zur selben Zeit verkündete die BHF-Bank, auch sie biete eine Vermögensverwaltung auf Fondsbasis an. Während die beiden Newcomer 80.000 bzw. 200.000 Mark als Mindestanlage forderten, begnügte sich die Investmentgesellschaft Euroinvest, die kurz darauf ihre neue Kreation mit dem Namen Euroinvest Konzept 8 Plus vorstellte, mit dem bescheidenen Minimum von nur 5.000 Mark.

Hinter den oft geheimnisvollen Namen verbergen sich Vermögensverwaltungen, die in verschiedene Fonds investieren. Mal in Fonds des eigenen Unternehmens, mal in eigene und fremde, mal nur in fremde Fonds. Um die Sache übersichtlicher zu gestalten, können die Kunden meistens zwischen drei Depottypen wählen:

- Rendite,
- Rendite plus Wachstum und
- Wachstum.

Die Bezeichnungen variieren von Anbieter zu Anbieter, aber in einem Punkt sind sich alle Anbieter einig: Sie setzen, gestützt auf umfangreiche Marktuntersuchungen, fast immer voraus, daß es Anleger mit null, mit etwas und mit viel Risikoneigung gibt. Folglich wandern verschiedene Fonds in die drei Depottypen, und fertig ist die ideale Asset Allocation. Was herauskommt, heißt mal fondsgebundene Vermögensverwaltung, mal Fondspicking.

Doch die Realität weicht von der Idealvorstellung ab. Denn die meisten Fondspicker sind noch nicht so lange auf dem Markt, daß sie repräsentative Ergebnisse über mehrere Jahre vorweisen könnten. Deshalb beschränken sich viele Vergleiche auf kürzere Perioden. Hin und wieder werden nur die Gebühren verglichen. Und wenn eine Bank oder ein Vermögensverwalter neu auf den Markt kommt, ersetzen Musterdepots die Realität.

So untersuchte die Zeitschrift „DM" die Zweijahresergebnisse der Fondspicker per Ende Februar 1995. Von 18 Anbietern konnten elf noch keine Zahlen für diesen Zeitraum präsentieren. Die sieben verbliebenen lagen zwischen plus 5,1 Prozent (Union) und plus 28,2 Prozent (PEH/Fonds-Direkt).

PEH steht für Peter E. Huber, einen selbständigen Vermögensverwalter in Oberursel, der sich schon Mitte der achtziger Jahre akribisch auf die Suche nach den besten Vermögensverwaltern gemacht hatte. Über die führte er kurze Zeit Rennlisten mit absoluten Ergebnissen, wobei er die Risikokomponente durch das Beobachten der Anlagepolitik ebenfalls berücksichtigte. Die Plätze eins bis drei der ersten Rennliste waren bezeichnend: Bei der Nummer eins handelte es sich um einen ehemaligen Fliesenleger und Bibelforscher, Nummer zwei war ein Spezialist für Versicherungsaktien, und erst an dritter Stelle folgte Thomas Zours, der sich im studentischen Börsenzirkel der Universität Mannheim und später als Vermögensverwalter auch darüber hinaus etwas ernsthafter mit dem Thema Börse beschäftigte.

Bei den Fondsmanagern war es in den vergangenen Jahren ähnlich, vor allem 1993. Wer da einen Polen-Fonds verwaltete, konnte sich in puncto dreistelliger Performance mit dem Bibelforscher auf eine Stufe stellen. Und dem Versicherungsspezialisten der Jahre 1985/86 entsprach acht Jahre danach vielleicht der Zauberer vom Bosporus, der mit seinen eigenen Käufen den First Turkish Emerging Market Fund oder eine ähnliche Seifenblase in die Höhe pustete. Bezeichnenderweise haben nicht die Nummer eins und die Nummer zwei von Hubers erster Rennliste den harten Wettbewerb der Vermögensverwalter bis heute überstanden, sondern erst die Nummer drei Zours und einige andere weniger auf schnellen Gewinn schielende Strategen. Und natürlich Huber selbst, wie die „DM"-Untersuchung zeigt, wobei er sich lange nicht mehr mit Glücksrittern wie Nummer eins und zwei beschäftigt.

Die zweite Rennlistenwelle kam 1989, dann schon als Fondspikking, mit der Graf Lambsdorff Vermögensverwaltung aus St. Gallen ins Rollen. Diese fand schnell viele Nachahmer und versuchte deshalb, der Konkurrenz immer um eine Nasenlänge voraus zu sein, erst mit einem Wirtschaftsprüfertestat für die Ergebnisse (weil Vermögensverwaltungen nicht direkt unter die strengen deutschen Investmentgesetze fallen), später mit dem Lebenszyklus-Modell: „Wir passen die Anlageform dem Lauf des Lebens an", begründete damals Lambsdorff-Geschäftsführer Ralf Soboll das Modell.

Die dritte Welle brachte den Durchbruch. Sie begann in Luxemburg mit zaghaften Versuchen der etablierten deutschen Finanzgruppen und erreichte ihren ersten Höhepunkt mit der Einführung des S Dynamik Depots der Sparkassen in Zusammenarbeit mit der Investmentgesellschaft Deka Ende 1993. Warum, ergibt sich aus der folgenden Grafik. Danach haben 58 Prozent einer repräsentativen Kundengruppe Interesse an der Fremdverwaltung ihres Vermögens.

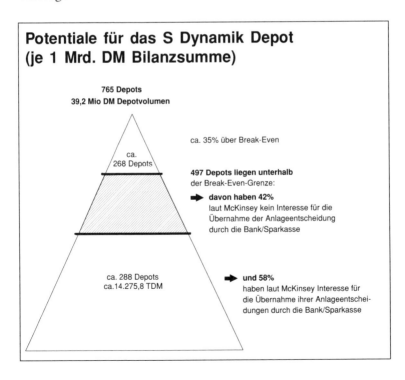

Wie ein Sturzbach folgte danach ein Angebot dem anderen. Die Ernüchterung ließ allerdings nicht lange auf sich warten. Als die Zeitschrift „Finanzen" die zum größten Teil ungeprüften 1994er Ergebnisse der Fondspicker mit denen der Mischfonds verglich, gab es – abgesehen vom DVB-Pool, der später Ärger mit dem Bundesaufsichtsamt für das Kreditwesen bekam – Pluszeichen nur für einen Mischfonds (MMWI Select), während die Fondspicker bis zu 16,5 Prozent (Fonds Investment Club) Minus machten.

Eigentlich steht Fondspicking für ganzheitliche Vermögensverwaltung, ohne daß der Kunde gleich mehrere Millionen anzuschleppen braucht. Es soll die Grundidee des Investmentfonds-Urtyps unter anderen Vorzeichen fortführen, nachdem die Spezialisierung und Aufsplitterung der Fonds das erforderlich gemacht hat. Damit aber die Ergebnisse der Fondspicker objektiv gewürdigt werden können, müssen sie über viele Jahre vorliegen. Das wird erst nach dem Jahr 2000 der Fall sein.

Theoretisch ist die Idee des Fondspicking faszinierend, aber warum funktioniert sie in der Praxis eher schlecht als recht? Wahrscheinlich erklärt das folgende Beispiel den Sachverhalt am besten: Der Unternehmer sucht die besten Produkte und Dienstleistungen aus, der Analyst die Aktien der besten Unternehmen, der Fondsmanager die besten Analysten, der Fondspicker die besten Fondsmanager und ein Superberater die besten Fondspicker. Selbst wenn man jedem Glied der Kette die hohe Trefferquote von 80 Prozent zubilligen würde, blieben dem Superberater nur noch magere 32,8 Prozent Trefferquote übrig. Oder andersherum: Die größten Chancen, an der Börse reich zu werden, hat der Unternehmer mit 80 Prozent, vorausgesetzt, er besitzt Aktien seines eigenen Unternehmens. Die 32,8 Prozent kommen so zustande: Der Unternehmer liegt zu 80 Prozent richtig, der Analyst zu 80 von 80 Prozent, also zu 64 Prozent. Beim Fondsmanager sind es nur noch 80 von 64 Prozent, also 51,2 Prozent. Der Fondspicker kommt folglich auf 80 von 51,2 Prozent, sprich 41 Prozent. Dem Superberater bleiben dann noch 80 von 41 Prozent übrig, also 32,8 Prozent. Aber: Kennen Sie jemanden, der immer zu 80 Prozent richtig liegt?

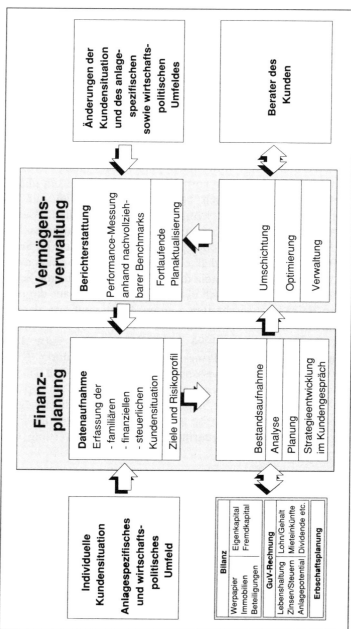

Quelle: Rolf Tilmes, ebs

Thomas Vorwerk, Chef der Münchner Firma Südprojekt, steigt in Zusammenarbeit mit der Stiftung Warentest in Berlin über das sogenannte Mikado-System in die Investmentwelt ein. Im Vordergrund stehen persönliche Anlageziele und Wünsche. Auf dieser Grundlage entsteht ein individuelles Basisdepot. Es zeigt dem Anleger, auf welche Fondsmärkte er sein Geld verteilen soll und welcher Anteil für fünf Basisfondsgruppen angemessen erscheint. Schließlich werden pro Fondsgruppe sieben ausgewählte Fonds vorgestellt.

Am besten daran ist das Voranstellen persönlicher Anlageziele. So vermeidet jeder Anleger von vornherein das Herumzocken mit irgendwelchen Fonds, die sich bei näherem Hinsehen nur als schlechter Ersatz für profitträchtige Aktien herausstellen. Warum dann aber nicht gleich die ganze persönliche Finanzplanung selbst in die Hand nehmen, zumal eben jene Stiftung Warentest im Sommer 1995 feststellen mußte, daß jedes dritte Beratergespräch mangelhaft verläuft? Als Grundstein dafür kann das vorstehende Schema dienen; es müßte nur noch etwas vereinfacht und auf die persönlichen Belange zugeschnitten werden. Es stammt von der Finanzakademie der European Business School (ebs) in Oestrich-Winkel, die im Dezember 1994 ihre Eröffnungsfeier hatte. Ihre Hauptmatadoren, der ebs-Professor und Geschäftsführer Karl-Werner Schulte sowie sein wissenschaftlicher Berater Rolf Tilmes, hatten vorher noch dem Bonner Verleger Norman Rentrop die beiden Studienleiter Werner Siepe und Karl-Heinz Bilitza weggeschnappt. Das hinderte Rentrop aber nicht, eine seiner Lieblingsideen zu realisieren, ein neuartiges System zur Bewertung von Fonds.

Womit sich der Kreis zum Anfangskapitel fast geschlossen hätte. Fast, denn es fehlt noch die Integration von Fonds in die private Finanzplanung. Doch nichts ist einfacher als das:

Wenn Sie dieses Buch einigermaßen aufmerksam gelesen haben, werden Sie feststellen, daß sich Fonds überall von 1. bis 5. integrieren lassen. Aber nicht jeder Fonds überall. Beispielsweise nehmen Sie die eigene Altersvorsorge am besten so früh wie möglich in Ihrem Leben mit einem Sparplan auf der Grundlage eines gut gestreuten deutschen oder internationalen Aktienfonds in Angriff.

Achten Sie bei der Bestandsaufnahme darauf, daß Sie keinen früher einmal aus Verlegenheit gekauften und nicht zu Ihnen passenden Fonds weiter durchschleppen. Kalkulieren Sie beim Mehrjahresbudget nicht mit festen Einnahmen, wenn diese aus einem Fonds stammen. Beachten Sie beim Risikozuschlag, daß auch gute Fonds im Wert schwanken können. Und lassen Sie es bei der Streuung Ihres Vermögens mit einer guten Mischung aus maximal einem halben Dutzend bewährter internationaler und deutscher Fonds gut sein.

Die dürfen, wenn Sie 20 oder 30 Jahre alt sind, zum Teil in exotischen Ländern investieren. Mit 40 Jahren sollten Sie Ihre eigene Absicherung und die Ihrer Familie im Auge haben, Ihre Fondsanlagen also in gemäßigte Gefilde (Mischfonds, Fonds mit Absicherung) bewegen. Sobald Sie auf die 50 zugehen, gilt das in noch stärkerem Maß.

Danach sollten Sie das Leben genießen, denn schon bald meldet sich das eine oder andere Zipperlein. Dann ist die Zeit für solide Geldmarktfonds einschließlich Festgeld gekommen, bei hohem Zinsniveau auch für den einen oder anderen Rentenfonds. Und wenn Sie alle Ratschläge in diesem Buch befolgen, können Sie zumindest weitere Zipperlein vermeiden.

 WICHTIG

1. **Stecken Sie Ihre langfristigen Ziele ab (eigene Altersvorsorge, Absicherung der Familie und so weiter).**

2. **Machen Sie eine Bestandsaufnahme Ihres Vermögens, Ihrer Versicherungen und der steuerlichen Situation.**

3. **Stellen Sie ein Mehrjahresbudget auf, aus dem klar hervorgeht, bei welchen Einnahmen und Ausgaben Sie Ihre Ziele erreichen können.**

4. **Machen Sie einen Soll-Ist-Vergleich, der Ihnen die möglichen Liquiditäts- und Versorgungslük-**

ken zeigt, und bauen Sie einen Risikozuschlag ein.

5. Fahren Sie eine Anti-Risiko-Strategie von der Streuung Ihres Vermögens bis zur Optimierung der Steuern, von der Vorsorge für Notfälle bis zur Entschuldung Ihres Grundbesitzes.

Unglaubliche Geschichten und jede Menge Tips

„Auf der Jagd nach einer Katze sprang Bingo am Mittwochabend in einen Baucontainer vor der Hypo-Filiale an der Münchner Straße. Dabei platzte einer von mehreren blauen Müllsäcken. Heraus purzelten hundertfach Kundenkarten mit brisantem Inhalt. Betroffen sind hunderte Unterhachinger Bürger, Firmen, Vereine sowie namhafte Manager aus der Münchner Wirtschaft."

„Dokumente der Commerzbank sind abermals im Müll der Filiale Mannheim gefunden worden. Das ist nicht der erste Fund von Kundeninformationen der Commerzbank in der Stadt Mannheim. Anfang Januar 1996 hatte die Staatsanwaltschaft Mannheim vertrauliche Akten der Comerzbank beschlagnahmt. Dieses Material wurde in einer Mülltonne gefunden und der Bank gegen Entgelt angeboten."

Die erste Geschichte entstammt der „Abendzeitung" vom 3. November 1995, die zweite der „FAZ" vom 17. Januar 1996. Beide zeigen symbolhaft, daß das deutsche Bankgeheimnis auf dem Müll gelandet ist. Kenner der Finanzbranche sind zwar nicht überrascht, empfinden solche Vorfälle aber zu Recht als ärgerlich, zumal der Bundesverband deutscher Banken noch im Sommer 1995 unter der Schlagzeile „Wir sagen nichts" wie folgt kabarettreif für das Bankgeheimnis warb: „Wenn es um unsere Kunden geht, können wir richtig nichtssagend sein ... Das Bankgeheimnis müßte eigentlich Kundengeheimnis heißen, denn die Banken schützen die Privatsphäre ihrer Kunden. Nicht nur gegenüber wißbegierigen Nachbarn, sondern natürlich auch gegenüber neugierigen Behörden."

Als hätte der Coup der Steuerfahnder gegen die Dresdner Bank damals nicht schon mehr als eineinhalb Jahre zurückgelegen. Als wären dem Bankenverband nicht bereits andere Fälle von Übergriffen der Finanzbehörden bekannt gewesen. Diese Volksverdummung ist unerträglich, weil die deutschen Banken in realistischer Einschätzung des offenen Geheimnisses florierende Geschäfte längst auch dort betreiben, wo das Bankgeheimnis wirklich noch gilt: etwa in der Schweiz oder – trotz der Cisal-Affäre – in Luxemburg.

Um die Chronik abzuschließen: Bis Ende 1995 durchsuchte die Steuerfahndung nicht weniger als 43 deutsche Bankfilialen und -zweigstellen. Im Zuge der Ermittlungen stieg ein Betroffener zum Volksheld auf: der Westerwälder Unternehmer Peter Gelhard. Kaum eine Zeitung oder Zeitschrift, die ihm nicht gern seine Story abgenommen hätte. In „Capital" vom Mai 1996 durfte er sich wie folgt äußern: „Ich habe von Beginn der Untersuchung an alles getan, um das Unternehmen und die Arbeitsplätze nicht zu gefährden." Sein Luxemburger Konto bezeichnete er als „eine Art eiserne Reserve für das Unternehmen, das ich aus kleinsten Anfängen groß gemacht habe".

Was hat die unglaubliche Geschichte vom Unterhachinger Hund Bingo mit der vom reumütigen Mann aus dem Westerwald gemeinsam? Beide Geschichten zeugen von einem sträflich leichtsinnigen Umgang mit Geld. Offenbar ist auch die Werteordnung durcheinander geraten: Die Aufweichung der Steuermoral, vom Staat durch ungerechte (weil nur von Steuertüftlern durchschaubare) und verfassungsrechtlich bedrohte Gesetze unfreiwillig gefördert, geht einher mit dem Verteilungskampf zwischen Arm und Reich, Jung und Alt. Zumindest die ganz Reichen wissen sich zu helfen. So errechnete Edouard Chambost, ein Spezialist für Steueroasen, daß Mitte der siebziger Jahre erst fünf Prozent der Waren- und Geldströme durch Steueroasen geflossen waren; Mitte der neunziger Jahre waren es bereits mehr als 50 Prozent.

Nach einer Studie der Universität Basel verfügten die Schweizer Banken Ende 1994 allein über Kundendepots im Wert von 2,8 Billionen Mark. Die Summe entsprach 15 Prozent des damals weltweit treuhänderisch verwalteten Vermögens, 65 Prozent des gesamten Geldvermögens der deutschen Haushalte und 86 Prozent des von allen US-Publikumsfonds betreuten Vermögens in Höhe von 3,2 Billionen Mark. Dieses stieg dann im Zuge der gigantischen Aktienhausse an der Wall Street, wie die US-Börse auch genannt wird, bis Ende 1995 auf 4,2 Billionen Mark – verglichen mit 392 Milliarden Mark der deutschen Publikumsfonds, also nicht einmal einem Zehntel.

Die Gigantomanie erreichte an der Wall Street 1996 einen vorläufigen Höhepunkt. Das US-Börsenbarometer Dow Jones, das den Durchschnittskurs von 30 führenden amerikanischen Aktien wiedergibt, feierte am 26. Mai 1996 sein hundertjähriges Bestehen. Da stand es 135-mal so hoch wie am 26. Mai 1896, seinem Gründungsdatum. Allerdings ist der Dow Jones heute ganz anders zusammengesetzt als damals. Verändert haben sich auch die Papiere, in denen besonders fleißig spekuliert wird. Waren es seinerzeit etwa Eisenbahn- oder Kupferaktien, die das Herz jedes Börsianers höher schlagen ließen, so standen 1996 vor allem sogenannte High-Tech-Werte im Vordergrund, also etwa Aktien von Computerherstellern, Softwarehäusern oder Kommunikationskonzernen. Dabei schoß die Aktie von Comparator Systems den Vogel ab: Nachdem Gerüchte aufgekommen waren, das Unternehmen habe eine Fingerabdruck-Vergleichsmaschine erfunden, stand seine Aktie 26-mal so hoch wie drei Tage zuvor. Natürlich schritt sofort die US-Wertpapieraufsichtsbehörde ein, die Securities and Exchange Commission (SEC) und unterband den Handel in Comparator-Aktien.

Die Hitlisten mit den rund 6000 US-Publikumsfonds sind zum Teil ein Spiegelbild solcher Entwicklungen. Auch wenn es nicht immer so unglaubliche Geschichten wie die von Comparator sind, die sich hinter ihnen verbergen, so fällt doch auf, daß 1995 und 1996 überwiegend Spezialitätenfonds durch rasante Wertsteigerungen von sich reden machten. Diese Fonds investieren etwa nur in High-Tech- oder Gesundheitsaktien, in Öl- oder Edelmetallwerte, in Papiere mit hohen Dividendenrenditen oder niedriger Kapitalausstattung. Sich da zurechtzufinden, ist für Laien und sogar für die meisten Fachleute unmöglich.

Leider bleiben Spezialitätenfonds den Anlegern hierzulande ebenfalls nicht erspart; im Gegenteil, wir stehen erst am Anfang einer entsprechenden Entwicklung. Da die Deutschen jedoch auf eine bestimmte Weise sicherheitsbewußt sind – sie mögen keine starken Wertschwankungen –, haben es ihnen bislang weniger die Spezialitäten vom Typ High Tech angetan als zum Beispiel die Garantiefonds, die ihre Aktienbestände an den Terminmärkten absichern. Das kostet zwar Performance, wiegt aber die Anleger in Sicherheit. „Börse mit Vollkasko", so bewarb die Commerzbank Anfang 1996 ihren Garantiefonds – und erreichte aus dem Stand ein Fondsvolumen von einer halben Milliarde Mark.

In andere populäre Gefilde wagten sich der holländische Versicherungskonzern Aegon und die Dresdner-Investmentgesellschaft DIT: Als am 25. Mai 1996, dem Samstag vor Pfingsten, beim Endspiel um den deutschen Fußballpokal nach 40 Minuten und zehn Sekunden Thomas Häßler zum Freistoß für seinen Club KSC antrat, stach den Zuschauern aus dem Hintergrund die Bandenwerbung für die Aegon-Fondspolice Money Maxx ins Auge, die sich den Werbeplatz mit Franziskaner-Bier teilte. Und als der KSC nach 64 Minuten und 40 Sekunden eine Ecke zugesprochen bekam, war die Bandenwerbung gerade auf den DIT-Vorsorgeplan umgeschaltet. Dazwischen immer wieder der Hobbymarkt Bauhaus, das Mobilnetz e plus und ähnliches aus der Welt des Konsums.

Sparen und Konsumieren in modernem Gewand, da müßte bei jedem Professor der Volkswirtschaft Freude aufkommen. Doch ganz so einfach und klassisch im Sinn der alten Nationalökonomen ist die Chose leider nicht. Denn im Gegensatz zum guten alten Sparkonto, das im wesentlichen längst von höherverzinslichen Sparbriefen abgelöst ist, handelt es sich bei Money Maxx und DIT-Vorsorgeplan um höchst komplizierte Finanzprodukte. Allein schon Fonds als solche sind, wie dieses Buch zeigt, schwer zu verstehen. Ihre Vielfalt, der Begriffswirrwarr, viel zu viele Anglizismen samt dazugehöriger Blähsprache („Der Dow Jones ging in die Knie."), die unterschiedlichen Interessen von Anbietern und Kunden, der personelle Wanderzirkus bei Finanzkonzernen und Vertriebsgesellschaften, ihr Schlucken und Geschlucktwerden, die ständige Änderung von Gesetzen, vor allem im Steuerrecht, die Überflutung der Anleger mit unverständlichen und zum größten Teil überflüssigen Informationen, ein Gebührendschungel sondergleichen, verwirrende Konditionen der seit 1994 auftretenden Direktbanken, Fondshitlisten mit widersprüchlichen Ergebnissen und Produktgags anstelle von Problemlösungen für Kunden – all das macht es so schwer, den Dingen auf den Grund zu gehen.

Die nachstehende Grafik, die der freie Journalist und Buchautor Hans-Kaspar von Schönfels für die Hauszeitschrift der Hypo-Bank entworfen hat, vermittelt einen Eindruck von dem ganzen Tohuwabohu. Idealerweise sollten die Hypo-Berater – wie alle anderen Anlageberater auch – hier als Problemlöser fungieren, das heißt, für jede Kundin und jeden Kunden einen Finanzstatus erstellen, die finanziellen Ziele orten und den für ihr bzw. sein Alter passenden Produktmix empfehlen, die Empfehlungen in die Tat umsetzen und den Lauf der Dinge weiter verfolgen, um bei Bedarf die Weichen neu zu stellen. Das alles kostet natürlich Geld. Deutsche Kunden aber sind – abgesehen von den Reichen bis Superreichen – nicht gewohnt, für die Beratung als solche Geld zu zahlen. Dieses Problem müssen die Anbieter von Finanzdienstleistungen noch lösen.

Die Grafik vermittelt einen Eindruck von der Kompliziertheit des Geldgeschäfts. Sie läßt aber auch erkennen, daß niemand die Flinte ins Korn zu werfen braucht, wenn er nicht einmal weiß, was sich hinter der Hälfte der Begriffe verbirgt. Denn auch ein Berater für Lebensversicherungen ist beispielsweise hoffnungslos überfordert, wenn er etwa Optionen oder Leasingfonds erklären soll. Und ein Fondsspezialist weiß normalerweise weder mit Risikokapital noch mit Rentenversicherungen etwas anzufangen. Daraus folgt, daß sich die qualifizierte Beratung in den kommenden Jahren ganz neu entwickeln wird: In den großen Finanzkonzernen wird es für jeden Bereich Spezialisten geben. Die Nischenanbieter werden die lukrativsten Lücken ausfüllen, etwa die Finanzanalyse für Multimillionäre oder die Vermittlung von Immobilien. Die mittelgroßen Finanzdienstleister haben in dem einen oder anderen Fall die Wahl zwischen diesen Extremen, oder sie werden geschluckt; die zweite Alternative besitzt eine höheren Grad an Wahrscheinlichkeit. Wer als Kunde weder reich noch bereit ist, ein Beratungshonorar zu zahlen, muß sich entweder mit Konfektionsware begnügen oder sich das notwendige Know-how selbst aneignen.

Ich rate Ihnen dringend zum Know-how. Dabei spielt die Autodidaktik eine entscheidende Rolle, egal, ob Sie ein Gymnasium nur von außen gesehen oder Ihr Studium mit einem Doktortitel summa cum laude abgeschlossen haben. Sicher erinnern Sie sich an die quälenden ersten Versuche mit dem Computer. Bei den Finanzen ist es oft ähnlich: Am Anfang bekommt man aus lauter Verzweiflung, weil etwas partout nicht in den Kopf will, ständig Wutausbrüche. Aber sobald sich die ersten Erfolgserlebnisse einstellen, macht jeder noch so kleine Fortschritt Spaß. Eine weitere Parallele zum Umgang mit dem Computer: Entscheidend ist die richtige Mischung aus Lehrgängen, Selbststudium und Übung.

Es gibt kaum gute Lehrgänge zum Thema Geld außerhalb der Finanzbranche. Die meisen Finanzkongresse sind zu hochgestochen und überwiegend so teuer, daß Privatleute sich nur selten dorthin verirren. Die Internationale Anlegermesse (IAM), die in den geraden Jahren in Düsseldorf stattfindet, bietet ein interessantes Forum, nicht zuletzt auch für Fondsinteressenten, und jede Menge an Gesprächen mit Fachleuten. Die etablierten Banken und Versicherungen verhelfen ihren Mitarbeitern überwiegend zu einer guten bis sehr guten Ausbildung. Schade ist, daß davon nur wenig zu den Kunden durchdringt, weil bei der Beratung die Interessen der Anbieter im Vordergrund stehen.

Das Selbststudium muß also für alle, die nicht in der Finanzbranche tätig sind, überwiegend die Lehrgänge ersetzen. Die Tips im Literaturverzeichnis dieses Buches – und hoffentlich vor allem dieses selbst – helfen Ihnen da entscheidend weiter. Erwarten Sie allerdings wegen der vielen Neuerungen und wegen des starken Wachstums der Fondsbranche von niemandem eine perfekte Anleitung. Neuerdings sind auch Fondsprospekte und Rechenschaftsberichte der Investmentgesellschaften wegen der vielen vom Gesetzgeber vorgeschriebenen Erläuterungen zum Selbststudim geeignet, vor allem für fortgeschrittene Anleger. Sobald Sie etwas über eine Investmentgesellschaft in der Zeitung lesen, können Sie sicher sein, daß sie vorher mehr oder weniger viele Journalisten zu einer Pressekonferenz eingeladen hat. Lassen Sie sich am besten die bei dieser Gelegenheit verteilte Pressemappe schicken. Frechheit siegt. Ansonsten bleibt Ihnen ja noch der Rollgriff in die kostenlosen Auslagen von Banken und Sparkassen.

Was die letzte Parallele zum Umgang mit dem Computer betrifft, die Übung, sollten Sie drei grundsätzliche Tips beachten:

- Fehler vermeiden, weil sie sehr viel Geld kosten können.

- Jede Entscheidung mit allen Konsequenzen in Gedanken durchspielen, weil Sie vor dem Anlagezeitpunkt aus einer Unzahl von Möglichkeiten wählen können, danach aber nur zwei Alternativen haben: Behalten oder verkaufen.

- Mit kleinen Einsätzen beginnen und verschiedene Varianten ausprobieren, weil sich so Fehler im Rahmen halten und möglichst viele Erfahrungen aufbauen lassen.

Falls Ihnen diese Tips trivial vorkommen, hier gleich einige konkrete Hinweise zum Thema Fehler: Falsches Timing, Kauf nur eines Fonds, gutes Geld dem schlechten hinterherwerfen (etwa bei einem Sparplan mit dem falschen Fonds), emotionale Entscheidungen (weil ein Berater Sie unter Zeitdruck setzt), hohe Gebühren, Fonds, die nicht zum Alter und zum Anlageziel passen, drastische Besteuerung (weil ein Auslandsfonds sich vom deutschen Markt zurückzieht) und Betrug – um nur die wichtigsten Fehlerquellen zu nennen.

Was das gedankliche Durchspielen betrifft, werden Sie immer Ihre liebe Mühe und Not haben, denn niemand kann in die Zukunft blicken. Zumindest eines sollten Sie sich jedoch angewöhnen: Immer die schlechteste von allen Möglichkeiten in Betracht ziehen. Also einen Börsenkrach, falls Sie mit einem Aktienfonds liebäugeln, eine drastische Zinserhöhung, falls Ihnen ein Rentenfonds kaufenswert erscheint, oder vorübergehende Illiquidität eines offenen Immobilienfonds.

Kleine Einsätze und Verteilung der Anlagesumme auf verschiedene Fonds sind das A und O der Risikostreuung. Dabei helfen Ihnen die Direktbanken (oder Discount Broker, wie sie auch genannt werden). Nachdem die Bayerische Vereinsbank mit der Gründung der Advance Bank nachgezogen hat, sind alle führenden Adressen in diesem Metier tätig, wenn auch mit unterschiedlichen Schwerpunkten. Falls Sie Aktien, die man als eine Art Fonds betrachten kann (Allianz, Deutsche Bank, Siemens, Veba) ohne den Umweg über Fonds kaufen wollen, sind Sie mit Bank 24 (Deutsche Bank), Comdirect (Commerzbank) und Consors (Schmidt Bank) bestens bedient. Bei Aktiensparplänen und bei Fonds verfügt die Direkt Anlage Bank (Hypo-Bank) über besonders lukrative Angebote.

Allmählich kommt auch der Service über das Internet in Fahrt. Ob Sie ihn wahrnehmen, hängt von Ihren Vorlieben und Gewohnheiten ab. Internet bedeutet ja nicht automatisch mehr Qualität, sondern nur andere Nutzung von Kommunikationswegen und Daten. Wahrscheinlich werden irgendwann alle Fondsdaten per Internet abrufbar sein. Wenn Sie dann über sie verfügen, stehen Sie allerdings vor dem gleichen Problem wie heute beim Studium der Hitlisten.

Da wir mit unglaublichen Geschichten begonnen haben, trifft es sich gut, daß der auf Fonds spezialisierte Finanzjournalist Horst Wardenbach in der „Welt" vom 10. Mai 1996 auch eine zum Internet zu erzählen wußte: „Investmentfonds gibt es jetzt über's Internet. Vor allem ausländische Anbieter halten diese Bestellvariante für den letzten Schrei. Wer technisch nicht ganz so perfekt ausgestattet ist und es mit dem Telefon versucht, muß bei Fidelity sieben Monate lang warten, um ein vierseitiges Faltblatt, einen Depotantrag und ein Überweisungsformular zu bekommen. Abgeschickt in Großbritannien, mit einem Anschreiben aus Frankfurt und Rückgabemöglichkeit an eine Adresse in Luxemburg. Ein wahrlich internationales Unternehmen." Ich ging dem Fall nach und bat Fidelity in Luxemburg am 1. Juli 1996 um eine Stellungnahme innerhalb von zwei Wochen. Bis Anfang September hatte ich immer noch keine Antwort – ein Armutszeugnis für die größte Investmentgesellschaft der Welt, die sich im Gegensatz dazu betont flott gibt, wenn sie etwas Neues ankündigt.

Hit oder Niete: Hinter den Kulissen der Performancemesser

Am 17. August 1995 konnten sich die Leser der „Welt" am sanften Lächeln von drei Omas erfreuen, dazu am Spruch der Dresdner Bank Investmentgruppe: „11,3 Prozent Rendite in den letzten zehn Jahren." Mit dem DIT-Fonds für Vermögensbildung aus dem Hause Dresdner, versteht sich.

Im „manager magazin" vom April 1996 stellte die Investmentgesellschaft Templeton ihre Leistung so heraus: „Hätten Sie am 29. 11. 1954 US-Dollar 10.000 im Templeton Growth Fund angelegt, dann hätten Sie es bis 31. 1. 1996 weit gebracht – auf US-Dollar 2.896.770."

Die „Börsen-Zeitung" veröffentlichte im redaktionellen Teil am 3.Mai 1996 eine Studie der Allianz Leben, nach der sich Aktien und Anleihen jährlich wie folgt entwickelt hatten: 1970 bis 1979 Aktien plus 1,4 Prozent, Anleihen plus 9,6 Prozent, 1980 bis 1989 Aktien plus 14,2 Prozent, Anleihen plus 7,8 Prozent, 1990 bis 1995 Aktien plus 3,3 Prozent, Anleihen plus 7,8 Prozent, 1970 bis 1995 Aktien plus 6,7 Prozent, Anleihen plus 8,5 Prozent.

Die Firma Bast Bau schließlich kam im Anzeigenteil der „Welt am Sonntag" vom 9. Juni 1996 zum Ergebnis, daß bei Immobilien „im Vergleich zu anderen Anlagen ein Drittel bzw. die Hälfte der Eigenmittel" erforderlich ist. Das sollte heißen: Immobilien schlagen Geldanlagen, Kapitallebensversicherungen und deutsche Aktienfonds aus dem Feld.

Statt der Warnung vor Risiken und Nebenwirkungen, wie sie bei Pillen und Pasten üblich ist, stehen in den Fällen Dresdner, Templeton und Bast kleingedruckt die Annahmen, die den Rechenkunststücken zugrunde liegen. Dresdner und Templeton berücksichtigen zum Beispiel nicht die Ausgabeaufschläge, Templeton rechnet obendrein in US-Dollar (schlagen Sie dazu noch einmal Seite 153 auf), und über den Bast-Annahmen lichtet sich auch nach mehrfachem Lesen nicht der Nebel. Der Vollständigkeit halber sei noch erwähnt, daß sich in letzter Zeit außerdem die folgenden

Adressen mit vergleichenden Renditestudien, also nicht nur mit Fondsvergleichen, beschäftigt haben: die Beratungs- und Managementfirma Helaba Trust, die Investmengesellschaft Devif, die deutschen Banken SMH, Dresdner und Trinkaus, die britische Investmentbank BZW, die amerikanische Goldman Sachs, der neue R+V-Chef Jürgen Förterer, der Schweizer Vermögensberater Pirmin Hotz (groß herausgestellt von der „FAZ") und die Zeitschrift „Focus".

In allen Vergleichen fällt auf: Sie tun sich – abgesehen davon, daß fast immer geschäftliche Interessen dahinterstecken – bei den zugrunde gelegten Annahmen schwer und verwenden Begriffe wie Rendite, Realrendite, Verzinsung, Return, Ertrag, Performance, Wertsteigerung oder Managementleistung oft nicht klar genug. Das alles wahlweise mit oder ohne Berücksichtigung der Inflationsrate, vor oder nach Steuern, mit oder ohne Zinseszinseffekt, einschließlich oder ausschließlich Risikofaktor (meistens abgeleitet aus der Volatilität bzw. Schwankungsstärke). Im übrigen gilt: Entwicklungen der Vergangenheit sagen nur eingeschränkt etwas über die Zukunft.

Andererseits: Hätten wir nicht all diese Vergleiche und Hitlisten, müßten wir völlig mit der Stange im Nebel herumstochern. Es kommt also darauf an, die Daten nicht zu mißbrauchen, keine voreiligen Schlüsse aus ihnen zu ziehen und zum Beispiel in geringe Unterschiede bei der Performance nichts hineinzuinterpretieren. Doch das ist leichter gesagt als getan: Wenn ein Wort wie Managementleistung im Zusammenhang mit den drei DIT-Omas nicht paßt, wird eben der Begriff Rendite mißbraucht. Und wenn Templeton sich in Mark bei weitem nicht so gut rechnet wie in Dollar, erfolgt die Performanceberechnung halt auf Basis der US-Währung. Ganz zu schweigen von den zum Teil abenteuerlichen Vergleichen verschiedener Anlageformen, bei denen die Absicht klar zu durchschauen ist: Das eigene Angebot muß siegen, koste es auch noch so große methodische Verrenkungen.

Bei den Fonds gibt es mittlerweile eine Hitlisten-Mentalität, die unerträglich zu werden droht: Eine Zeitschrift erhebt nicht nur den besten Fonds des Jahres zum Sieger, sondern bildet auch Gruppen (bester Deutschland-, Europa-, Renten- oder Emerging-Market-Fonds), das ganze aufgeteilt in verschiedene Zeiträume, und als Sahnehäubchen obendrauf ein Gesamtsieger für alle Fonds und/oder alle Zeiträume, macht zusammen 20 bis 30 Sieger. Die dürfen dann bei der Siegesfeier der Zeitschrift den Schampus spendieren, 1000 oder 10.000 Exemplare der Ausgabe mit dem Siegerlächeln eines Geschäftsführers zum Sonderpreis beziehen und eine Farbanzeige stiften. Ergebnis: Alle haben gewonnen, nur die Anleger nicht. Denn die fragen sich zu Recht, welchen Fonds sie nun für ihre Problemlösung kaufen sollen. Adig-Geschäftsführer Klaus K. Esswein schlägt deshalb sarkastisch vor, wenn schon nicht den Fonds des Tages, dann doch wenigstens den Fonds des Jahrtausends zu prämieren.

Bei der Personalisierung der Sieger tun sich die deutschen Berichterstatter – im Gegensatz zu ihren britischen oder amerikanischen Kollegen – noch ein wenig schwer, weil die Geschäftsführer der Investmentgesellschaften natürlich im Rampenlicht stehen wollen, sobald einer ihrer Fondsmanager das beste Ergebnis erzielt hat. Der tritt dann mehr oder weniger freiwillig in den Hintergrund, und dementsprechend beschränkt sich die Personalisierung auf ein paar Floskeln. Ausnahmen bestätigen die Regel: So ist Elisabeth Weisenhorn von der DWS nicht mehr aus den Hitlisten und damit auch nicht von Feierlichkeiten wegzudenken. Und der Oberurseler Vermögensverwalter Peter E. Huber läßt seinem 1995 neben Klaus Büttner gewonnenen Partner Martin Stürner den Vortritt, wenn es etwa um seinen erfolgreichen PEH-Universal-Fonds I geht.

Die Hitlisten sind mittlerweile derart verfeinert, daß kein Fonds nur mit Zufallstreffern oben landen kann. Das liegt unter anderem an den besseren Bewertungsmethoden, die etwa über die Datenbank von Feri Trust aus Bad Homburg in Zeitschriften wie „manager magazin" oder „Capital" Einzug gefunden haben. Die Firma FCS aus Hürth, deren Chef Dieter Reitz sich in Konkurrenz zum Riesen Micropal aus London und zu Südprojekt aus München mit einer als besonders zuverlässig geltenden Datenbank für Investmentprofis einen Platz unter den führenden Performancemessern erkämpft hat, beliefert unter anderem die „Welt am Sonntag" mit Fondsdaten. Von ihm stammen die nachstehenden Grafiken, die nicht nur – abweichend von den üblichen Hitlisten – die Entwicklung eines Fondssparplans wiedergeben, sondern dabei auch noch die Endzeitpunkte variieren.

Quelle + Copyright: FCS Finanz-Computer-Service

Die erste Grafik zeigt die Sparplanentwicklung von März 1966 bis März 1995. Die Endsumme beträgt hier rund 154.100 Mark. Die zweite Grafik reicht nur ein Jahr weiter. Dennoch ist die Endsumme mit etwa 185.700 Mark erheblich höher: um 31.600 Mark. Solche Überraschungen – im positiven, aber manchmal (zum Beispiel nach dem Börsenkrach von 1987) auch im negativen Sinn – können nicht nur Plansparer wie hier beim Akkumula-Fonds erleben, sondern auch die Sparer in Fondspolicen. Faustregel: Je höher der angesparte Betrag und je stärker die Wertschwankung am Ende des Sparplans, desto heftiger geraten naturgemäß die Schwankungen der Endsumme.

Die Berliner Unternehmensberaterin Anke Dembowski, seit Frühjahr 1996 bei Lombard International aus Luxemburg unter Vertrag,

Quelle + Copyright: FCS Finanz-Computer-Service

empfiehlt zum Abfedern der Schwankungen die Aufteilung des Sparplanzeitraums in die folgenden vier Phasen:

1. Reiner Sparzeitraum: Aktienfonds bevorzugen.

2. Beobachtungszeitraum: Fünf bis acht Jahre vor Eintritt des Rentenbeginns eine günstige Zeit, im Akkumula-Beispiel etwa Ende März 1996, abwarten.

3. Umschichtungszeitraum: Teilweise Tausch in einen Fonds mit ruhigerer Wertentwicklung, zum Beispiel in einen Geldmarktfonds. Teil im Aktienfonds behalten.

4. Verzehrzeitraum: Auszahlplan aus dem Geldmarktfonds und weiterer Abbau des Aktienfonds.

Wahrscheinlich wird in den kommenden Jahrzehnten ein immer größerer Teil der Altersvorsorge so aussehen und mittels Risikolebensversicherung unterlegt. Ein anderer Teil bleibt natürlich der Kapitallebensversicherung vorbehalten, je ein weiterer der Fondspolice und Mischsystemen, die sich erst noch etablieren müssen.

Um das Schwankungsproblem von vornherein in den Griff zu bekommen, hat Union-Investment eine neue Farbenlehre eingeführt: Blau steht für geringe Wertschwankungen, Grün für mittlere, Gelb für erhöhte, Orange für hohe und Rot für sehr hohe Schwankungen. Bei der Einführung der Farbenlehre im Herbst 1995 beugte Union-Chef Manfred Mathes zunächst allen Verdächtigungen vor: „Die Farbsystematik ist kein Marketinggag, sondern ein wesentlicher Bestandteil unseres Konzepts zur Erhöhung der Beratungssicherheit."

Wenn es darum geht, die Probleme der Fondsbranche – und damit vor allem auch ihrer Kunden – in den Griff zu bekommen, gibt es neben den hier geschilderten Ansätzen noch weitere. Vom Durchbruch der Deutschen Performancemessungs-Gesellschaft in puncto Spezialfonds war schon die Rede. Nun haben sich auch Sachverständige etabliert, die sogar Vemögensverwaltungen unter die Lupe nehmen; diese unterliegen weniger strengen Kriterien als Fonds. Zu nennen sind vor allem IPQ in Nürnberg und Perfoco in Frankfurt am Main. Damit schließt sich der Kreis der Kontrolleure. Das läßt hoffen.

Warnungen im Dutzend

1. Tappen Sie nicht in Rechts- oder Steuerfallen!

Dieser Rat steht an erster Stelle, weil er unabdingbar ist und weil das deutsche Recht Anleger leider nur unzureichend schützt. Die Fondsanbieter dagegen (Investmentgesellschaften, Banken, Sparkassen, Versicherungen, Strukturvertriebe, Finanzmakler, Fondsboutiquen) sind von Management-, Liquiditäts-, Bonitäts-, Länder-, Währungs-, Transfer-, Falschberatungs- und anderen Risiken weitgehend abgeschirmt. Denn bis auf das Risiko einer falschen Beratung, die zudem erst einmal nachgewiesen werden muß, betreffen diese Risiken fast ausschließlich das von den Anbietern getrennte Sondervermögen, also den Fonds – und dessen Risiken tragen Sie! Hüten sie sich vor allen Anbietern, bei denen Sie nicht hundertprozentig sicher sind, daß Ihr Geld auch tatsächlich in einen Fonds fließt. Meiden Sie Fonds, die in Deutschland nicht zum Vertrieb zugelassen oder die weder im amtlichen Börsenhandel noch im geregelten Markt notiert sind, sonst wird Ihnen im Extremfall jeder Gewinn weggesteuert. Achtung: Sie müssen damit rechnen, daß sich kleine und mittlere Anbieter aus dem Ausland zunehmend vom deutschen Markt zurückziehen und Sie mit einem steuerungünstigen Fonds im Regen stehen lassen.

2. Achten Sie auf Abrechnungsfehler!

Solche Fehler sind ein untrügliches Warnsignal, daß Ihr Geld nicht optimal verwaltet wird. Denn hinter jedem offen ausgewiesenen Fehler, der Ihnen auf Ihrer Abrechnung auffällt, können sich Hunderte von Problemen verbergen, die mit der Software, mit schlechtem Management oder mit beidem zu tun haben. Reklamieren Sie sofort bei Ihrem Berater oder bei der Investmentgesellschaft, zu der Ihr Fonds gehört, und lassen Sie sich durch nichts vertrösten. Die Phantasie bei den Ausreden ist nämlich grenzenlos. Kommen Fehler gehäuft oder über einen längeren Zeitraum vor, liquidieren Sie Ihre Fondsanlage.

3. Treffen Sie keine gefühlsbetonten Entscheidungen!

Sie haben zwei Gehirnhälften. Die linke ist für den Verstand zuständig, die rechte für die Gefühle. Immer mehr Anlageberater wollen Ihnen Fonds oder andere Finanzprodukte verkaufen, indem sie durch vereinfachende und scheinbar plausible Beispiele oder durch das Herauslocken von Ja-Antworten Ihre rechte Gehirnhälfte strapazieren. Zum Beispiel: „Mit einer Mischung aus Coca-Cola-, McDonald's- und Microsoft-Aktien konnten Sie in den vergangenen zehn Jahren aus 100 000 Dollar eine Million machen. Unser Fonds hat diese drei Aktien und noch viele andere." Oder: „Die Deutschen haben ihr Geld während zweier Inflationen verloren. Investieren Sie deshalb in Sachwerte, kaufen Sie unseren Fonds." Oder ganz einfach: „Wollen Sie Ihr Geld in zehn Jahren verdoppeln?" Meiden Sie Leute, die solche auf Ihre Gefühle gezielten Sprüche klopfen; werden Sie notfalls grob unhöflich – das schont Ihren Geldbeutel.

4. Machen Sie einen großen Bogen um Gag-Fonds!

Meistens handelt es sich um Marketing-Gags, die bald wieder in der Schublade verschwinden. Aber wenn Sie nicht aufpassen, haben Sie das Nachsehen. Beispiele: Garantiefonds (Sie verzichten auf einen Teil der Wertsteigerung), Fonds für einen sogenannten guten Zweck (im weiteren Sinn Ethikfonds, nur: was Ethik ist, bestimmen die anderen), Ökofonds (im weiteren Sinn Themenfonds), Fonds mit extrem eingeengtem regionalem Anlageschwerpunkt (zum Beispiel Berlin) oder Fonds auf Aktien der größten oder der kleinsten Unternehmen Deutschlands, Europas oder der Welt (warum nicht gleich Aktien von Unternehmen mit rotem, blauem oder grünem Firmenwappen?) und Branchenfonds (Verstoß gegen das Prinzip der Risikostreuung). Vor allem: Finger weg von Optionsscheinfonds!

5. Hüten Sie sich vor Kreditkäufen!

Beleihen Sie Ihre Fondsanteile nur im Notfall, aber nie auf lange Sicht oder um mehr aus ihnen herauszuholen. Denn Sollzinsen werden unerbittlich fällig, während Fondsgewinne und -erträge unkalkulierbare Schwankungen aufweisen. Außerdem sind die Zinsen immer dann niedrig, wenn die Wertpapiere hoch notieren und damit die Fondsanteile einen hohen Preis haben. Die steuerliche Abzugsfähigkeit von Sollzinsen auf Wertpapierkredite, also auch auf Fondskredite, ist im übrigen davon abhängig, ob die Summe der Habenzinsen und Dividenden (nicht Wertsteigerungen) aus Fonds dauerhaft über der Summe der Sollzinsen liegt – eine äußerst unwahrscheinliche Konstellation.

6. Meiden Sie undurchsichtige Fondskonstruktionen!

Leider bevorzugen Banken, Sparkassen, Versicherungen, Investmentgesellschaften, Vermögensverwalter und Vertriebe auf der Suche nach neuen Pfründen zunehmend undurchsichtige Fondspolicen und die fondsgebundene Vermögensverwaltung. Je komplizierter die Konstruktion (neuerdings sogar kombiniert mit der Tilgungsaussetzung bei Baukrediten), desto mehr Vertriebsprovision läßt sich unbemerkt abzweigen und desto aggressiver fällt die Werbung aus. Sie können sich vor unverschämten Angeboten am besten schützen, indem Sie in aller Ruhe das Kleingedruckte lesen und sich jede Aufforderung zu einer spontanen Anlage in den meistens über viele Jahre laufenden Kombimodellen verbitten.

7. Schränken Sie Ihre Timingversuche ein!

Timing heißt: Zur richtigen Zeit das Richtige tun. Da Fonds komplexe Gebilde sind, dürften Sie nur selten das große Glück haben, sie zum richtigen Zeitpunkt zu kaufen und zu verkaufen. Am einfachsten geht das noch mit Renten- und Geldmarktfonds: Sind die Zinsen hoch, kaufen Sie zwecks Zusatzeinkommen Rentenfonds (besser Bundesanleihen); sind sie niedrig, kaufen Sie mit demselben Ziel Geldmarktfonds (oder legen besser Festgeld an). Bei Aktienfonds und offenen Immobilienfonds ist das richtige Timing eher Glückssache, zumal wenn Sie Aktienfonds kaufen, die in aufstrebende Volkswirtschaften (Emerging Markets) investieren. Das von einigen Anbietern praktizierte Umschichten von Fonds im Rahmen von Fondspolicen geht meistens ins Auge.

8. Spekulieren Sie nie allein auf die Wertentwicklung von Fonds, wenn Sie zu einem bestimmten Zeitpunkt eine feste Geldsumme benötigen!

Das gilt vor allem für das Bezahlen größerer Rechnungen jeder Art, im besonderen für die Finanzierung eines Hauses mit Eigenkapital. Diese Warnung betrifft zum Beispiel junge Familien. Auch ältere Menschen sollten die Spekulation stark einschränken, in erster Linie allerdings wegen der Nerven. Alle brauchen aber noch lange nicht auf die Fondsanlage zu verzichten, sogar nicht auf die Anlage in Aktienfonds mit ihren hohen Wertschwankungen. Denn Sie können ja eine großzügige Sicherheitsreserve einkalkulieren, um die Schwankungen abzufangen; und mittels Streuung in verschiedene Fonds, in Anleihen, Festgeld und andere Anlageinstrumente erreichen Sie automatisch einen Risikoausgleich.

9. Fallen Sie nicht auf Performancetricks herein!

Gängige Tricks sind: die Wahl eines für den jeweiligen Fonds günstigen Zeitraums (seien es 20 Jahre, sei es nur ein Monat, während der beste Härtetest für einen Vergleich mit anderen Fonds fünf Jahre sein dürften), Hochrechnen einer Monats-, Quartals- oder Jahresperformance auf jeweils längere Zeiträume, mangelnde Beachtung der Wertschwankungen (Volatilität), Ausweis als Rendite statt als Managementleistung (obwohl von letzterer der Ausgabeaufschlag noch nicht abgezogen ist), Vergleich nur mit schlechteren Fonds (das läßt sich durch entsprechende Gruppenbildung hinbiegen), Performance je nach Bedarf vor oder nach Steuern, vor oder nach Inflation, vor oder nach Steuern und Inflation, Vergleich mit anderen Anlageformen (zum Beispiel mit Sparkonten oder Immobilien, obwohl mit denen oft ganz andere Ziele verfolgt werden), Performance in US-Dollar oder in anderen Währungen statt in Mark.

10. Geben Sie niemandem eine Generalvollmacht!

Die Interessen der Bevollmächtigten – etwa Banken, Broker oder Vermögensverwalter – sind nie ganz identisch mit Ihren Interessen. Die Versuchung dieser sogenannten Profis, ein in Aktien, Anleihen oder Fonds angelegtes Vermögen nur wegen der zusätzlichen Provision umzuschichten (Fachjargon: drehen, churning), ist riesengroß. Eine Begründung dafür läßt sich nachträglich immer an den Haaren herbeiziehen.

11. Machen Sie einen großen Bogen um alle Leute, die Ihnen Ihre Fragen nicht vollständig beantworten!

Unter ihnen gibt es Dummköpfe, Schwätzer und Gauner. Gott sei Dank sind sie zumindest bei den Beratern der etablierten Geldhäuser kaum noch anzutreffen. Die Dummköpfe reden, wenn sie geschickt sind, drumherum oder sagen einfach: „Dazu komme ich später." Wenn sie ungeschickt sind, lügen sie oder werden frech. Die Schwätzer ergehen sich oft in komplizierten Begriffen wie Asset Allocation, Benchmark oder Betafaktor. Die Gauner versuchen Ihnen ein X für ein U vorzumachen, fallen schon beim ersten – überwiegend telefonischen – Kontakt mit Ihnen durch zielorientierte Gesprächsführung und dadurch auf, daß sie auf jede von Ihren Fragen eine gut einstudierte, ablenkende Antwort parat haben. Was sie als Fonds (häufig auch als Aktie oder Termingeschäft) ausgeben, ist in Wirklichkeit meistens ein Kartenhaus, das bald zusammenfällt.

12. Denken Sie an den langen Arm Ihres Finanzamts!

Diese Warnung gilt vor allem den Anlegern, die glauben, mit ihrem Geld mal eben zwischen Deutschland, Luxemburg, der Schweiz und Österreich – womöglich sogar hin und zurück – jonglieren zu können, ohne irgendwelche Spuren zu hinterlassen. Schon wenn Sie aufmerksam den Wirtschaftsteil Ihrer Tageszeitung lesen, müßten Ihnen in Anbetracht der vielen dort geschilderten Übergriffe der Steuerfahndung auf deutsche Banken die Augen übergehen. Vergessen Sie das sogenannte deutsche Bankgeheimnis! Denn zum einen haben es die Steuerfahnder mit ihren Aktionen bereits gründlich durchlöchert. Zum anderen ist es in bestimmten Fällen automatisch aufgehoben, etwa wenn die Finanzämter Freistellungsaufträge prüfen, eine Erbschaft ansteht oder ein Insider verfolgt wird. In immer mehr Fällen verlassen sich die Finanzämter allerdings aus gutem Grund darauf, daß ihre Steuerzahler unfreiwillig Spuren legen.

15 Tips für die optimale Fondsanlage

1. Definieren Sie Ihre Anlageziele!

Ausgangspunkt jeder Geldanlage und damit auch jeder Fondsanlage sind Ihre Ziele. Unternehmen Sie nichts, solange Sie diese noch nicht grob definiert haben (grob, weil finanzielle Ziele überwiegend in weiter Zukunft liegen und deshalb von unsicheren Erwartungen geprägt sind). Wichtige Ziele sind: Versicherung gegen Berufsunfähigkeit, Absicherung der Familie, Ausbildung der Kinder, Vermögensaufbau, Kauf eines Hauses oder einer Wohnung, Schaffen von Zusatzeinkommen, Altersvorsorge und Steuerersparnis.

2. Passen Sie die Fondsanlage Ihren Zielen an!

Mit Fonds können Sie naturgemäß nur einige Ziele erreichen, zum Beispiel den Vermögensaufbau (wobei das angesparte Vermögen später für die Ausbildung der Kinder, für den Hauskauf oder als Grundstock für die Altersvorsorge verwendet werden kann), das Schaffen von Zusatzeinkommen neben dem Gehalt und später neben der Altersrente sowie die Steuerersparnis. Zum Vermögensaufbau eignen sich am besten Sparpläne auf der Basis guter Aktienfonds. Das Zusatzeinkommen sollte je nach Zinsniveau aus Geldmarktfonds und Festgeld (bei niedrigen Zinsen) oder aus Rentenfonds und Anleihen (bei hohen Zinsen) fließen. Die meisten Auszahlpläne der Investmentgesellschaften sind noch nicht ganz ausgereift.

3. Managen Sie Ihr Geld soweit wie möglich selbst!

Dieser Rat mag Sie auf Anhieb verblüffen, wo es doch angeblich so viele kluge Anlageexperten gibt. Aber denken Sie an die Ziele. Sie sind Ihre wichtigsten Peilmarken, und niemand kennt sie so gut wie Sie selbst. Um Ihre Ziele zu erreichen, basteln Sie sich eine individuelle Problemlösung zurecht, zu der natürlich auch Fonds gehören sollten. Dagegen sind die meisten Anlageberater reine Finanzproduktverkäufer, die mit Ihrer Problemlösung nicht viel im Sinn haben. Dennoch sollten Sie ihnen gezielte Fragen stellen, um Ihr Wissen abzurunden. Anlageberater von Banken und Sparkassen helfen Ihnen am meisten weiter. Das Prinzip des „Do it yourself" bringt für Sie noch zwei weitere Vorteile mit sich: Neutralität und Entscheidungssicherheit.

4. Machen Sie beim Fondsvergleich alles richtig!

Den absolut besten Fonds gibt es natürlich nicht, sondern höchstens den für das jeweilige Anlageziel besten Fonds. Den können Sie jedoch nur mit einigem Glück ausfindig machen, weil Sie ja nicht den für die Vergangenheit, sondern für die Zukunft optimalen Fonds suchen und die Zukunft ungewiß ist. Die Ergebnisse der Vergangenheit sind allerdings unter drei Voraussetzungen ein Indiz für die Zukunft:

- Das Fondsmanagement und die Kosten bleiben unverändert.
- Bei national, regional oder auf Branchen spezialisierten Fonds – sie sind gegenüber international breit anlegenden Fonds stark in der Überzahl – dürfen Sie nicht Äpfel mit Birnen vergleichen (also US-Aktienfonds nicht mit deutschen Aktienfonds, geschweige denn mit deutschen Rentenfonds).
- Sie sollten beachten, daß spezialisierte Fonds stärkeren Zyklen unterliegen als breit anlegende internationale; folglich gilt die Fortschreibung der Vergangenheitsergebnisse in die Zukunft unter dem Vorbehalt, daß ein Zyklus nicht abrupt endet (wie etwa die japanische Aktienhausse Anfang 1990 oder die deutsche Rentenhausse Anfang 1994).

5. Üben Sie den Umgang mit Hitlisten!

Heute veröffentlicht fast jede Zeitung und Zeitschrift mit Wirtschaftsteil irgendwelche Fondshitlisten. Darüber hinaus können Sie in überregionalen Tages- und Wirtschaftszeitungen wie „FAZ", „Welt", „Süddeutsche", „Börsen-Zeitung" oder „Handelsblatt" regelmäßig qualifizierte Beiträge über Fonds lesen. Üblicherweise finden Sie in den Hitlisten die sogenannte Performance (Managementleistung), die nur ein ganz grober Anhaltspunkt für Ihre künftige Rendite sein kann, weil sie vergangenheitsorientiert ist und keine Ausgabeaufschläge berücksichtigt. Lernen Sie am besten erst einmal alle wichtigen Hitlisten kennen (siehe Literaturverzeichnis).

6. Bestimmen Sie die engere Fondsauswahl!

Ihren Blick auf die in Punkt 1. genannten Ziele gerichtet und unter den in Punkt 4. geschilderten Bedingungen suchen Sie für Einmalanlagen zwecks Vermögensaufbau zum Beispiel in „Capital", „DM", „Finanztest" und „Welt am Sonntag" (jeweils unterschiedliche Analysemethoden) die beim Fünfjahresvergleich (notfalls Dreijahresvergleich) besten internationalen Aktienfonds aus, macht zusammen im Extremfall 20 Fonds. Heißt Ihr Ziel Zusatzeinkommen, verfahren Sie ebenso mit Geldmarkt- und Rentenfonds. Vergleichbare internationale Hitlisten für Sparpläne (auch Anlagepläne, Aufbauprogramme oder ähnlich genannt) gibt es zwar seltener, aber Sie können sich diesbezüglich an den einmal jährlich erscheinenden BVI-Statistiken (nur deutsche Fonds) orientieren. Bevor Sie nun über bis zu 20 Fonds in Grübeln geraten, gehen Sie lieber gleich zu Punkt 7. über.

7. Sparen Sie überflüssige Gebühren!

Die überflüssigste Gebühr, eine Art Kaufprovision, heißt Ausgabeaufschlag und wird nicht nur bei der Erstanlage, sondern überwiegend auch bei Fondsumschichtungen berechnet. Der Aufschlag beträgt für Aktienfonds und offene Immobilienfonds im Durchschnitt 5 Prozent; für Rentenfonds müssen Sie zwischen 2 und 3 Prozent berappen, für Geldmarktfonds zwischen 0 und 1 Prozent. Der Aufschlag entfällt zum Teil (bei hohen Anlagesummen sogar ganz), wenn Sie Fonds bei einem Discounter kaufen. Das sind meistens Direktbanken, aber auch Fondsboutiquen mischen in diesem Geschäft mit. Die Discounter mit der größten Fondsauswahl heißen: Advance Bank, Allgemeine Deutsche Direktbank, Augsburger Aktienbank, Bank 24, Comdirect Bank, Direkt Anlage Bank, Dresdner Order Discount und LB Berlin Discount Order. Lassen Sie sich von ihnen – sie werben wie die Weltmeister – Informationsmaterial senden. Da einige Investmentgesellschaften die Zusammenarbeit mit Dicountern ablehnen, schrumpfen die nach den Kriterien unter Punkt 6. ausgewählten maximal 20 Fonds wahrscheinlich auf nur noch fünf bis zehn zusammen. Unter denen wählen Sie dann die zwei bis drei mit der besten Performance, dem höchsten Gebührenrabatt und den geringsten Wertschwankungen aus.

8. Bevorzugen Sie die Großen und die Spezialisten!

Über kurz oder lang werden alle deutschen Investmentgesellschaften den amerikanischen folgen und auch ihre versteckten Gebühren aufdecken, vor allem die Provisionen für Wertpapierkäufe und -verkäufe. Damit dürfte dann auch die Umschichtungshäufigkeit ans Licht der Öffentlichkeit kommen. Im Zuge dieser Entwicklung wird sich wahrscheinlich zeigen, daß nur die ganz großen Investmentgesellschaften – unter den deutschen etwa zehn bis zwölf – und die spezialisierten Nischenanbieter überlebensfähig sind. Dagegen werden die kleinen und mittleren fusionieren – mit den in solchen Fällen üblichen Friktionen und vorübergehenden Ergebnisverschlechterungen. Geben Sie also im Zweifel den Großen der Branche und den Nischenanbietern den Vorzug.

9. Bereiten Sie jede Kaufentscheidung gründlich vor!

Überdenken Sie jede Kaufentscheidung doppelt und dreifach und prägen Sie sich dazu den folgenden Satz ein, der zu den Grundweisheiten erfolgreicher Anleger gehört: Vor dem Kauf ist die Auswahl nahezu grenzenlos, nach dem Kauf eines Fonds – oder einer Aktie, einer Anleihe, einer Immobilie und so weiter – können Sie nur noch zwischen Halten und Verkaufen wählen. Der Lohn dafür, daß Sie Ihr Geld auf diese Weise binden, besteht langfristig in einem höheren Gesamtertrag, als Festgeld- oder Sparbuchzinsen je bringen können. Ihr Risiko besteht darin, daß Sie Ihre Anlage zur Unzeit verkaufen müssen.

10. Mischen Sie Fonds und andere Anlagen beim Vermögensaufbau ...

Mit einer tendenziell steigenden Aktie kaufen Sie ein gutes Management, das erfolgreich Produkte oder Dienstleistungen verkauft und die Substanz seines Unternehmens anreichert. Mit einem herausragenden Fonds kaufen Sie einen klugen Kopf, genannt

Fondsmanager, der (oder die) in der Welt der Aktien, Anleihen, Zinsen, Währungen, Derivate, Rohstoffe oder Immobilien zu Hause ist und mit diesen Anlagen erfolgreich spekuliert. Fonds sind also vielseitiger und von Grund auf anders konzipiert als Aktien. Deshalb spricht viel dafür, daß Sie sich mit beiden Anlageformen anfreunden und zum Vermögensaufbau beispielsweise einen Aktiensparplan neben einem Fondssparplan laufen lassen, zur Risikostreuung am besten sogar mehrere.

11. ... und zur Bildung eines Zusatzeinkommens!

Ähnlich sollten Sie mit dem Ziel Zusatzeinkommen neben Geldmarkt- und Rentenfonds ergänzend zum Eigenheim oder zur selbst genutzten Eigentumswohnung (wegen des mietfreien Wohnens dringend zu empfehlen) auch vermietete Immobilien einsetzen. Im Alter kommt dann noch die gesetzliche Rentenversicherung und eine Kapitallebensversicherung dazu. Auf diese Weise können Sie Ihre Steuerersparnisse optimieren, und die Risiken sind breit gestreut.

12. Nutzen sie den Cost-Average-Effekt richtig!

Dieser bereits beschriebene Effekt besagt: Sie legen regelmäßig – am besten monatlich oder vierteljährlich – eine bestimmte Summe in Fonds oder in Aktien an und kaufen um so mehr Anteile, je tiefer deren Preise bzw. Kurse sind. Damit das alles erfolgreich endet, dürfen Sie den Effekt nicht bei Aktien wie Bremer Vulkan oder Escom nutzen, sondern nur bei Werten, die einen langfristigen Anstieg versprechen. Die können dafür getrost stärker schwanken (weil die Schwankungen mit dem Effekt sogar erfolgreich zu nutzen sind), Hauptsache, auf Dauer ist ein Aufwärtstrend vorhanden. Als Clou könnten sich während der kommenden Jahrzehnte Fonds erweisen, die in den wachstumsstarken Ländern Asiens oder Osteuropas investieren.

13. Machen Sie Ihre Fehler im jungen Alter!

Natürlich machen Sie am besten gar keine Fehler. Aber vor ihnen ist niemand sicher, schon gar nicht bei der komplexen Fondsanlage. Bis zum Alter von 30 Jahren sollten Sie die Geldanlage zwangsläufig auch als Experimentierfeld betrachten und deshalb statt zehn großer Einsätze lieber 100 kleine wagen. Denn jede Erfahrung, und sei sie noch so negativ, verleiht Ihren späteren wichtigen Entscheidungen mehr Sicherheit als die Lektüre von zehn Anlagebüchern. Das gilt im übrigen für alle Anlagen – vorausgesetzt, Sie korrigieren Ihre Fehler und werfen nicht gutes Geld dem schlechten hinterher.

14. Basteln Sie Ihr individuelles Steuersparmodell!

Am meisten können Sie Steuern – in dieser Reihenfolge – so sparen: als Unternehmer oder Freiberufler, mit Immobilien und geschlossenen Immobilienfonds, mit Aktienfonds, Aktien, Genußscheinen, abgezinsten Anleihen oder Sparbriefen, mit thesaurierenden ausländischen Rentenfonds (auch von den Luxemburg-Ablegern deutscher Investmentgesellschaften) und mit offenen Immobilienfonds. Wie, das ist bezüglich Fonds im Kapitel „Senken Sie mit Fonds Ihre Steuern" beschrieben. Dabei gelten zwei Grundprinzipien: Möglichst hohe Erträge oder Wertsteigerungen steuerfrei kassieren und die Steuerlast aus den verbleibenden zu versteuernden Erträgen geschickt in eine Zeit mit niedriger Steuerprogression verlagern. Das läßt sich im Fondsbereich am besten mit Freistellungsaufträgen (Steuerfreiheit der Kapitalerträge bis 6100 Mark für Ledige und 12 200 Mark für Verheiratete) und mit steuerfreien Wertsteigerungen aus Aktienfonds einerseits sowie mit thesaurierenden ausländischen Rentenfonds andererseits bewerkstelligen.

15. Halten Sie sich trickreich auf dem laufenden!

Hitlisten studieren, fachkundige Beiträge über Fonds lesen und bei Anlageberatern Informationen einholen – das ist das mindeste, was Sie Ihrem Geld schuldig sind. Darüber hinaus sollten Sie mit den Journalisten sprechen, die über Fonds schreiben. Ist ein Beitrag nur mit dem Namenskürzel versehen, fragen Sie bei der Zeitung oder Zeitschrift nach, wer sich dahinter verbirgt. Sie bekommen fast immer eine Antwort. Haben Sie dann den Autor an der Strippe, sprechen Sie ihn auf konkrete Punkte in seinem Beitrag an (nicht besserwisserisch, sondern mit gezielten Sachfragen). Er wird Sie nur dann abwimmeln, wenn er im Streß ist (ein Tageszeitungsjournalist zwischen zwei und vier Uhr nachmittags). Verlangen Sie darüber hinaus bei der Telefonzentrale der Investmentgesellschaften, die Ihre Fonds verwalten, mit betont selbstsicherer Stimme wenigstens den Pressesprecher und stellen Sie ihm die noch offenen Fragen. Versuchen Sie dasselbe auch beim zuständigen Fondsmanager, dessen Namen Sie sich vorher geben lassen. Ein guter Trick: Der Hinweis darauf, daß Sie gerade mit dem Journalisten x von der Zeitschrift y über dasselbe Thema gesprochen haben, wirkt wahre Wunder.

Literaturverzeichnis

Die folgende Aufstellung enthält wegen der dynamischen Entwicklung der Fondsbranche und der sie begleitenden Gesetze nur aktuelle Bücher, Jahrbücher und sonstige Publikationen.

- Volker Andres, Christoph Heuft: Vermögensverwaltung mit Fondspicking, 327 Seiten, Gabler Verlag, Wiesbaden 1995 – *Knapp die Hälfte des Buches ist den Kriterien des Fondspicking, den rechtlichen und steuerlichen Aspekten sowie der Messung des Anlageerfolgs gewidmet. Danach folgt die Einzelbeschreibung von Fondspickern und Fondsberatern.*

- Bank-Verlag, Köln (Herausgeber): Basisinformationen über Vermögensanlagen in Wertpapieren, 120 Seiten, 1994 – *Systematischer Überblick mit umfangreichem Teil über Fonds und noch umfangreicheren Warnungen vor allen Anlagerisiken*

- BVI Bundesverband Deutscher Investment-Gesellschaften, Eschenheimer Anlage 28, 60318 Frankfurt (Herausgeber): Investment 96, 120 Seiten – *Jahrbuch mit jeweils abgeschlossenen Beiträgen zu den BVI-Aktivitäten, Investmentfonds als Zukunftsvorsorge, Auszahlplänen, Pensionsfonds, Aktienfonds, Managementmethoden und Auslandsanlagen, offenen Immobilienfonds, dazu Statistiken und eine Aufstellung aller deutschen Fonds samt ihren Investmentgesellschaften*

- BVI: Investment Steuer-Information, 42 Seiten – *Alle Steuerdaten und -erläuterungen zu deutschen Fonds im Jahr 1995*

- Jörg Engelbrecht Cramer, Bernd Rudolph (Herausgeber): Handbuch für Anlageberatung und Vermögensverwaltung, 920 Seiten, Fritz Knapp Verlag, Frankfurt am Main 1995 – *Anspruchsvolles Sammelwerk von 65 Autoren aus Wissenschaft und Praxis*

- Wolfgang Dahm: Beraten und Verkauft, 218 Seiten, Gabler Verlag, Wiesbaden 1996 – *Der Autor, ehemaliger Mitarbeiter des Strukturvertriebs DVAG, rechnet mit diesem und seinem Chef Reinfried Pohl unbarmherzig ab.*

- Michael Demuth, Henrik Bustorf, Olaf Thiel: Investmentfonds, 207 Seiten, Gabler Verlag, Wiesbaden 1995 – *Ein auch für Laien verständlicher Überblick mit umfangreicher Erläuterung der Fondsvielfalt*

- DM/Verlagsgruppe Handelsblatt (Herausgeber): ABC Investmentfonds – *Video einschließlich Broschüre, Anleitung, überwiegend für Anfänger, 40 Minuten Laufzeit*

- Peter Fehrenbach: An Investmentfonds verdienen, 2. Auflage, 432 Seiten, Haufe Verlag, Freiburg 1994 – *Der Autor setzt sich kritisch bis originell mit vielen Tricks der Branche auseinander, einschließlich Übersichten und Adressen.*

- F & V Finanzverlag, Berlin (Herausgeber): Katalog 1996 aller in- und ausländischen Investmentfonds in Deutschland, 237 Seiten – *Systematisches Nachschlagewerk für Profis, auch Diskette*

- F & V Finanzverlag: Jahrbuch 1996 ausgewählter Investmentfonds, 405 Seiten – *Umfassende Ausführungen zum Thema Fonds, Fondsprofile, Ergebnisvergleiche, Sparpläne*

- F & V Finanzverlag: Jahrbuch 1996 aller offenen Immobilienfonds in Deutschland, 150 Seiten – *Immobilien und ihre Besteuerung, Fondsprofile, Ergebnisvergleiche, Adressen*

- Hoppenstedt Verlag, Darmstadt (Herausgeber): Vademecum der Investmentfonds, 1082 Seiten, 1996 – *Umfangreichstes deutsches Jahrbuch, Schwerpunkt Fondsprofile mit vielen Einzelheiten, aktuelle Bestandsaufnahme, Investmentfonds in Europa, Gesetzestexte*

- Wolfgang Köhler: Aus Geld Vermögen machen, 2. Auflage, 223 Seiten, Wirtschaftsverlag Langen Müller/Herbig, München 1995 – *Schwerpunkte bilden: der Vermögensaufbau mit Sparplänen, Lebensversicherungen und Fonds, verständlich geschrieben.*

- Bernd W. Klöckner: Mehr Geld für's Alter, 252 Seiten, Campus Verlag, Frankfurt a.M./New York 1995 – *Als unabhängiger Vermögensberater versteht es Klöckner besonders gut, sein Knowhow zu Versicherungen und Fonds zu vermitteln.*

- Egon Wachtendorf: Reich mit Fonds, 230 Seiten, DM/Verlagsgruppe Handelsblatt, Düsseldorf 1994 – *Systematische Anleitung mit hervorgehobenen Zusammenfassungen für Schnelleser*

Neben überregionalen Tages- und Wirtschaftszeitungen testen folgende Publikationen (im Einzelhandel oder als Abonnement erhältlich), Spezialdienste und Datenbanken regelmäßig Fonds:

- Börse Online
- Capital
- Cash (vertriebsorientiert)
- DM (zusätzlich wöchentlicher Spezialdienst DM Fonds aktuell)
- DPG Deutsche Performancemessungs-Gesellschaft, Frankfurt am Main (Datenbank für Spezial- und Publikumsfonds, erstellt Statistiken für den BVI)
- FCS, Hürth (Datenbank vorwiegend für Profis, liefert Daten auch an die „Welt am Sonntag")
- Finanzen (zusätzlich wöchentlicher Spezialdienst)
- Finanztest
- Geld Zeitung
- Kurs, Grünwald (vertriebsorientiert)
- Manager Magazin
- Micropal (führende europäische Datenbank in London mit deutschen Niederlassungen, liefert Daten auch an „DM")
- Quintessenz, Heidelberg (Fonds-Software, auch für Privatanleger)
- Südprojekt (Datenbank in München, liefert Daten auch an „Finanztest")
- Welt am Sonntag
- Das Wertpapier
- Wirtschaftswoche
- Die Zeit

Personenregister

Ackermann, Günther 58
Albrecht, Karl und Theo 121 ff
Andersch, Alfred 168
Ausborn, Peter 137

Bandulet, Bruno 166
Bateman, Barry 106
Beckenbauer, Franz 57
Becker, Boris 57
Behrenwaldt, Udo 165
Bennewirtz, Gerd 121
Benölken, Heinz 97 ff
Bertling, Axel J. 48, 129
Bilitza, Karl-Heinz 194
Bölter, Hendrick 99
Bon, Gustave Le 49
Bond, Alan 137
Botton, Gilbert de 161 ff
Brambrink, Erik 137
Bronisz, Stanley 118
Büttner, Klaus 207
Buffett, Warren 164 ff

Capitani, Silviode 65
Chambost, Edouard 198
Cornfeld, Bernie 14

Dahm, Wolfgang 124
Däke, Karl Heinz 166
Dembowski, Anke 114, 141, 208
Diehl, Ulrike 149
Dittke, Klaus 137
Dries, Folker 182
Dürr, Heinz 100

Eberstadt, Gerhard 59
Eckardt, Wolfram 117
Ehrhardt, Jens 51, 162 ff
Ehrlich, Jürgen 176
Emrich, Dieter 59 ff

Engels, Wolfram 109
Epple, Irene 61
Esswein, Klaus K. 99, 207

Feil, Walter 58
Finck, August von 103, 104
Finck, Wilhelm von 104
Flick, Friedrich Karl 56 ff
Förterer, Jürgen 206
Freye, Günter B. 67, 114
Fritsch, Ulrich 152

Garzarelli, Elaine 161
Gates, Bill 5
Geffroy, Edgar K. 119
Gelhard, Peter 198
Gerling, Hans 110
Gies, Helmut 111
Gottschalk, Thomas 61
Gould, Ronald 104
Graf, Jens 137

Hahn, Peter 137
Hauser, Bodo H. 60
Heller, Gottfried 169
Hellerich, Peter 161 ff
Helmes, Alexander 182
Hermuth, Claus 137
Heymann, Ekkehardt von 136 ff
Hohmann, Klaus 181
Holowesko, Mark 162
Hopp, Dietrich 149
Hoppe, Wolfgang 137
Hotz, Pirmin 206
Huber, Gerhard 107, 121
Huber, Peter E. 67, 190, 207
Humbert, Christian 99

Jobelius, Herbert 182, 187
Johnson III, Edward 165

Juncker, Jean-Claude 68
Jung, Klaus 118

Kaposi, Klaus 76
Kaske, Wolfgang 112
Keller, Udo 114 ff
Keppler, Michael 162
Kipp, Karlheinz 103
Kleiber, Wolfgang 180
Koch, Gabriele 137
Kohl, Helmut 58 ff, 69, 117
Köhler, Horst 100
Kohlhaussen, Martin 110
Kölsch, Martin 59 ff, 123
Köpfler, Thilo 181
Kopper, Hilmar 59, 96
Krug, Volker 27
Kruppa, Wolfgang 187

Lautenschläger, Manfred 78 ff, 115
Laux, Manfred 67 ff, 74
Leandros, Vicky 65
Leeson, Nick 12, 50 ff
Leuschel, Roland 161
Ludewig, Peter 114
Luka, Jürgen 118
Luka, Marc 118
Lynch, Peter 165

Machunsky, Jürgen 137
Maier, Helmut 125
Maschmeyer, Carsten 129
Mathes, Manfred 125 ff, 210
Matthias, Steffen 32
Metz, Rainer 132
Michaels, Bernd 77
Mindermann, Folkert 117
Mobius, Mark 162
Moser, Hubertus 103 ff
Mühlemann, Lukas 108
Müller, Manfred 99

Neuber, Friedel 61, 100

Ochner, Kurt 149, 150, 153
Ott, Michael 50

Parsch, Leo 132
Päsler, Rüdiger 184
Passow, Rolf 115
Pfeffer, Friedrich 99
Platzek, Heinz-Jörg 59
Pöhl, Karl Otto 153
Pohl, Reinfried 115 ff, 124, 128 ff
Priewasser, Erich 102

Ramm, Yvonne 117 ff
Rau, Johannes 61
Reitz, Dieter 207
Rentrop, Norman 194
Resch, Jochen 137
Ritterbex, Dieter 129
Rogers, Jim 161, 164 ff
Röller, Wolfgang 58 ff, 111
Rosen, Rüdiger von 152
Rössner, Michael-Christian 138
Rotta, Bernd 153
Rupf, Wolfgang 104
Rupp, Werner 79

Sarrazin, Jürgen 58 ff, 111
Schaperjahn, Friedhelm 99
Schieren, Wolfgang 108
Schierenbeck, Henner 117
Schiffer, Claudia 57
Schinzler, Hans-Jürgen 108 ff
Schlesinger, Helmut 153
Schleußer, Heinz 61
Schmidt, Albrecht 113
Schmidt, Karl Matthäus 121
Schmitz, Hans-Otto 76
Schmitz, Ronaldo 96
Schmitz, Walter 114, 118
Schmakowski, Reinhard 45
Schneider, Günter 102
Schneider, Jürgen 12, 96, 181

Schönfels, Hans-Kaspar von 200
Schreinemakers, Margarethe 57, 61
Schulte, Karl-Werner 194
Schulte-Noelle, Henning 108
Schutte, Reinhard 125
Schweiger, Joachim 138
Seebauer, Rolf 47
Seidel, Wolfgang 163
Senn, Nikolaus 103
Siepe, Werner 194
Simon, Jürgen 180
Soboll, Ralf 191
Soros, George 160, 161, 164 ff
Spälti, Peter 112 ff
Stammler, Michael 78 ff
Stansky, Bob 106
Steichen, Aloyse 76
Steinriede, Wolfgang 103 ff
Stoiber, Edmund 61, 103
Stoltenberg, Gerhard 64
Stolzenburg, Heinz-Dietrich 26, 27, 187
Stone, John 76
Storck, Ekkehard 62, 68
Stork, Jürgen 66
Storms, Brian 189
Strenger, Christian 106, 150, 165
Stürmer, Martin 207

Tapie, Bernard 111 ff
Templeton, John 153, 162, 164 ff
Thiel, Lucien 68
Thieler, Volker 137
Thieme, Heiko 163
Tichy, Roland 58
Tietmeyer, Hans 27
Tilmes, Rolf 194
Timberlake, Richard 106
Tipke, Klaus 58
Twain, Mark 82 ff

Vinik, Jeff 106
Vorwerk, Thomas 192

Waigel, Theo 28, 56, 57, 61, 64
Waldenfels, Georg von 61
Walter, Norbert 169
Wardenbach, Horst 204
Weingarth, Wilhelm 117
Weisenhorn, Elisabeth 149, 150, 152, 207
Weiss, Ulrich 68 ff
Wenger, Ekkehard 109
Wessel, Karl-Heinz 30
Westerborg, Volker 163
Weyers, Gustav 180
Wieandt, Paul 112
Winterstein, Wilhelm 104
Wittschier, Otto 129 ff

Zeitler, Franz-Christoph 27
Zimmerer, Carl 56
Zours, Thomas 190
Zulauf, Felix 51, 126

Firmen-, Fonds- und Institutionenregister

A. T. Kearney 13
Aachener und Münchener
  Leben 112 ff, 124
Aberdeen Trust Holdings 76
Adig 64, 84, 86, 98 ff, 122 ff, 156
Aditec 154
AGF 109 ff, 112
Adig-Aktien-USA-Fonds 140
Advance Bank 173, 204, 218
Aegon 81, 200
Akku-Invest 110 ff
Akkumula 86, 94, 152, 208 ff
Akkurenta 1999 137
Aldi 121 ff
Allbank 104
Allgemeine Deutsche Direkt-
  bank 173, 218
Allianz 96, 98 ff, 103 ff, 108 ff,
  127, 171
Alsa 173
AMB 109 ff, 110, 111, 128 ff
American Express 164
American Heritage Fund 163
AMS American Management
  Systems 105 ff
Amtsgericht Frankfurt 137
Apo Aesculap 50 ff, 157
ARD 59
Argetra 180
Asia Growth Convert Class
  SFR 50 ff
Association des Banques et des
  Banquiers (ABBL) 68
Association for Investment
  Management and Research
  (AIMR) 186
Association Luxembourgeoise
  des Fonds d'Investissement
  (ALFI) 65

Atlanticlux 81
Augsburger Aktienbank 218
Australien-Pazifik-Fonds 140
AWD 48, 124, 129
Axa Equity & Law 76

B-Fund Schweizerischer Wert-
  schriftenfonds 50 ff
Babcock 149
Banco de Santander 101
Banesto 101
Bank 24 5, 96, 204
Bankers Trust 105 ff
Bankgesellschaft Berlin 103 ff
Banque du Luxembourg 62 ff
Banque Internationale à Luxem-
  bourg 62 ff
Barclays Bank 104
Baring Brothers 12
Baring Japan Growth Trust 50 ff
Barings 155 ff
Barra International 186
BASF 57
Basler Versicherung 109 ff
Bausparkasse Schwäbisch Hall
  113
Bayerische Hypotheken- und
  Wechsel-Bank 17
Bayerische Landesbank 61, 103
Bayerische Vereinsbank 85, 98 ff,
  103, 122 ff, 173, 185, 204
Bayerisches Verfassungsgericht
  132
Bayernwerk 103
BB-Invest 103, 185
BBL 161
Berenberg Bank 49
Berenberg-Universal-Emerging-
  Markets-Fonds 49

Berkshire Hathaway 164
Berliner Bank 61, 103 ff
Berliner Handelsbank 185
Berliner Kammergericht 109
Berliner Volksbank 113
Berlinwerte 157
BfG Bank 109 ff
BHF-Bank 85 ff, 104, 122 ff, 137, 163, 189
BiL Asset Management 185
BMW 57
BNP 112
Bonnfinanz 48, 96, 125, 129
Bremer Landgericht 129
Bund der Steuerzahler 30, 166
Bundesaufsichtsamt für das Kreditwesen 26, 182, 187, 192
Bundesfinanzhof 60, 184
Bundesfinanzministerium 18, 27, 45
Bundesgerichtshof 136 ff, 137
Bundesinnenministerium 32
Bundesverband deutscher Banken 30, 61, 132, 197
Bundesverfassungsgericht 29, 36, 59
BVI 37, 50, 65 ff, 70, 125, 139, 140, 177, 184
BZW Investment Management 104

CC-Bank 102
CC-Universal-OS-Fonds 50
CDU 33
Cisal 45
Citibank 99 ff, 117
Citicorp 99
Coca-Cola 164
Colonia 156
Colonia Leben 129
Colonia/Nordstern 81, 109 ff
Comdirect 123 ff, 173, 204, 218
Comega 172

Commerzbank 17, 45, 62 ff, 85, 98 ff, 109 ff, 122, 129, 172, 185, 197
Commerzinvest 185
Compaq 106
Comparator Systems 199
Concentra 94
Consors 22, 121, 123, 204
Convest 21 129
Cornhill 109 ff
Cosmos 81
Crédit Agricole 113
Crédit Lyonnais 111 ff
CRM Special Sicav Czech Fund 50
CS Direkt 69

Dai-Ichi Mutual Life 108 ff
Dax Protektion März '95 157
DB Research 104
DB Tiger Fund 50 ff
DBIM 18, 64, 98 ff, 157
DBV 98 ff, 109 ff
Degef 183
Degi 181
Deka 64, 77, 85, 99, 111, 122, 146, 185, 191
Deka Bank 67
Dekalux-missio 171
Dekaspezial 154
Depfa 181
Despa-Fonds 178, 179
Deutsche Bank 5, 17, 18, 46, 58, 61, 62, 63, 68, 96 ff, 102, 109 ff, 125, 127, 129, 136 ff, 146, 154, 181
Deutsche Bundesbank 27, 153, 155, 173
Deutsche Girozentrale International 60
Deutsche Grundbesitz Investmentgesellschaft 98 ff

Deutsche Morgan Grenfell 98, 154
Deutsche Performancemessungs-Gesellschaft (DPG) 143 ff, 182, 186, 210
Deutsche Proventus AG 129
Deutscher Vermögensbildungsfonds I 152
Deutscher Herold 81, 96, 109 ff, 129
Deutscher Ring 109 ff, 129
Deutsches Aktieninstitut 152
DG Bank 17, 63, 112 ff, 149
Difa 176, 178
Direkt Anlage Bank (DAB) 22, 95, 98 ff, 121, 123, 131, 204, 218
DIT Deutscher Investment-Trust 18, 64, 69, 115, 117, 124, 128 ff, 133, 157
DIT-Deutsche Aktien RB 157
DIT-Fonds für Vermögensbildung 22, 87, 153, 205
DIT-Fonds für Wandel- und Optionsanleihen 50
DIT-Fonds Italien 140
DIT-Fonds Schweiz 140
DIT-Vorsorgeplan 200
DKH 123 ff
DKU-Unicef 171
Dresdner Bank 17, 30, 60, 62 ff, 63, 87, 98 ff, 109 ff, 111, 112, 115, 128 ff, 132, 154
Dresdner Vermögensberatung 117
Dresdner Bank Discount 123 ff, 218
DSK-Bank 104
DVAG 48, 69, 115, 124, 128 ff
DVB-Pool 192
DVFA 149
DVG 98 ff
DWS 46, 64, 81, 85, 86, 98 ff, 106, 122, 123, 137, 144

DWS Deutschland 149 ff
DWS DM Spezial 171
DWS Telemedia 157
DWS-Rohstoffonds 154

Eidgenössische Bankenkommission 65
Elvia 108
Euroinvest 189
Euroinvest Konzept 8 Plus 189
Europäische Investmentvereinigung 32
Europäische Union (EU)
European Business School 194
Eurorenta 64

F & V 114
F & V International Investment Fund 67
FCS 140, 207
Feri Trust 78 ff, 115, 207
Fidelity 23, 65 ff, 106, 118, 133, 146, 165, 189, 204
Fidelity Magellan Fund 106
Fidelity Portfolio Selector 189
Fiduka 169
Finanzplan 76
Fireman's Fund 108, 109 ff
Flemings 146
FMM-Fonds 162
FMR 106
Fonds Direkt AG 81
Fonds Investment Club 192
Foreign & Colonial 11, 13, 118
Frank Russell 186
Frankfurt Trust 85 ff, 122 ff, 163
Frankona Rück (Gerling-Konzern) 112 ff
FT Accuzins 163
FT Amerika Dynamik 95
FT Amerika Dynamik Fonds 154
FT Frankfurt-Effekten-Fonds 85 ff
FT Interspezial 86, 152, 163

Fund of Funds 14

Gamax 118
Gartmore Indosuez 65 ff
GDV 77, 94
Gerling 81, 110
Gerling Investment 86
Gerling Rendite Fonds 86
Gerling-Konzern 109 ff
GKD 171
Global Advantage Major Markets 162
Global Asset Management (GAM) 161 ff
Goldman Sachs 105 ff, 154
Gothaer Versicherungsgruppe 104
Graf Lambsdorff Vermögensverwaltung 190
Grundbesitz-Invest 124, 179
Grundkreditbank 81
Grundwert-Fonds 178, 179
GZS 100

Hamburger Sparkasse 113
Hansasecur 95
HCM 17, 59 ff
Helaba Invest 163
Herstatt 110
HSBC 112 ff
HWG-Fonds 86
Hypo-Bank 59 ff, 61, 98 ff, 103, 123, 197, 201

IAM 202
iii 179
IIR 136 ff, 187
ING 12
Inka 184
Institut Monétaire Luxembourgeois (IML) 65
Interallianz Bank 76
Investa 85, 87, 94
IOS 14, 31, 127

IPQ 210
Isar-Amperwerke 103
Isarwerke 103, 104
ITT 96

JP Morgan 102, 105 ff
Julius Bär 150

K+W Universal-Fonds OS 50
Keppler Asset Management 104
KHD 96
KKB 99
Kleinwort Benson 154

Landesbank Berlin ff
Landeszentralbank in Bayern 27
LBB-Discount 123 ff, 218
Leo-Fonds 50 ff
Lloyd Adriatico 108
Lombard International Assurance 76, 81, 208
Luxlife 81

M.M. Warburg 185
Mandarinfonds 122
Mannesmann 105 ff
Martin Currie 49
Maxima 114
Merck, Finck & Co. 104
Mercury 23
Merrill Lynch 101, 104
Metallgesellschaft 12, 96, 155 ff
Metro 110 ff
Metzler Investment GmbH 185
Micropal 140, 207
Microsoft 5
Midland Bank 112 ff
MK Investors 95
MK Investors Fonds 86
MLP 76, 78 ff, 81
MMWI Select 192
MMWI-OSWA-Fonds 50
Money Maxx 81, 200
Moody's 174, 175

Morgan Grenfell 96, 98
Münchener Rück 108 ff, 112 ff
MVG Vermögensverwaltung 112 ff

Natwest Securities 154
Nestor 76
Nippon Life 108 ff
Norddeutsche Landesbank 17, 104
Noris 22
Nürnberger Lebensversicherung 76, 79
Nürnberger Versicherungsgruppe 81

Öffentliche Braunschweig 95
Oppenheim 118
Oppenheim Kapitalanlagegesellschaft mbH 185
Oppenheim Turnaround-Wert 157
OVB 48, 129

Pan Euro Life 81
PEH 190, 207
PEH/Fonds Direkt 81, 190
Perfoco 210
Pioneer 117 ff, 129, 133
Plusfonds 86
PM Portfolio Management 129, 162
Postbank 102, 103
Predica 113
Provesta 144, 149 ff
Prudential 105 ff
Prudential Bache 104

Q-Discount 67
Q-High-Yield 67
Q-Turn-around 67
Quantum 160 ff

R + V 112 ff
Rabobank/Interpolis 113
RAS 109 ff
Rheinische Provinzial-Versicherungsanstalt 77
Ring-Aktienfonds 85, 86, 87
Robeco 177
Rodamco 177
Royal Bank of Scotland 101
RTL 61
RWE 103 ff

S & P 175
S Dynamik Depot 122, 146, 191
Sal. Oppenheim 110, 154, 155
Salomon Brothers 164
Santander 173
Santander Direkt Bank 101, 102
SAP 149
SAT1 61
Schmidt-Jennrich & Bennewirtz 121
Schröder Münchmeyer Hengst Capital GmbH 185
Schweizer Rück 108
Schweizerische Bankgesellschaft (SBG) 102 ff
Schweizerische Kreditanstalt 65 ff, 129
SEC 199
Service Bank 173
Sharps Pixley 96
Shaw Data 186 ff
Shearson Lehman 161
Siemens Kapitalanlagegesellschaft 182
Skandia 76
SMH-Smallcap-Fonds 149 ff
SMH-Special-Fonds I 153
Standard Life Assurance 76
State Street Bank 104, 105, 162
Stiftung Warentest 143 ff, 192
Südprojekt 143 ff, 192, 207
Sumitomo Life 108 ff

tecis Holding 114 ff
Templeton 162
Templeton Growth Fund 153, 205
Templeton Smaller Companies Growth Fund 153
Texas Instruments 106
Transatlanta 154
Trinkaus & Burkhardt 112 ff
Trinkaus Capital Fonds 144
Trinkaus Capital Management GmbH 185

UAP 112, 108
Uniglobal 86, 154
Union-Investment-Gesellschaft 18, 64, 85 ff, 99, 190, 210
Universal-Investment 185
Universität Mannheim 190
US Protektion Juni '95 50 ff

Verbraucher-Zentrale Nordrhein-Westfalen 132
Vereinsbank International 60
Vereinte 108
Verlag Otto Schmidt 138
Viag 103
Victoire 109 ff
Victoria 112 ff
Vinci 110
Visa 99, 100, 102
Volksfürsorge 112, 129

Weberbank 157
Westdeutsche Landesbank 61, 104, 110
Winterthur 109 ff
WM Company 185

ZDF 59 ff
Zentralbankrat 27

Stichwortverzeichnis

Abgabenordnung 31
Abgeltungsteuer 30
Absicherungsfonds 157
AIMR-Standard 186
Aktie 38, 52
Aktienfonds 38, 52, 92, 126, 147,
 148, 150 ff, 152 ff, 154, 176,
Aktienförderung 28
Allfinanz 111, 112 ff
Altersvorsorge 73, 195
Anlage KSO 40
Anlageausschuß 20
Anlageberater 15, 24, 49, 114,
 131, 200 ff
Anlagebetrug 134, 136, 215
Anlageentscheidung 200 ff
Anlagefonds 65
Anlegeranwalt 137
Anlegerschutz 137
Anleihe 52 ff, 167, 175
Anwalt-Suchservice 138
Ausbildung 73
Ausgabeaufschlag 20 ff, 131
Auslandsfonds 40, 44, 50, 140 ff

Bahncard 99
Bankgeheimnis 17, 30, 197
 – Luxemburger 68
Benchmark 144
Berater 120, 126
Beraterhaftung 53
Beratung 122, 123
Beteiligungspolice 95
Betriebsvermögen 39
Billigbank 22, 142
Bonität 174, 175
Börsenkrach 150 ff
Broker 123
BVI-Statistik 85

Cashfonds 31 ff
Certificate of Deposit 167
Churning 135 ff
Clienting 119
Commercial Paper 167
Cost-Average-Effekt 92 ff, 220

Dachfonds 66, 187
Denunziant 60
Depotbank 20
Derivate 155
Direktbank 102, 173, 218
Discounter 121, 122, 142, 218
Dividende 39 ff
Dividendenrendite 38
Doppelbesteuerungsabkommen
 57
Dow Jones 51, 198 ff

Ecu 69
Einkommensteuererklärung 40
Einkünfte aus Kapitalvermögen
 37
Einlagensicherungsfonds 173 ff
Emerging Markets 22 ff, 49, 87 ff
Ethikfonds 212
Europa-Währung 166

Feeder Fund 32
Festgeld 169 ff
Finanzamt 31, 33
Finanzinstitut 32
Finanzmarktförderungsgesetz
 63 ff, 184
Finanzplanung, private 139, 194
Floating Rate Notes 167
Fonds 19, 28
Fonds mit Risikobegrenzung 155
Fonds, geschlossen 66

Fonds, offen 66
Fonds, thesaurierend 44
Fonds-Switching 130
Fonds-Systematik 146
Fonds-Vermögensverwaltung 148
Fondsanteil 19
Fondsauswahl 218
Fondsbaustein 146 ff
Fondsboutique 114
Fondslobby 27
Fondsmanager 20, 51 ff, 150, 161
Fondspicking 189 ff
Fondspolice 76 ff, 79, 93 ff, 213
Fondssparplan 93 ff, 207 ff
Freibetrag 35 ff, 38, 79, 92 ff
Freistellungsauftrag 30 ff, 37, 38
Fund of Funds (Dachfonds) 31

Garantiefonds 66, 155, 199
Gebühren 20 ff, 218
Geldmarktfonds 18, 24, 52, 101, 126, 147, 166, 169 ff, 171
Geldvermögen 47
Geldwäschegesetz 32, 33
Geldwert 74 ff
Genußschein 171
Gestaltungsmißbrauch 34
Glaubhaft machen 45

Haftung 137
Harmonisierung 31
Hedging 32
Hinterziehungszins 44

Immobilienfonds, geschlossen 177
Immobilienfonds, offen 52, 87, 126, 148, 176
Indexfonds 156
Indexklausel 178
Information-Ratio 144
Internet 204
Investmentfonds 19
Investmentfondsidee 11

Investmentidee 86
Investmentrichtlinie 63
Investmentzertifikat 19

Jahressteuergesetz 1996 71
Junk Bonds 168, 175

Kapitalanlagegesellschaft 20
Kapitalertrag 38
Kapitalflucht 64
Kapitallebensversicherung 76, 93 ff
Kickback 135
Kontrollmitteilung 30, 31, 68
Kosten, verdeckte 141
Kreditkarte 100
Kursgewinn 38, 39 ff
Kursverlust 39

Länderfonds 158
Laufzeitfonds 29
Lean Banking 97
Lebensversicherung, fondsgebunden 77 ff
Leistung, vermögenswirksam 70
Luxemburg 17, 27, 44, 60, 62

Mietvertrag 178
Mikado-System 192
Mischfonds 14
Mißbrauchsbekämpfungsgesetz 39 ff

Nettoinventarwert 66
Niederlande 57
Niederstwert 183

OGAW 63
OPCVM 63
Optionsschein 50, 212
Ökofonds 212
Österreich 44

Pensionssondervermögen 95
Performance 22, 140, 205 ff, 214, 217
Performancemessung 185
– zweidimensional 144
Privatbankier 49
Privatvermögen 39
Produktivvermögen 74 ff
Provision 20 ff, 21
Publikumsfonds 13

Quellensteuer 68

Rabatt 131
Rating 174, 175
Rendite 205 ff
Rentencrash 169
Rentenfonds 24, 28, 52 ff, 92, 126, 147, 166, 177
Rentenlücke 95
Reporting 131
Research 24
Risiko 144, 174, 210
Risikolebensversicherung 93
Risikozuschlag 195
Sachverständiger 180 ff
Satzungsform 63
Schadensersatz 138
Schuldenuhr 166
Schwarzgeld 17, 56
Schweiz 44, 56, 69, 198
Selbstanzeige 44
Selbststudium 202 ff
Sharpe-Ratio 144
SICAF 63
SICAV 63
Solidaritätszuschlag 34
Sondervermögen 19
Sparplan 84
Spekulation 24, 39 ff, 52
Spendenfonds 170 ff
Sperrfrist 72
Spezialfonds 104, 148, 148, 182
Spezialitätenfonds 13, 157, 199

Standardabweichung 144
Steuerbereinigungsgesetz 39 ff
Steuerfahnder 17, 197, 215
Steuergeheimnis 60
Steuerhinterziehung 68
Steuern 211, 221
Steuernachzahlung 44
Steueroase 57, 198
Strukturvertrieb 48, 118 ff, 128
Stückzins 28, 40
Systematisierung der Fonds 143

Timing 213
Topflösung 40

UCITS 63
Umbrella Fund 65
Unit Trust 32, 63
US-Dollar 153, 205

Value Investing 162
Vergütungssystem 120
Verkäufer 49, 127
Vermögensaufbau 84
Vermögensbildungsgesetz 70
Vermögensteuer 34
Vermögensverwaltung 14, 24, 189
Vertragsform 63
Vertrieb 114, 118, 125
Volatilität 51, 157

Währungsunion 69
Wertpapierdienstleistungs- richtlinie 131
Wertpapierhandelsgesetz 138
Wertpapierleihe 184

Ziel 15, 216
Zillmerung 80
Zinsabschlag 31, 38, 44
Zinsabschlagsteuer 29
Zinsen 38, 39 ff, 44
Zwischengewinnsteuer 18